高等学校创意·创新·创业教材新系

创业管理

创业资本运营基本理论与实务

ENTREPRENEURIAL MANAGEMENT

Fundamental Theory and Practice of Entrepreneurial Capital Operation

吕 力 主编

东北财经大学出版社 大连
Dongbei University of Finance & Economics Press

图书在版编目（CIP）数据

创业管理：创业资本运营基本理论与实务 / 吕力主编. —大连：东北财经大学出版社，2020.12

（高等学校创意·创新·创业教材新系）

ISBN 978-7-5654-4016-8

Ⅰ. 创… Ⅱ. 吕… Ⅲ. 企业管理-资本经营-高等学校-教材 Ⅳ. F275.1

中国版本图书馆 CIP 数据核字（2020）第 211775 号

东北财经大学出版社出版

（大连市黑石礁尖山街217号 邮政编码 116025）

网 址：http：//www.dufep.cn

读者信箱：dufep@dufe.edu.cn

大连永盛印业有限公司印刷 东北财经大学出版社发行

幅面尺寸：185mm×260mm 字数：364千字 印张：18

2020年12月第1版 2020年12月第1次印刷

责任编辑：石真珍 责任校对：周 晗 包利华

封面设计：冀贵收 版式设计：钟福建

定价：45.00元

教学支持 售后服务 联系电话：（0411）84710309

如有印装质量问题，请联系营销部：（0411）84710711

前 言

现代管理学创始者之一、法国著名管理学家法约尔认为，管理只是经营的六种职能活动之一，这六种职能活动是：技术活动、商业活动、财务活动、安全活动、会计活动和管理活动。

从法约尔关于“经营”和“管理”的区分来看，目前大部分《创业管理》教材都集中于“纯粹的”管理活动，而较少涉及“经营问题”。而事实上，创业企业也面临很多“经营问题”，如筹资、融资、税务、重组、上市等。基于这些实务性问题，对教材内容的设计应与市面上流行的大部分教材内容不同，有必要做一些调整，以供对此感兴趣的师生选用。

然而，要编写一本合适的教材也不容易，其中的困难在于：创业企业的经营问题涵盖面较广，包括会计、财务、税务、金融市场、并购等内容，甚至还涉及商法、民法等跨学科理论。最重要的是，这些问题往往是相互关联的，例如：上市必然涉及法律、税务问题；创业融资必然涉及公司财务问题；而所有经营问题都几乎与会计有关。如上现状给读者带来的麻烦是，对于错综复杂的企业经营，要弄懂、理顺，不知道从何处下手；或者要同时参考多本相关书籍——而这些书籍由于各自编纂，并不系统。

因此，本书的编写初衷就是将以上知识整合为一个系统。编者给本书确定的目标如下：

一是系统性。它意味着本书不是散乱地将有关材料罗列在一起，而是前后章节形成一条线索，逻辑自洽。

二是循序渐进，绝不出现“后续章节存在前面没有讲过的问题”。如此，读者只要按顺序学习，就能完全掌握全书内容。

三是“基本理论框架”全覆盖。如前所述，本书包含的内容非常广泛，如果将这些理论知识不加选择地全部编入则很不现实，因此必须有所选择。编者秉持的最重要的选择标准就是基本理论框架的全覆盖，它相当于“建筑物封顶”，这样，读者在进行“内部装修”时，就不会出现大的问题。

四是注重实务。据编者了解，现有的融资、并购教材，有的过于偏重理论，而对于非常重要的实务操作，例如重组上市的要求细节、法律法规条款、对价的确定、支付方式、并购税务等，着墨极少，而事实上，以上细节是上市、重组、并购中极其重要的内容，对此，本书将重点讲述。在这些内容的编写过程中，编者参考了一些理论与实战兼备的优秀著作，在相关章节都注明了来源，读者若希望对相关知识点深入研究，还可以直接参看原作。

当然，要实现以上四点初衷，在有限的篇幅内将基本理论讲深讲透又适可而止，是极高的要求。为此，有一些写法完全突破了现有教材的框架。例如，在“会计基本理论”一章中，涉及交易性金融资产、股权投资、并购等的会计处理，这部分内容相当于中高级会计，即使在管理学院，也只有财务会计专业的本科生才涉及。然而，这一部分内容对于创业企业运营又必不可少，因而必须收入。

综上，本书的写作是一个艰难的尝试，是否达到了编者的初心以及教师和广大读者是否满意还有待实践的检验。需要指出的有两点：

一是本书虽然有一定难度，但假设读者没有财务会计以及法学基础——事实上很多理工科出身的创业者确实没有任何管理理论基础，这使得本书既适合管理类专业的硕士生、本科生，也可用于高校创业辅导教材。

二是本书也非常适合创业者、企业家阅读以提升自身的理论和实践水平。坊间各类通俗经管读物，其中不乏质量很高的读本，但它们的一个共同不足是理论性、系统性不强，读者通读之后，不易形成完整的体系。另外，目前高校管理学教学体系下的教材，其理论性确实非常强，但涉及创业、资本运营的内容分散在多本教材中，内容庞杂，且很大一部分教材注重理论，对实践问题关注度不高。本书试图将较为全面、系统的经典理论体系以简明易懂的语言和精炼浓缩的方式展现出来，有助于创业者、企业家快速提升理论水平。

以上是本书编纂的初衷，任何关于本书的意见和建议请发至 allan.li.lu@163.com。

吕 力

2020年10月

目　录

第3篇 创业企业上市、投资与并购

第1篇 创业企业的设立、治理结构设计与创业融资

第 1 章

创业企业的发展阶段、股权设计和公司治理

学习要点

◇ 创业企业不同的发展阶段以及与之相应的股权分配模式
◇ 绝对控制与相对控制
◇ 股权分配和再分配中常用的手段
◇ 股权设计的常见工具及其问题
◇ 股权激励的设计要点
◇ 股权激励的常见模式
◇ 初创企业的股东会、董事会组成与议事规则设计
◇ 初创企业的权力制约机制设计

1.1 创业企业的发展阶段

企业的发展和社会的进步一样具有阶段性。企业发展阶段可以简单地分为初创期、发展期和突破期。企业发展处于不同阶段时，需要不同的股权分配模式。所以，设计者应当根据各阶段的特点对股权进行分配或再次分配，还应当根据不同阶段的股权分配理念提前规避风险。

1.1.1 初创期企业

赢得生存是初创期企业的第一要务，在此阶段，企业拥有的资源少，承担的风险高，需要快速地测试商业模式并生存下来。从股权分配的角度看，企业在初创期切忌讲民主，这个阶段的股权也应当集中在少数人手里，最好是创始人能够绝对控制公司的运作。这有两个层面的考虑：

1. 从企业发展的角度

企业在初创期资金资源有限，必须用最小的成本测试出能够生存下去的商业模

式，而且这个阶段如果过度稀释股权会对日后合伙人资本与资源进入的通道不利，所以从企业发展的角度考虑，这个阶段的企业最好是一人“一股独大”，即由一个决策者（通常是创始人）拥有对企业绝对的控制权，从而使企业快速作出有效的决策。但是，“一股独大”不是削弱其余合伙人的控制权、决策权，甚至财产收益权，而要建立在对其他合伙人公平分配的基础上。

2.从法律风险的角度

从企业发展的角度看，初创期适合“一股独大”；从法律风险的角度看，“一股独大”也是风险最小的。对股权设计而言，企业在初创期最重要的事情是确定企业的控制模式，避免日后因为股权结构不合理，导致创始人失去对企业的控制权。

控制模式分为绝对控制和相对控制两种。在绝对控制模式下，创始人总持股比例达到67%，也就是达到2/3，基本可以将公司决策权完全掌握在手中；创始人总持股比例达到51%，也就是达到1/2以上，可以达到相对控制。

根据《中华人民共和国公司法》（简称《公司法》）的规定，公司的最高决策机构是股东会，股东会的普通表决事项，多须经代表1/2以上表决权的股东通过，而少数重大事项（如公司章程修改）还需要代表2/3以上表决权的股东通过。掌握了控股权，就能够控制股东会决策，进而控制公司。

如果两个关系密切的合伙人的持股比例合在一起超过了67%或51%，也可能在一定阶段实现对公司的绝对控制或相对控制，但这种情况通常不会持续太久。如果这两个合伙人之间产生纠纷，对公司的整体控制权也必然会大打折扣。在设计股权方案时需要注意，最好不要出现2个或3个人共同控制公司的方案。

如果企业在初创期没有合理分配股权，日后可能会遭受毁灭性的打击，雷士照明是很典型的例子。

雷士照明的3位创始合伙人吴长江、胡永宏、杜刚是高中同学，1998年年底，吴长江出资45万元，胡永宏和杜刚各出资27.5万元，总共以100万元的注册资本在惠州创建了雷士照明。当时的股权结构为：吴长江作为第一大股东，占45%的股权；胡、杜二人则以小股东的身份各占27.5%的股权。他们的分工是：胡永宏主管市场营销，吴长江负责工厂管理，杜刚负责调配资金和政府等其他资源。这种股权设计是非常有意思的：如果吴长江和胡、杜任何一方联合，就会形成对企业的绝对控制，而胡、杜联合就会形成对企业的相对控制，但无论如何，吴长江一个人无法实现对企业的绝对或相对控制。这种股权结构在设计之初应该是为了互相制约。在早期，他们3个人合作非常默契，可谓共同执掌企业。

到了2002年，他们之间在企业发展上产生了分歧。吴长江想要继续将企业做大，将赚来的钱继续投入企业，而其余两位股东想要分红。在谈不拢的情况下，胡、杜两位股东经常联合起来阻断吴长江想要继续扩张企业的决策。而吴长江虽然也尝试绕开两位股东独自做决断，但在涉及重大事项的董事会决议时，通常处于被动状态，而胡也萌生退意。僵持了一段时间后，吴长江妥协了，将自己的股份向另外两位股东分别转让5.8%。此后，雷士照明的股权结构变为33.4%、33.3%、

33.3%的均等状态。其实这个时候的雷士照明已经危机四伏，面临分家可能，而这种危机产生的根本原因就是创业初期的股权结构设计不科学。

均分之后，吴长江对公司的控制权越来越弱。后来，吴长江提出了一个筹划已久的改革方案，因为发展理念不同，再次遭到胡永宏和杜刚的反对。后来在胡、杜提议下召开董事会，胡、杜当然否定该方案，而吴长江也因此极为愤怒，决定退出企业，将自己的股权作价8 000万元转让给其余两位股东，并随后签订了协议。

此后，吴长江精心策划了"经销商倒戈事件"，使胡、杜二人最终出局，自己重掌雷士照明。从风险的角度看，事件的发展是极不可控的，而且代价极其惨痛：吴长江重整雷士照明的代价是支付1.6亿元给两位股东，在账上资金彻底被掏空的情况下，吴长江心急如焚地求助于资本市场，先后引入了3笔资金，共募集2.6亿元人民币，代价极大。当时投资家毛区健丽看出了吴长江对资金的迫切需求，首先投资994万美元给吴长江，并以低价取得雷士照明30%的股份，接着又给吴长江牵线搭桥，招来了软银赛富，给雷士照明投资了2 200万美元，占雷士照明股权的35.71%。在软银赛富入股雷士照明的同时，经柳传志介绍的叶志如向雷士照明提供的200万美元的借款也到期转变成了3.21%的股份。吴长江总共稀释了68.92%的股权，换得了这2.6亿元人民币的资金，这是一步险棋。

这个时候的吴长江仍然是第一大股东，但已经处在危险的边缘。两年后，雷士照明为了增强制造节能灯的能力，以"现金+股票"的方式收购了世通投资，现金部分需要支付4 900万美元。当时雷士照明没有足够的现金支付收购款，再次寻求资本市场的帮助，于是高盛和软银赛富联合向雷士照明投资4 656万美元。两年前埋下的定时炸弹终于爆发了，融资过后，吴长江手中的股份被稀释至29.33%，失去了第一大股东的地位。而软银以30.73%的持股比例成为第一大股东，吴长江不久也因为失去雷士照明的控制权而被逐出局。①

1.1.2 发展期企业

发展期是企业成长的一个比较漫长的阶段，进入发展期通常也意味着企业熬过了测试商业模式的阶段，开始了运营层面的摸索。

在这个阶段，创投律师应当帮助创业者转变心态，从初创期的一股独大的心理走出来。在这个阶段创始人要有两种心态：一是要舍得。在遇到出色的合伙人、足够大的资本与战略资源时，创始人应当稀释股权，股散才能人聚、钱聚。二是要控权。虽然创始人在这一阶段不需要绝对控股，但仍要牢牢地把控企业。毕竟企业的战略和愿景都是创始人和创始团队制定的，一旦失去控制权，既会损害创始人的利益，也会影响企业的发展。在持股比例较低的情况下，创始人可以通过别的工作方式控制企业。许多知名的企业，尤其是硅谷式创业者，摸索出了很多低持股比例、高控制权的模式。阿里巴巴和京东在这个问题上处理得非常好。在漫长的发展期

① 刘向南，罗建斌. 创投律师：众创时代下的创投法律实务［M］. 北京：法律出版社，2017.

中，阿里巴巴和京东一方面通过股权的稀释获得企业所需的人才、资金等各种资源，另一方面又通过合理的制度使得马云和刘强东两人分别牢牢地掌控着自己的公司。在进行股权结构设计时，可以借鉴的制度有很多：投票权委托、一致行动人协议、有限合伙、AB股计划、阿里的合伙人制度等。

从股权分配的角度来看，企业应当渐进式地通过稀释股权换取企业发展需要的各种资源，吸引新的合伙人进入。发展期的企业对资金的需求也稳步增长，所以有资金实力的合伙人和投资人也是重要的合作对象。这个阶段的股权分配原则是动态的和辩证的，应该基于企业所处行业和自身战略规划设计中长期的股权分配方案，切忌一劳永逸。要根据企业发展的重要阶段，不断地微调股权结构。在这一阶段，虽然企业的发展相对稳定，但也会发生很多里程碑式的成长事件，比如新渠道的引入、稀缺性资源的获取、战略级人才的进入等。

新东方的创始人是俞敏洪，最早由俞敏洪讲课，其妻子管财务，再雇用一批下岗工人发传单、打扫卫生和看教室。当时为了节省成本，俞敏洪还雇用了很多家族成员，虽然他们的文化水平不高，但工资要求也低，并且干活常常不用计算时间。这个阶段算是新东方的初创期，而这种家庭小作坊模式一直持续到1996年。

当企业进入发展期后，俞敏洪意识到，要吸纳更多的优秀人才进入新东方才能把新东方做大做强。海归同学徐小平、王强等人先后进入新东方，新东方也从家庭作坊逐渐转变成合伙制企业，到2000年其营业收入增加到近两亿元。

但截至2000年，俞敏洪还没有对企业的股权进行分配，自己一个人控制了整个公司。在合伙人的要求下，俞敏洪开始着手设计股权分配方案。咨询公司给出的建议是，作为创始人，俞敏洪需要持有55%或以上的股权，俞敏洪基于这个方案进行了调整，自己控股45%，并预留10%的股份用于吸引人才，这10%的股份先由他代持，剩下的45%则分给创始股东。

后来，因为利益之争和管理理念之争，俞敏洪和创始股东之间也出现了各种分歧，一度出现创始股东们联合成立小股东联盟专门针对俞敏洪的情形。为解决这一困局，俞敏洪于2005年初在海外成立公司，引入外资，新东方从国内股份公司转型为国际股份公司。此时，俞敏洪将之前预留的10%股权用于吸纳出色人才作为公司的第二代管理者。2006年9月，新东方在美国上市，成为中国大陆第一家在美国上市的教育机构，上市时，俞敏洪占股31.18%，公司其他管理人员占股16.5%，机构投资者老虎环球基金占股14.91%，另外3家投资机构占股15%。

再后来，作为一家大型的国际上市企业，新东方体系过于庞大，决策和发展的效率很低，于是，俞敏洪对公司的股权结构进行新一轮的变革。新东方原有的组织结构被打散，实行独立创新公司机制，将所有新项目都独立出去做，由新东方控股。如今，新东方控制的几十家和教育相关的公司，都由新东方占据控股股份，并且整个新东方大约30%的收益都来源于这些控股公司。

新东方成功的因素有多种，其中很重要的一个因素就是俞敏洪在公司发展期的股权分配理念。一方面，他作为创始人始终处于控股的状态；另一方面，他通过自已代持的10%的股权吸纳人才。虽然预留股份的比例不高，但那个时候新东方已经成气候，足以吸纳足够出色的人才成为第二代管理层。可以说，这两个因素是新东方发展初期走出困境的前提条件。此外，还有一点就是，俞敏洪始终用动态的眼光看待股权的分配，从创业初期的一股独大，到发展期中期的控制，再到后期的相对放手，不断调整心态、开阔视野，这也是一项不小的挑战。

1.1.3 突破期企业

突破期通常和大额融资或核心资源进入以及战略层面的合作有关。经过了漫长的发展期，企业的商业模式早已稳定，也进入了良性的盈利阶段，经过长期的动态微调，企业已经形成比较稳定的股权结构和公司治理结构。

处于突破期的企业通常面临战略性融资、IPO、并购重组等重大决策，此时往往会发生很大的股权变动，容易出现各类不适，企业一定要谨慎处理。例如，阿里巴巴和雅虎的合作、诺基亚和谷歌的合作、联想和IBM的合作对企业而言都是突破性的进展。这种合作，除了资金层面的出让，股权层面肯定会有所调整。很多企业都是在这个阶段出现了问题，甚至使创始人失去了控制权。

在突破期已经不仅仅是股权分配那么简单了，因为企业要解决的不仅仅是新人、新资源、资金进入企业的问题，还有走出去的问题。在前两个阶段，只要稍加留意，就能避免创始人失去控制权的情况出现。到了突破期，如果企业想获得突破性进展，必然产生失控的风险，所以创始人需要关注的核心问题之一仍然是不要失去对企业的控制权。这个时候依然可以采取发展期的一些制度，如投票权委托、一致行动人协议、有限合伙、AB股计划等。除此之外，在多方利益博弈的过程中把握主动权是更需要做的，可以说突破期的股权设计，更多的是权衡多方利益的商业和哲学问题。

1.2 股权设计

股权分配方案定下之后，需要进行具体的制度安排，使其最终落地为有法律效力的协议。要使方案落地，就需要充分利用《公司法》给予股东的章程自治权。比如，引入“投大钱、占小股”的资金型合伙人和“不投钱、占小股”的资源型股东，就需要通过配合使用协议和章程的方式将分红权、优先认购权、表决权脱钩，设计符合其需求的制度，也可以运用可转换优先股、清算优先股等制度。

1.2.1 成熟机制

为了避免合伙人中途退出或参与度不高，企业应当同时拟定股权成熟（vesting）机制，做好从离职创始人手中收回股权的安排。美国的创业企业一般对创始人和股东都设有该机制：每个创始人及股东一开始都会在公司获得一定份额的股份，股份的分配执行并不是一次性的，而是设定期限，例如4年期股份绑定，即每一年给25%，分4年兑现。如果创始人和股东中途离开，创业企业有权以低价回购创始人和股东一定比例的股权。

这种分批发放股权的机制，也是与股东在一段时间内对企业的贡献相对应的。如果离职股东带着股权离职，将损害留守股东的合理利益，打击留守股东的工作积极性。不设定股权成熟机制的企业，通常在项目进行了一段时间之后会出现创始人和股东的贡献与股权分配比例失衡的问题。例如一家公司的创始人是甲和乙，其最初的股权分配方案是甲、乙分别占40%和20%的股权，经营一年后发现，甲的贡献远不如乙，这时候甲、乙出现股权纠纷。如果公司设置了股权成熟机制，就可以将甲还没有成熟的股权进行重新分配，这也能够激励每个创始人都朝同一个目标共同奋斗，避免一些资源型股东不劳而获。

股权成熟机制有很多操作模式，一般采用较多的是期限模式（Time-based Vesting）和目标模式（Milestone Vesting）。期限模式是指股权按期限分批成熟，大部分企业一般将期限定为4年。如某股东一共占有20%的股份，按4年成熟，平均每年成熟5个百分点，如果第一年还没有结束该股东就退出或不再参与公司事务，他不会得到任何股权，如果一年后该股东退出或不再参与公司事务，他成熟的股份是5个百分点，以此类推。当然，公司也可以规定，满一年后股权成熟的频率变高，如变成每月或每季度成熟一次。对于股东离职时还未成熟的股权可以采用两种方法处理：一是按比例自动分配给剩下的股东；二是按照约定估值在股东内部转让。

目标模式是指股权按照项目的进度兑现，每实现一个阶段性目标，成熟一定比例的股权。例如，公司某位股东负责提供开发APP的相关技术及人力资源，占有公司20%的股份。公司将开发APP的整体工作分成若干部分，在初始阶段，只给该股东很少的一部分股权，然后每完成一部分工作，就再给该股东兑现一部分股权。例如，在产品测试版发布时，股权成熟1/4；在正式版发布时，继续成熟一部分股权；在2.0版本发布时，再成熟一部分股权；直到APP开发工作全部完成，该股东才拿到全部的20%股权。

设立股权成熟机制应当注意以下事项：

（1）成熟机制设定时间要早。初创企业要尽可能早地设定合伙人股权成熟机制，并签订书面协议。如果等到企业开始赚钱或融资后才逐渐将机制确定下来，很可能会出现股东已经离职或者即将准备离职的情况，此时这些股东将很难同意这样的协议。

（2）成熟期限以全职入职为准。只有合伙人开始全职为创业企业工作，才开始计算股权成熟期。对于合伙人前期在企业中兼职创业的时间，不建议计入股权成熟期内。

（3）通过出资入股获得的股权不需采用成熟机制。如果股东和创始人的股权是通过出资购买的，他们所投入的资金可直接对企业产生贡献，则无须设定股权成熟的条件及过程，他们应该一开始就获得相应的股权。

（4）股东及创始人在离职前，可以一直对已经成熟的和尚未成熟的股权享有全部约定的权利，比如长期资本回报、投票权等。

1.2.2 退出机制

创业企业在发展过程中总会因各种原因出现核心人员和各类股东变动的状况，当企业中有持股人员退出或股权发生变动时，必须考虑的问题就是如何处置退出股东手中的股份，且不影响企业的正常运营，因此企业在设计合伙人股权结构时，需要一并建立起股权退出机制。

出资人协议或公司章程应约定，在某个期限内，创始股东如因种种原因（离职、离婚、死亡、犯罪等）需退出，则由其余股东按事先约定的方法回购其股份。回购价格或计算方法事先应明确约定。对不按事先约定退出的行为，为避免司法执行的不确定性，最好事先约定违约金标准。对一些特殊股东，比如兼职人员，为退出方便，也可考虑由创始股东代持其股权。

具体来说，退出的方式如下：

（1）公司回购股份。回购制度是平衡股东退出的影响和公司利益的重要制度途径，但是《公司法》对有限责任公司的股份回购是有限制性规定的（尽管这种规定在实务中是有争议的），因此在设计回购条款时，应注意几个问题：一是回购条款最好由公司指定的其他股东实施，且注意回购定价的公平性；二是回购条款的适用范围能够涵盖公司股权分配的反向需求（在某些特殊情形下如创业者离职退出、离婚、继承等，公司股权的回收问题）；三是应将回购条款和股权转让制度综合考虑、糅合设计。

（2）将股权转让给其他股东。在有限责任公司中，股东之间可以相互转让其全部或部分股权，股东向股东以外的人转让股权，应当经其他股东过半数同意。股东应就其股权转让事项书面通知其他股东征求同意，其他股东自接到书面通知之日起满30日未答复的，视为同意转让。其他股东半数以上不同意转让的，不同意的股东应当购买该转让的股权；不购买的，视为同意转让。

经股东同意转让的股权，在同等条件下，其他股东有优先购买权。两个以上股东主张行使优先购买权的，协商确定各自的购买比例；协商不成的，按照转让时各自的出资比例行使优先购买权。

1.2.3 股权设计的几种工具及其问题

1.股权池

在初创企业，早期的创始人和股东为了给后续投资者和员工足够的激励，往往会预留股权池或期权池，但是不管是股权池还是期权池，在使用时都必须谨慎，不少创业者正是因为没有重视设置股权池和期权池的细节，导致后续出现问题及争议。

设置股权池与期权池时，不仅仅需要考虑如何使新进人才分享到企业成长的福利并激发其为企业奉献的精神，更多的是要考虑如何使新老团队之间相互磨合与融合。简单地说，就是要把握好股权池占总股份的比例，太少或太多都不行。

有的企业在创立阶段为招徕“元老级”员工，在期权制度尚未建立时就将股权分配完，导致后续想要引入新成员时无“权”可用；有的企业给股权池预留过大空间，使初始团队认为自己在公司的元老地位不保，担心新人会取代自己，进而产生排斥情绪。

在实践的过程中，如果创始团队的能力能够基本匹配，人手和资源都够用，建议最多预留10%的股权池。需要提醒的是，在通常情况下股权池由核心创始人代持。这种方式比较好，但不排除有伤害到其他股东利益的可能。所以，股权池也不尽然都是由一人代持，分散在创始合伙人的手里也不是不可以，只要在公司设立协议中做好约定即可。同时，对股东代持的权利也要在协议中作出限制。

2. 干股

有许多小微企业觉得设置股权池、期权池过于复杂，又想吸纳更多的投资人和人才进公司，获取他们对公司的资源、核心技术的投入，因而常采用配发“干股”的方式置换。

干股是指持有者无须实际出资，而是假设他拥有一定比例的股份，并按照相应比例分取红利。干股一般都是通过奖励和赠与的方式取得的。干股持有者没有股东的相关权利，不以股东身份对公司的重要事务进行决策，不参与公司的实际运营与控制。

从严格的法律意义上讲，干股并不能算真正的股份，因为干股持有者也不需要实际认购和缴纳出资，更不需要承担股东责任。干股是民间一种股权法律制度的创新产物，也可以被理解为一种特殊的分红权，干股股东虽然无须承担一般股东所需承担的责任，但是在通过赠与获得干股的同时，要受无偿赠与协议的制约。并且，与隐名股东和被代持股东不同，干股股东是要登记和显示在企业股东名册上的。这也是干股与虚拟股份和虚拟股权的区别之处。

干股具有“不出钱、正常分红、当甩手掌柜”的特点，具有很大的吸引力，而且由于没有严格的法律限制，其法律风险看似也不明显。其实，它自身的特点已经暗含不少潜在的风险，如果不加以重视，一旦风险出现，恐怕会给企业及其股东以及干股持有人带来很多不必要的麻烦。从股权持有者的角度看，干股的风险有三个方面：

（1）身份风险。干股持有者与配置干股的公司之间没有签订股权转让协议或出资协议，这可能导致干股持有者不被公司承认为合法股东。如果干股持有者不被认为是合法股东，那他们所拥有的分红权自然也就没有保障。对于企业而言，若没有一份规定双方权利义务关系的协议为证，日后干股持有人根据工商登记资料或者股东名册上登记的股东信息，想控制公司或者享受股东的合法权益而引起纠纷，法院可能根据登记情况判决干股持有人有权行使股东权益，这样就会给公司经营者及其他股东带来困扰，与赠与其干股的初衷相背离，因此建议企业在配置干股时要注意签署协议，规定双方权利义务。

（2）业务麻烦。在公司日常业务中可能会出现不少需要股东签名或出具资料的情况，例如股权变更、公司信息变更，或者公司需要对外出具有关股东的信息资料。由于干股持有人会在市场监督管理局被登记为股东，在公司出现上述情况时，干股持有人需要配合签字、出具材料，甚至要到市场监督管理局、公证处等地亲自办理有关业务。这些事务会给干股持有者带来不必要的麻烦和困扰，如果干股持有者想要摆脱这些麻烦，很可能将需要亲自办理的事务委托他人代办或代签，这时，要是出现纠纷，又会给企业及干股持有人、代签代办者造成新的麻烦。

（3）出资责任。干股持有者在市场监督管理部门和外界看来，实质就是公司的股东。因为股权是登记生效，一经登记即具有对外公示的法律效力，无论干股持有者和其他股东有何约定，比如不实际出资和不承担责任的约定，这些均不能对外对抗第三人。当公司资不抵债、申请破产，需要各股东以自己的财产对债权人偿还债务时，干股持有者并不能免责。简单地说，股东需要承担的对外责任，干股持有者都需要承担。

3.股权代持

股权代持，又称委托持股、隐名投资或假名出资，是指公司实际出资人由于某种原因，不便将自己的名字显示在公司的工商登记资料中，于是与他人约定，以该他人或组织的名义代实际出资人履行股东权利义务的一种股权或股份处理方式。

实际出资人选择以隐名股东的身份进入公司的原因主要有两种：一是出资人身为国家机关工作人员或者与公司有关联交易特殊关系等，不便于公开自己的身份；二是实际出资人不符合国家法律或者公司章程对公司股东的限制性条件。在此种情况下，实际出资人与名义出资人之间往往以一纸协议确定存在代为持有股份的事实。

我国《公司法》没有明确承认隐名股东身份，也未对股权代持进行限定。按照《公司法》的规定，只有登记在股东名册上的履行了实际出资义务的投资人才是股东，也就是说工商登记资料中的股东名册是证明股东身份的最权威的文件。不过，《最高人民法院关于适用〈中华人民共和国公司法〉若干问题的规定（三）》（简称《公司法司法解释三》）承认了隐名股东与实际出资人之间签订的股权代持协议的效力，根据该规定第三十四条的规定，如果有限责任公司的实际出资人与名义出资人订立合同，约定由实际出资人出资并享受投资权益，以名义出资人为名义股东，实际出资人与名义股东对该合同效力发生争议的，如无合同法①第五十二条规定的情形，人民法院应当认定该合同有效。并且，如果实际出资人与名义股东因投资权益的归属发生争议，实际出资人以其实际履行了出资义务为由向名义股东主张权利的，人民法院也应予以支持；反之，名义股东以公司股东名册记载、公司登记机关登记为由否认实际出资人权利的，人民法院则不予支持。因此，从这一规定上看，

① 2020年5月28日，十三届全国人大三次会议表决通过了《中华人民共和国民法典》，自2021年1月1日起施行。《中华人民共和国合同法》同时废止。此处沿用相关法律原文，未作修改。——编者注

可以认为，法律已经承认了实际出资人事实上的股东权利。

不过，法律承认股东代持协议的效力并不意味着股权代持在一切时候都能适用。例如，如果公司在准备挂牌上市时仍存在股份代持的情况，则要注意排查是否有因股权代持引起的股份权属纠纷问题。这是因为《首次公开发行股票并上市管理办法》规定，首次公开发行股票上市的公司要符合股权清晰，控股股东和受控股股东、实际控制人支配的股东持有的发行人股份不存在重大权属纠纷。[①]因此，虽然法律承认实际出资人事实上的股东权利，但如因代持导致股权不清，容易发生纷争，甚至导致公司不稳定，则必须严格禁止。

(1) 对公司而言，股权代持可能存在的问题：

①对于准备首次公开发行股票的公司，除了上述因股份权属纠纷引起的麻烦外，股权代持还有可能导致公司股东超过200人，这很可能被认为是非法发行股票，并且代持问题往往并未在上报文件时说明，证监会无法对其进行有效监管。

②股权代持很可能隐藏违法犯罪行为和产生腐败现象。

(2) 对实际出资者而言，股权代持可能存在的法律风险：

①股东地位不被认可，代持股人恶意侵犯实际出资人合法权益。由于公司股东以工商登记为准，因此如果不记载实际股东的姓名，那么实际股东的地位在法律上是不被认可的，这也就为其股东权利的行使设置了障碍。

②代持股人不受实际出资人的控制，不配合实际出资人管理公司。例如，代持股人违反诚实信用原则，没有按照股权代持协议的约定配合实际出资人实际控制、管理公司，甚至还做出擅自出让股权或者滥用表决权的行为。

③由代持股人自身原因导致诉讼而被法院冻结保全或者执行名下的代持股份。在股权代持结构之下，股份登记在代持股人名下，其在法律上将被视为代持股人的财产。当代持股人因其未能清偿到期债务而成为被执行人时，其债权人依据工商登记中记载的股权归属，有权向人民法院申请对该股权强制执行。如果代持股人意外死亡，则其名下的股权作为财产有可能涉及继承的法律纠纷。

(3) 针对股权代持潜在风险的预防方法：

①公司在准备挂牌上市之前，务必进行整改，让实际出资人复位，即将股东改为实际出资人。具体做法是，让实际出资人和名义出资人到公证处办理公证，必要时要录音、录像，让名义出资人、实际出资人出具承诺书，承诺代持问题已经完全解决，如果日后再出现问题，由名义出资人和实际出资人个人承担，与公司无关。

②请求司法确权。对可能产生争议或纠纷的代持行为，根据《公司法司法解释三》的规定，可提前通过法院判决的方式，在挂牌前就真实股东的身份予以确认。

③如果实际出资人实在不方便成为股东，则可与实际出资人和代持股人协商，将代持股份转让，让实际出资人退出，让代持股人或其他具有出资资格的人成为相应股份的所有权人。

---

① 读者可参看本书8.3节的相关内容。

④在公司章程中适当限制代持股人的权利。公司设立协议和公司章程是公司的重要文件，如果有代持股，应当在设立协议中予以明确，同时，在公司章程中对于代持股的权利行使给予特殊约定。

（4）针对股权代持给实际出资者带来的法律风险的规避途径：

①在办理股权代持的同时办理股权质押担保。这样既能确保代持股人无法擅自以出卖或做担保的形式处置股权，又能保障实际出资者在法院执行代持股人财产需要变卖股权时，能以股权质押人的身份优先获得股权。

②在代持股协议中约定高额违约责任并公证。为了防范代持股人违背诚实信用原则，做出损害实际出资人利益的行为，最简单的方法就是在代持股协议中约定高额的违约责任，对代持股人的行为产生震慑作用，使其意识到违约行为得不偿失，从而避免风险。

③排除代持股人的财产权。排除代持股人财产权最根本的方法就是取消代持，还实际出资人本来面目，让其作为股东。如果此方法不行，则可让律师出具专项法律意见书，对此事予以法律说明。这样做的目的是防止代持股人行使其名下股份的财产所有权，确保实际出资人的财产不受侵害。

④实际出资人还应该多注重有利于自己的日常细节，例如将代持股协议告知其他股东和公司的利害关系人，或者是增强证据意识，注意收集、保存代持股的相关证据。

4.共有股权

共有股权这一概念并没有出现在《公司法》中，但中小型初创企业，尤其是与家庭和家族挂钩的企业，经常会牵涉到共有股权的问题。共有是指两个以上的自然人或法人对同一财产共同享有所有权，因这种共有关系而享有的权利义务关系就是共有权。股权共有是指在股东名册上登记的股东是以家庭或者其他共有财产购买股权的，这些成员都是股权的共有人。夫妻股权是共有股权的一种特殊形式。共有股权的登记情况有两种：一种是所有共有人都登记在同一股权名下，在股东名册上都有记载；另一种是在所有共有人中选出一名代表作为记名股东，其余共有人不在股东名册上显示。如果企业中存在这种共有股权关系，就有必要在章程中增加共有股权的条款，以免出现为解除共有人之间的共有关系而需要对共有股权进行分割时，因找不到处理依据造成纠纷的情况，这样也会引起其余股东的不安。

1.3 股权激励

1.3.1 激励来源、分配和退出

1.确定股权激励来源

激励股份或者股票的来源包括向激励对象定向增发股票、增资扩股、购买公司

股票、公司原有的股东转让股份等。激励对象的购股资金来源包括自筹资金、银行借款、公司借款、年薪转化、股东借款等。在需要激励对象实际出资购股的情况下，购股资金来源成为一大问题，在设计方案时要慎重考虑，避免出现激励对象不能支付的问题。

2.确定分配的额度

对于非上市公司而言，股权激励涉及的股份数量没有限制性规定，从实践上看，股东最高可转让的股份以不失去自己对公司的控制权为限。对于非上市公司而言，一般其累计的股权激励股份总量，最高不应超过公司总股本的10%。

3.确定股权激励分配的条件

在股权激励方案中，行权条件的设计直接关系到股权激励的效果，也是公司避免股权激励出现种种弊端的手段。股权激励的行权条件一定要与业绩挂钩，一是企业的整体业绩指标，二是激励对象的个人岗位业绩指标，二者要有机统一。

4.确定股权激励的价格

需要激励对象购买股份时，对股权的价格应予以巧妙设计。一般而言，股权激励对象的购买成本应低于社会公众或者非股东第三人的购买成本，但也不能过低或者完全不支付，否则易使激励对象产生白拿的错误认识。

5.确定股权激励的时间

股权激励计划作为对激励对象的激励手段具有长期性，因此对激励方案时限的确定，一方面，要达到长期激励的目的，激励对象能够行权的等待期一般不低于1年；另一方面，行权等待期不能设置太长，否则容易使激励对象感到激励遥不可及，从而丧失激励效果。

6.股权激励的退出

股权激励的退出机制和合伙人股权设计中的退出机制有相近之处，所涉及的重要制度也有一定的共性，只不过两者的退出场景不同。比如，在实施股权激励计划的过程中，出现激励对象辞职、被公司开除或者调离岗位等特殊情形，或者公司需要进一步融资或者配股分红等情况时，就会触动股权激励的退出机制，股权激励对象的资格以及获受的股份数量都将发生相应的改变。企业可以参照合伙人股权设计的退出机制，事先对股权激励的退出机制予以规定，以免产生股权激励的法律纠纷。

1.3.2 股权激励的常见模式

1.期权模式

管理团队期权赋予高层管理人员在约定期限内以约定价格购买企业股份的权利。例如，某一企业给每个高层管理人员在5年后以每股1元的价格购买1 000股企业股票的权利，若5年后企业的股票价格上涨到每股10元，他仍然可以以每股1元的价格购买1 000股。这样，企业管理层的利益就与企业价值的增长紧密联系在一起，从而激励其努力工作以扩大企业价值。风险投资家一般还要求，如果企业高层管理人员离开企业，其剩余的期权将会丧失，这也就是所谓的“金手铐”。

2.虚拟股权模式

虚拟股权是指公司通过内部记账的方式授予被激励对象一定数额的虚拟股份，被激励对象不需出资而可以享受公司价值增长带来的收益。被激励者没有虚拟股份的表决权、转让权和继承权，只有分红权。虚拟股权享有的收益来源于股东对相应股权收益的让渡。在虚拟股权持有人实现既定目标的条件下，公司支付给持有人收益时，既可以支付现金，也可以支付等值的股票，或者股票和现金相结合。虚拟股权是通过让其持有者分享企业剩余所有权，将他们的长期收益与企业效益挂钩。

3.管理层/员工持股计划

管理层/员工持股是指让激励对象持有一定数量的本公司的股份，这些股份或者是公司无偿赠与激励对象的，或者是公司补贴激励对象购买的，或者是激励对象自行出资购买的。管理层持股计划和员工持股计划都是对企业经营者的股权激励。

4.业绩股权模式

业绩股权是指在期初确定一个较为合理的业绩目标，如果激励对象到期末时达到了预定的目标，则公司授予其一定数量的股份或为其提取一定的奖励基金。

1.4 公司治理核心要素

1.4.1 股东大会（股东会）

1.股东大会的组成和职权

股东大会由全体股东组成。股东大会是公司的权力机构，依照《公司法》行使职权。股份有限公司股东人数较多，一般称之为股东大会；有限责任公司股东人数较少，一般称之为股东会。

股东大会对外不能直接代表公司，对内也没有执行公司业务的能力，但股东大会的合法决议作为全体股东意志的体现，对整个公司包括所有股东、董事、高管的行为具有约束力。召开股东大会，旨在解决公司治理决策上的各项问题，包括但不限于：公司经营方针和投资计划的决定；董事会、监事会报告的审议批准；公司财务预算和决算方案的审批；公司增加或减少注册资本的决议等。股东大会的性质被定义为：公司全体股东权利的代表机构。

2.股东大会的召开程序和议事规则

股份有限公司的股东大会一般分为股东年度会议和临时股东大会。临时股东大会通常在董事会认为有必要时召开，一般是为了解决特别重要的问题。《公司法》也对股份有限公司临时股东大会的召开做了强制性规定，要求公司在下列情况发生之日起两个月内召开临时股东大会：（1）董事人数不足本法规定的法定最低人数或者少于公司章程所定人数的2/3时；（2）公司未弥补的亏损金额达股本总额的1/3时；（3）持有公司有表决权股份总数10%（不含投票代理权）以上的股东书面请求时；（4）董事会认为必要时；（5）监事会提议召开时；（6）公司章程规定的其他情况。

而对于股东人数较少的有限责任公司，其股东会会议的召集程序较为灵活，在全体股东都同意的情况下，可以省去所有手续直接召开股东会会议。除此之外，经全体股东同意，也可以采用书面决议的方法直接对需要召开股东会会议的事项作出决议，但必要时全体股东在决议文件上签名盖章后其决议才能生效。一般情况下，在设立董事会的有限责任公司，股东会会议由董事会召集、董事长主持召开，而在没有设立董事会的有限责任公司，股东会会议由执行董事召集和主持。

关于股东会会议的议事规则，《公司法》只做了原则性规定：股东出席股东会会议，所持每一份股份各拥有一份表决权；对于公司特别事项的决议，例如修改公司章程，公司合并、分立或解散，增加或减少公司注册资本等，需要出席会议的股东所持表决权的2/3以上多数通过，而对于公司其他普通事项的决议，只需出席会议的股东所持表决权的简单多数通过即可。

但是，这些原则性规定无法满足企业个性化的需求，所以《公司法》第四十二条又规定，股东会会议由股东按照出资比例行使表决权，但是公司章程另有规定的除外。以上原则主要适用于资合为主的股份公司，对于人合为主的有限公司，《公司法》在一定程度上赋予了股东对其自身权利予以协商调整的空间，例如表决权、分红权等，不要求以资本为股东权利分配的唯一依据[①]。这就说明，企业可以基于《公司法》自己拟定股东会会议的议事规则。《公司法》里有关股东会会议召开的通知程序、议事规则的内容可能不适用于初创企业，尤其是有限责任公司最好根据自身情况在公司章程中拟定条款，这样有助于让股东会会议起到应有的作用。

此外，股东会会议的议事规则涉及内容较多，为了避免导致各部分内容比例失衡，不建议放到公司章程的正文里，建议作为公司章程的附件，综合股东会会议的议事方式和表决程序、会议的次数和通知等内容，单列“股东会会议议事规则”专门文件。

而这其中的重中之重是，将股东会会议的召集和主持程序阐述清楚。《公司法》规定提前15天通知全体股东，但创业企业的股东会会议的召集程序应尽量简化，考虑到沟通效率和股东的方便，尤其是股东不在同一个城市的公司，建议将定期会议提前通知的时间缩短为10天，临时会议提前通知的时间缩短至5天以内，紧急会议的召集可以电话、短信、微信、QQ等非书面方式提前一天通知。

1.4.2 董事会

董事会是按照《公司法》的规定设立的由公司全体董事组成的常设的经营决策和业务执行机关。设置董事会是为了解决企业决策执行的问题。股东会是公司的权力机构，董事会则具体执行股东会的决策意志。一般而言，董事会受股东会的授

① 具体细节可参看本书附录“《公司法》要点解读”。

权，执行公司各项事务，但在公司发展到一定阶段、所有权和经营权分离时，董事会的权限就会逐渐扩大。

俏江南的资本之殇

设董事会的创业企业，其董事会更多体现股东权利的配置，不设董事会的创业企业一般由执行董事履行董事会职责。董事会的决策以人数为要素投票，但是在委派董事的情况下，大股东在董事会中不一定占有优势。俏江南张兰出局的案例，其实就是在董事会失利导致的。

1.董事的选任

董事是代表公司股东对公司的经营决策和日常经营活动进行领导和管理的主体。因此，董事要具备良好的职业素质、信誉，以及经营管理才能。

《公司法》明确规定有五类人不得担任公司的董事：（1）无民事或限制民事行为能力人；（2）因贪污、贿赂、侵占财产、挪用财产或者破坏社会主义市场经济秩序，被判处刑罚，执行期满未逾五年，或者因犯罪被剥夺政治权利，执行期满未逾五年；（3）担任破产清算的公司、企业的董事或者厂长、经理，对该公司、企业的破产负有个人责任的，自该公司、企业破产清算完结之日起未逾三年；（4）担任因违法被吊销营业执照、责令关闭的公司、企业的法定代表人，并负有个人责任的，自该公司、企业被吊销营业执照之日起未逾三年；（5）个人所负数额较大的债务到期未清偿。

一般情况下，董事可分为执行董事和非执行董事。其中，执行董事是需要参与公司经营且在管理层中担任具体职务的。执行董事可兼任公司法定代表人，也可兼任公司经理，执行董事的职权由公司章程规定。非执行董事在公司中是非全职的，虽然没有对公司进行管理的职能，但可参与董事会决策的审议工作，并且在担任非执行董事的同时，可在公司之外从事别的事务。有的企业为了方便对董事会及其成员进行监管，还会设置独立董事。独立董事是指独立于公司股东且在公司中不再担任其他职务、与公司或公司经营管理者没有重要的业务联系或专业联系、对公司事务作出独立客观判断的董事。我国法律明确规定上市公司必须建立独立董事制度，而非上市股份有限公司也可以根据企业自身需要设立独立董事。

2.董事会职权及其成员设置

董事会对股东会负责，行使的职权包括：（1）召集股东会会议，并向股东会报告工作；（2）执行股东会的决议；（3）决定公司的经营计划和投资方案；（4）制订公司的年度财务预算方案、决算方案；（5）制订公司的利润分配方案和弥补亏损方案；（6）制订公司增加或者减少注册资本以及发行公司债券的方案；（7）制订公司合并、分立、解散或者变更公司形式的方案；（8）决定公司内部管理机构的设置；（9）决定聘任或者解聘公司经理及其报酬事项，并根据经理的提名决定聘任或者解聘公司副经理、财务负责人及其报酬事项；（10）制定公司的基本管理制度；（11）公司章程规定的其他职权。

关于董事的任期，在3年限度内依法由公司章程予以规定。在多数董事由股东出任的情况下，可以将董事任期按最高上限3年进行设置。如果不是这种情况，可以考虑每年改选一次。股东人数较少和规模较小的有限责任公司可以不设置董事会，仅设一名执行董事。

1.4.3 监事或监事会

设置监事或监事会是为了解决企业顶层均衡和规划问题。监事是公司中常设的监察机关的成员，负责监察公司的财务情况、公司高级管理人员的职务执行情况以及其他由公司章程规定的监察职责。

根据《公司法》的规定，监事会的主要职权包括：（1）监督权，即检查公司业务执行情况及财务状况；（2）弹劾权，即对公司董事、总裁、副总裁、财务总监和董事会秘书执行公司职务时违反法律、法规或公司章程的行为进行监督，当公司董事、总裁、副总裁、财务总监、董事会秘书的行为损害公司的利益时，要求前述人员予以纠正；（3）股东会的召集、主持及提案权；（4）起诉权，即代表公司与董事交涉或对董事起诉。

除了股东人数较少和规模较小的有限责任公司，从减少管理成本、提高效率的角度出发，可由公司章程规定不设监事会，而直接设立1~2名监事外，不管是股份有限公司还是其他有限责任公司，监事会的成员都不得少于3人。

1.4.4 法定代表人

所谓法定代表人，是指依照法律或者公司章程的规定，代表公司行使职权的负责人，是唯一法定的可以有效代表公司对外做意思表示的机关。我国现行法律制度下的法定代表人由单一自然人担任，通常是从公司董事长、执行董事或总经理中选一人兼任，并依法登记。

法定代表人是依法对外代表公司的人，法律赋予了法定代表人诸多权力，包括在企业内部管理各项事务和掌控企业财务的权力，对外还有代表企业办理审批手续、签订合同、参与诉讼的权力。除此之外，公司章程还能在法定范围内赋予法定代表人其他的权限。也就是说，法定代表人在法律意义上的一举一动都被视为公司的言行。法定代表人的选任权属于股东大会。《公司法》也对法定代表人的任职资格条件作出了一定的限制，例如因贪污、贿赂、侵占财产、挪用财产或者破坏社会主义市场经济秩序，被判处刑罚，执行期满未逾5年，或者因犯罪被剥夺政治权利，执行期满未逾5年，担任因经营不善破产清算的企业法定代表人、董事或经理等职位，并对该企业的破产负有个人责任，自该企业破产清算完结之日起未超过3年的人等，不得担任法定代表。

由于法定代表人有权力使用公司印章，对外代表公司开展业务，并签署各类控制公司重大经营活动的文件，如果公司不设置良好的分权和权力制约机制，仅靠法律对法定代表人资格限制的几个条件，很容易导致集多项权力于一身的法定代表人滥用权力的现象出现。

既然法定代表人一般从公司董事长、执行董事或总经理中选一人兼任，那么在决定法定代表人的人选时，需要考虑公司自身对董事长（或执行董事）和总经理职权的制衡。首先，从总经理和董事长（或执行董事）这两个职位的权力位阶来看，董事长（或执行董事）的权力大于总经理，如果让董事长（或执行董事）兼任法定代表人则会进一步加大董事长（或执行董事）的实际权力。

其次，总经理虽然在地位上不如董事长，但手中掌握着公司最实质的经营管理权。若让总经理兼任法定代表人，则对内能以总经理的名义对公司实行管理，对外能以法定代表人的名义决定公司的重大合作和经营项目，其实际权力大增，很可能直接架空公司董事会，使其对公司的控制权大幅膨胀。因此，如何合理分配董事长（或执行董事）和总经理之间的经营管理控制权，是选任法定代表人之前必须考虑的因素。

1.4.5 高级管理人员

公司高级管理人员（简称高管），是指公司的经理、副经理和财务负责人，上市公司还包括董事会秘书以及公司章程规定的其他人员。公司高管作为董事会聘任的高级职员，在董事会授权范围内，负责公司日常经营管理事务，对董事会负责。公司高管的任期与董事、监事的任期设置不一样，《公司法》对高管任期没有规定年限，因为高管的经营绩效需要通过董事会的考核，若不符合董事会的要求，很可能会被替换，所以对高管任期的规定也由董事会负责。

另外，虽然经理等高管受制于董事会，也在一定程度上独立于董事会，但法律并没有禁止董事会成员兼任经理的现象。在一定条件下，无论是有限责任公司还是股份有限公司，法律都允许公司董事兼任经理。

第1章要点回顾

复习思考题

1. 在创业企业发展的不同阶段，设计者应该如何根据各阶段的不同特点进行股权分配或再分配？

2. 什么是股权设计的“成熟机制”？“成熟机制”通常使用哪些标准？

3. 在股权设计时，一般如何处理创始股东因各种原因需要退出的情况？常见的退出方式有哪些？

4. “股权池”设计的原则是什么？

5.“股权代持”存在哪些风险？如何规避？

6.在股权激励中，如何确定激励的来源、分配的额度、行权条件、激励价格、激励的时间？

7.股权激励有哪些常见的模式？

8.公司章程中单列“股东会会议议事规则”有何好处？

第2章

创业融资

学习要点

◇ 创业企业的融资渠道
◇ 风险投资的轮次
◇ 分阶段投资
◇ 风险投资基金（公司）的组织形式
◇《私募投资基金监督管理暂行办法》
◇ 有限合伙企业的构成
◇ 有限合伙协议
◇ 尽职调查
◇ 常见的风险投资工具
◇ 企业估值
◇ 企业的内在价值、账面价值、市场价值
◇ 投资前估值和投资后估值
◇ 企业估值通用工具
◇ 投资协议
◇ 创业企业需要注意的风险投资人保护条款和控制权条款
◇ 对赌协议

2.1 融资规划

2.1.1 融资渠道

融资有股权融资和债权融资两种，创业企业一般是以股权融资为主，债权融资为辅。股权融资是指企业的股东愿意让渡部分企业股权，通过股权转让或企业增资的方式引进新的股东，新股东引进后作为公司股东享有股东权利和义务的融资方式。通过股权融资所获的资金一般较为充足，企业无须还本付息，但新老股东需要分享企业的收益。

股权融资按照资金的来源渠道又分为内源融资和外源融资。内源融资是指企业依靠股东、员工、自有财产投入来满足发展及投资需求。内源融资主要存在于企业初创阶段。

外源融资是企业的外部资金来源，这也是创业企业融资的主要模式。在企业内部融资不能满足需要时，创业企业自然将目光投向外部，向外部筹集资金，吸收其他投资主体的资金。外源融资的特点是筹资充足、成本较高、灵活多样。与内源融资相比，外源融资虽然成本较高、风险较大，但在企业不同的发展阶段发挥着不同程度的作用。

创业企业的外源融资主要有以下几个渠道：

（1）天使投资人。企业最容易拿到资金的渠道之一就是个人天使投资，但适合的天使投资人往往很难遇到。天使投资人很多是成功的创业者，对行业和创业都很熟悉，往往能够在很短的时间内判断一个项目的前景。而且，天使投资人“投人”多于“投项目”，往往喜欢根据对创始人和团队的判断决定投资。

（2）风险投资机构。相比于天使投资人，风险投资机构的门槛就高了一些。风险投资机构通常以私募股权基金的形式存在，有专业的基金管理人，会投不同阶段的企业，有些阶段的投资规模也许和天使投资人的相差无几，但通常会比较理性。从广义上讲，专业的天使投资人也是风险投资机构的一种。

（3）股权众筹。股权众筹是新兴的股权融资方式。当前，股权众筹的项目和平台类型繁杂，参差不齐，不是所有项目都适合股权众筹。尤其需要注意的是，股权众筹常常受到国家政策的制约和影响。

以上三种是比较常见的融资渠道，创业企业一般也是通过这三种渠道融到所需资金。值得一提的是，还有两类融资方式，虽然不能满足企业的资金需求，但有助于企业增信：一种是在区域性股权交易市场挂牌；另一种是申报创业补贴。区域性股权交易市场是由地方政府管理的非公开发行证券的场所，是资本市场服务小微企业的新的组织形式和业态，是多层次资本市场体系的组成部分，简称新四板。2015年，全国各省、自治区、直辖市已陆续成立31家区域性股权交易中心，发展较好的有前海股权交易中心、上海股权托管交易中心和北京股权交易中心。实践中，企业很难从区域性股权交易市场融到所需资金，但可以拓宽企业融资渠道，接触专业的资本市场，为日后的风险投资和股权众筹增信。

此外，在深圳、上海、北京等支持创业的一线城市，创业者可以利用政府特殊优惠政策取得资金奖励、税收补贴等有利于企业发展的福利；企业成功申报政府补贴也就相当于间接获得政府背书，有利于在其他融资渠道拿到资金，不过这对企业的要求比较高，主要适用于具有行业和产业优势、技术含量高、有自主知识产权和符合国家产业政策的项目，通常要求企业运行良好且达到一定规模，企业基础完善等。

2.1.2 融资方案

融资方案不是对外公开的商业计划书，虽然在商业计划书中也会体现出来，但主要是企业在融资之前根据自身发展需要制定的中长期战略，是企业战略的重要组成部分。

融资方案主要应该包括以下几个方面：

➢融资目的；

➢融资对象；

➢融资筹码；

➢融资底线；

➢融资流程；

➢融资时间表。

上述部分主要是企业自己参考。融资方案中可以向投资人公开的内容通常包括：

➢公司基本情况；

➢内外部运行机制；

➢融资计划；

➢融资方式；

➢盈利模式；

➢融资后管理。

融资方案不是一成不变的，在瞬息万变的创业时代，要根据企业发展情况、市场现状等因素实时调整。

2.1.3 融资方案落地

融资方案落地就是企业具体执行融资方案的过程。在这个过程中，最重要的阶段就是从投资人确定投资意向到投资完成。其间，主要涉及如何与投资人交涉的相关事宜，这一过程很可能需要专业律师的参与。

在这个过程中，一方面要学会让步，对无关紧要的部分可以给予支持和让步；另一方面在原则性问题上要坚决不退让，不要为了尽快拿到钱而为日后埋下祸根。比如，股权、投资款的交割要严格按照合同约定的内容进行。在实践中，不完全按照合同约定的时间、方式等履行合同的情况非常多，如推迟付款、修改投资款支付节点等。这时候双方虽然可能产生纠纷，但也要考虑和谐相处，要有风险意识和契约精神，按照合同约定履行义务的同时，保障自己的合法权益。

融资后管理也是方案落地过程中非常重要的内容，投资人比较看重。融资后管理要求创业企业制订融资款使用计划，严格按照资金用途和使用方法，合法、真实地使用资金，同时制定融资使用数据表，以满足投资人“知情”的要求，这不仅仅是给投资人看的，也有助于企业养成良好的资金使用习惯。在实践中，企业一方面要建立完善的财务制度和重大资金使用规则，另一方面要建立健全企业治理规章制度等，防止不必要的风险支出。

2.2 风险投资的轮次

股权融资存在于企业的三个阶段，即初创期、成长期和突破期，而风险投资主要是在成长期和突破期介入，又可分为种子轮、天使轮、VC轮。不同轮次对应的企业成长周期不同，资金规模也不同。

2.2.1 种子轮

种子期的风险投资不是指项目的启动资金，启动资金多是由创始合伙人自筹。种子期是指在项目启动后进行运营试水，从初创期向成长期过渡的资金需求阶段。

种子期项目的融资渠道比较少，以天使投资人为主，专门投资种子期项目的天使投资机构为辅。种子期的项目具有不确定性，创意虽然启动，但商业模式尚处在测试阶段，在此过程中项目随时有可能调整。对于种子期的投资，唯一可供投资人参考的就是创始人和创始团队，所以这个阶段的投资主要就是投人和项目创意，这就严重依赖经验和直觉。有能力进行这种决策的通常都是个人投资者，而且有丰富创业经验的天使投资人居多，这种投资一般规模都不大，50万元到300万元不等。

2.2.2 天使轮

企业的商业模式基本清晰后，便要进入市场化运营的阶段，这时需要的资金规模扩大，必须引入专业的天使投资人和天使投资机构了。天使投资是权益资本投资的一种形式，在实践中主要是指有资本资源的个人或者机构出资协助具有专门技术或独特概念的原创项目或小型初创企业进行的前期投资。

创业者应尽量避免引入以下几类天使投资人：

（1）恶魔型天使投资人。这类投资人会利用创业者在融资和交易方面缺乏经验的弱点，通过设定不合理条款，参与公司经营管理，进而影响和控制创业者。

（2）争议型天使投资人。与这类投资人合作总是伴随着各种各样的争议，除了日常经营的分歧之外，他们有可能会找各种各样的借口，把创业者告上法庭，这对于公司经营无疑是灭顶之灾。

（3）傲慢型天使投资人。这类投资人一般是成功的商业人士，他们相信自己比其他人有着明显的优越性，与他人相处时较为强势，所以创业者在合作中会处处感到受阻，他们有可能对创业者担任的每一个角色都会或多或少地挑剔，影响公司的和谐发展。

（4）控制型天使投资人。这类投资人在公司创立初期和经营期会要求获得更多的控制权，由他亲自掌控公司或参与经营管理。他们在投资协议、公司章程和公司治理层面也会更加强势。

（5）经纪人假扮的天使投资人。市场上有很多财务顾问充当经纪人寻求项目和投资人，他们根本没有意向投资创业者的公司，而是会诱使创业者签署向其介绍真正投资人的收费协议。经纪人的工作往往是值得付费的，但是要清楚谁是“天使”，千万别被误导。

在天使轮，投资人对企业商业模式的要求比较高，而不仅仅是有一个好的创意或一个好的团队就可以了。有些投资人也会要求企业具备核心技术，已经有初步产品、一定的盈利计划、资源整合能力等，但总的来说，它的要求仍然比VC轮要宽松。

2.2.3 VC轮

当我们在谈论风险投资时，通常就是指VC轮的投资。VC轮的投资动机通常都是具有功利性的，投资机构想在后续通过融资渠道或资本市场将股权变现。风险投资机构自身的运作主要包括融资、投资、管理、退出四个阶段。

（1）融资阶段解决资金来源的问题。在融资阶段，最重要的问题是如何安排投资机构和创业者的权利义务及利益分配关系。

（2）投资阶段解决资金投向的问题。专业的风险投资机构通过项目初步筛选、尽职调查、估值、谈判、条款设计、投资结构安排等一系列程序，把风险资本投向那些具有巨大增长潜力的创业企业。

（3）管理阶段解决投资价值的问题。风险投资机构主要通过股权变现实现投资增值，这其中还会涉及对标的企业的管理和控制。这个阶段更多地体现风险投资机构管理运作项目的能力，毕竟如何使得项目股权变现才是它们需要考虑的核心问题。

（4）退出阶段解决投资回报的问题。风险投资机构主要通过IPO、股权转让和破产清算三种方式退出所投资的创业企业，实现投资收益。退出后，风险投资机构还需要将投资收益分配给提供风险资本的投资者。

VC轮的投资比前两个阶段正规，涉及的问题也比较多。风险投资的核心问题都会在VC轮出现，所以这个阶段对创业企业的发展非常重要。

2.2.4 分阶段投资

分阶段投资指的是风险投资家在对企业进行投资时，一般不会一次性投入企业所要求的或完成其商业计划所需的全部资金，而会根据企业实际情况采取一种渐进式、多轮次的投资过程。一般的风险投资项目，其周期为3～7年，通常，在投资的初期阶段，风险投资者会提供企业所需全部资金的一部分，其余部分则要视企业的发展情况而定。风险投资者会定期评估企业的市场前景、管理层业绩、阶段目标的实现情况等因素，之后再决定是否继续投资以及投资的额度、交易价格、投资协议等。通过这种形式，风险投资者保留了放弃前景不好的投资项目的权利，同时对企业家的行为起到激励和约束作用。创业企业的进一步融资是以创业企业家对企业进行有效管理和运营为前提的，如不能达到预期目标，将失去风险资金的进一步支持。

2.3 风险投资基金（公司）的组织形式、投资工具与尽职调查

创业企业虽然不是风险投资机构本身，但了解风险投资基金（公司）的运作有助于了解它们的关注焦点和偏好，便于更好地吸引风险投资。

2.3.1 概述

风险投资机构的组织形式主要有公司制、信托制和有限合伙制三种形式。

1.公司制

所谓公司制，是指风险投资基金以股份有限公司或有限责任公司的形式设立。投资者出资或认购股份成为公司股东，公司设立董事会对基金资产的保值增值负责。

在公司制基金的组织架构中，投资者作为股东参与基金的投资、依法享有《公司法》规定的股东权利，并以其出资为限对公司债务承担有限责任。基金公司聘用专职的基金管理人作为公司高级管理人员直接参与公司投资管理，或者委托外部基金管理公司进行投资。

公司制基金要按照《公司法》的规定建立完善的法人治理结构。公司法人是所得税的纳税主体，因此，公司制风险投资基金先要缴纳企业所得税，然后才能把税后收益分配给股东，而股东在获取收益的时候还要缴纳所得税。这种双重所得税使公司制风险投资基金的税收负担较重。

2.信托制

信托制风险投资基金是指主要依据《中华人民共和国信托法》等相关法律法规设立的风险投资基金，以信托契约方式对投资者（持有人）、投资基金管理公司（管理人）和受托金融机构（托管人）三者之间的关系加以书面化、法律化。

信托制基金强调的是分权制衡。基金管理人在基金成立后对基金财产的运用发出指示，而不是直接持有基金资产，他们也没有受益权，而是提取管理费作为日常运营所需经费和自身报酬。基金托管人一般由商业银行等金融机构担任，负责保管基金财产，并对基金管理人的资金运用进行监督，但无处分权和受益权。基金投资人享有受益权，但不管理、处分基金财产。

3.有限合伙制

有限合伙制这种组织形式最初产生于美国硅谷。从20世纪80年代以来，有限合伙制风险投资公司得到了迅速的发展，目前其已成为风险投资市场中最主要和最活跃的运作者。有限合伙制是合伙制的一种特殊形式，对外在整体上也同样具有无限责任性质，与普通合伙制没有区别，但在其内部有两类法律责任截然不同的合伙

人：一类合伙人作为最终的投资者，投入绝大部分资金，但不得参与经营管理，并且只以其投资的金额承担有限责任，称为有限合伙人（LP）；另一类合伙人作为管理者，只投入极少部分的资金，但全权负责经营管理，并要承担无限责任，称为普通合伙人或无限合伙人（GP）。

在有限合伙制基金的组织架构中，基金管理人一般与普通合伙人一致或者有紧密的利益关系。由于有限合伙制可以避免双重征税，而且管理灵活，能够对专业投资人提供强劲有效的激励，因而逐渐成为世界风险投资基金的主流组织形式。

2.3.2 《私募投资基金监督管理暂行办法》

创业投资基金一般采用私募的形式，受到《私募投资基金监督管理暂行办法》的监管。我国私募投资基金包括：主要投资于公开交易证券的私募证券基金，主要投资于非公开交易股权的私募股权基金，以及作为私募股权基金的一个特殊类别的创业投资基金。中国证券监督管理委员会（简称证监会）于2014年8月21日颁布的《私募投资基金监督管理暂行办法》（证监会令第105号）标志着我国私募基金有了正式的监管法规与业务规范。《私募投资基金监督管理暂行办法》（简称《私募暂行办法》）对私募投资基金监管的主要内容如下：

1.强制备案制度

《私募暂行办法》第七条、第八条规定，私募基金的公司、人员及产品等信息需进行详细的登记、备案，如不按照要求登记、备案，将按照第三十八条的规定责令整改，给予警告并处3万元以下的罚款。情节严重的将按照第三十九条的规定，依法对有关责任人员采取市场禁入措施。同时，强制备案的范围较广，根据《私募暂行办法》第七条、第八条的规定，登记、备案内容不仅包括公司基本信息、公司股东及高管的基本信息等，还包括具体产品的投资方向、基金合同、基金招募书等内容。

2.合格投资者制度

（1）合格投资者人数

《私募暂行办法》第十一条规定，私募基金应当向合格投资者募集，单只私募基金的投资者人数不得超过《中华人民共和国证券投资基金法》（简称《基金法》）、《公司法》、《中华人民共和国合伙企业法》（简称《合伙企业法》）等法律规定的特定数量。投资者转让基金份额的，受让人应当为合格投资者，且基金份额受让后投资者人数应当符合前款规定。

私募基金的组织形式主要分为契约型、公司型与合伙型。契约型私募基金需要遵守《基金法》的规定，合格投资者累计不得超过200人。公司型私募基金需要遵守《公司法》的规定，即有限责任公司型私募基金投资者（股东）人数不得超过50人，股份有限公司型私募基金投资者（发起人）人数不得超过200人。有限合伙型私募基金需要遵守《合伙企业法》的规定，投资者（合伙人）人数不得超过50人。

（2）合格投资者的认定

《私募暂行办法》第十二条规定，私募基金的合格投资者是指具备相应风险识别能力和风险承担能力，投资于单只私募基金的金额不低于100万元，且符合下列相关标准的单位和个人：净资产不低于1 000万元的单位；金融资产不低于300万元或者最近3年个人年均收入不低于50万元的个人。前款所称金融资产包括银行存款、股票、债券、基金份额、资产管理计划、银行理财产品、信托计划、保险产品、期货权益等。

《私募暂行办法》第十三条规定，下列投资者视为合格投资者：（一）社会保障基金、企业年金等养老基金，慈善基金等社会公益基金；（二）依法设立并在基金业协会备案的投资计划；（三）投资于所管理私募基金的私募基金管理人及其从业人员；（四）中国证监会规定的其他投资者。

（3）穿透核查

《私募暂行办法》第十三条规定，以合伙企业、契约等非法人形式，通过汇集多数投资者的资金直接或者间接投资于私募基金的，私募基金管理人或者私募基金销售机构应当穿透核查最终投资者是否为合格投资者，并合并计算投资者人数。但是，符合本条上述第（一）、（二）、（四）项规定的投资者投资私募基金的，不再穿透核查最终投资者是否为合格投资者和合并计算投资者人数。

这一规定包含了三个方面的含义：

第一，合伙企业型私募基金需要穿透核查。为防止变相公开募集，《私募暂行办法》强调了以合伙企业形式募集资金投资私募基金的，需要穿透核查最终投资者是否为合格投资者和合并计算投资者人数。即便该合伙型私募基金已经根据《私募暂行办法》的规定办理了基金备案手续，也不能免除该义务。

第二，契约型私募基金的范围较广，需要区分情况确定是否需要穿透核查。一是对于非证监会监管下的信托计划、商业银行理财计划、保险资管产品等，未在基金业协会备案的，需要穿透核查与打通计算；二是对于证监会监管下的行政许可类私募基金业务，即证券公司、基金管理公司、期货公司及其子公司的资产管理计划，根据现行监管规定，均要求在基金业协会备案，因而可以被视为单一合格投资者；三是对于证监会监管下的非行政许可类私募基金业务，即一般的私募基金管理人发行的契约型基金，虽然也在基金业协会备案，但是仍需要穿透核查与打通计算。

第三，公司法人型私募基金可以豁免穿透核查。值得注意的是，公司法人型私募基金，在基金业协会办理备案手续后，方能豁免穿透核查。此外，公司法人型私募基金，如果再投资于私募基金，虽然可以豁免穿透核查，但是其本身依然需要符合单位合格投资者标准。

3.募资规则

在私募基金宣传推介方面，《私募暂行办法》第十四条规定，私募基金管理人、私募基金销售机构不得向合格投资者之外的单位和个人募集资金，不得通过报刊、电台、电视、互联网等公众传播媒体或者讲座、报告会、分析会和布告、传单、手机短信、微信、博客和电子邮件等方式，向不特定对象宣传推介。而报告会、分析会等形式是当前很多私募基金的募集来源，此外，对于私募基金通过第三方进行宣传推广的行为也难以界定其是否违规。

《私募暂行办法》第十五条规定，私募基金管理人、私募基金销售机构不得向投资者承诺投资本金不受损失或者承诺最低收益。国内很多投资者心态较为浮躁，投资比较盲目，最低收益承诺往往是私募基金吸引投资者的重要手段，此项规定无疑会增加私募基金的募集难度。

2.3.3 有限合伙企业的构成

1.有限合伙人（LP）

LP是风险投资基金的主要投资方，他们是愿意承担高风险且以低流动性的投资换取可能的高收益的投资人或者投资机构，他们以出资额为上限承担有限责任。

2.普通合伙人（GP）

在以有限合伙制作为组织形式的基金中，基金管理人充当基金的普通合伙人。由于GP对投资公司组合的选择和管理负有无限责任，为了避免此种风险，大部分基金管理人以有限责任公司（基金管理公司）的形式存在。此时，基金管理公司充当普通合伙人，而自然人投资者则成为基金管理公司的董事。

有限合伙人是风险资本的主要提供者，在有限合伙制风险投资机构中，有限合伙人的出资比例一般是99%，而普通合伙人的出资比例为1%。有限合伙人以出资额为限对合伙企业债务承担有限责任。

3.LP和GP的伙伴关系

（1）伙伴关系

LP和GP之间的关系通过合伙协议确定，但合伙协议并不能解决所有的关键问题。在大多数情况下，GP和LP是相互绑定在一起的。投资的流动性差，且具有长期性和不确定性，这些问题需要GP和LP共同面对。LP激励GP积极参与到创业企业治理中，以便创造更好的投资收益。尽管有限合伙协议尝试控制基金管理的某些方面，但仍然有一些方面不能涉足。

（2）LP对GP审查的主要关注点

①声誉。

②过往业绩。LP对过往业绩很感兴趣，因为他们正在投资持有期很长的项目，所以LP想了解GP进行过哪些投资，获得了怎样的收益，GP与被投公司的关系如何，他们在多大程度上锁定未来的项目，他们除了资金外还能为公司带来什么，他们遇到过怎样的困境又是如何解决的，等等。

③GP的经验。这一点既针对个体，也针对整个团队。一些公司对于如何获取及审查项目都有具体的流程，LP希望对此有所了解，而GP会对此进行解释，通过

业务操作流程可以区分基金管理公司的好坏。GP会详细解释他们的团队合作历程以及每一位团队成员给合伙企业带来的独特技能。另外，对团队中的任何人事变动都必须说明。

2.3.4 有限合伙企业对基金的管理

一个风险投资机构可以同时管理数只基金，这些基金可能在投资人、币种、投资策略、存续期等诸方面具有不同点。有限合伙基金的合伙人在法律许可的框架下签署“有限合伙协议”，并依据协议行事。

1.基金的特征

基金协议规定基金的规模、GP的出资比例和基金的存续期。

在基金的规模上，一方面，LP希望GP能募集一定规模的基金，以保证基金的可行性。如果GP在一定的时间内无法募集到足够的资金，那么LP会倾向于就此解散基金；另一方面，LP也希望确保GP募集的基金规模不要过大，以免超出其投资或管理能力。在许多情况下，只要能够得到现有LP的明确同意，GP募集的基金规模可能会超过合同规定的最大规模的10%到20%。

虽然对GP必须投入的资金金额无硬性规定，但GP的出资比例一般是基金规模的1%。对于首次募集的基金，GP的出资比例通常高于所要求的比例，以表明他们会努力工作的决心。

绝大多数基金有一定的存续期，对于LP来说，基金的有限存续期提供了影响GP的一个关键手段。通常一只风险投资基金的存续期为7~10年，并且有两次延期的机会。

2.基金的管理

由于LP的有限责任使得他们无法积极介入管理，因此为了保护LP的利益，有限合伙协议对基金的管理进行约定。

第一，在基金投资于单一公司的金额方面，通常都会规定一个“集中度限额”，即限制基金投资于单一公司的资金比例。这种限制可以防止基金对一家公司已经投入了大量资金后，还在该公司身上花费过多的时间和资金。

第二，在债务的使用方面，GP出于利益考虑，倾向于通过财务杠杆来增加其投资组合回报。有限合伙协议通常会限制私募股权投资者自身的借贷能力，或者限制其对投资组合公司的债务进行担保。

第三，为了避免GP的机会主义行为，有限合伙协议通常会限制GP使用后募集的基金对之前投资的公司追加投资。如果GP管理的首只基金投资于一家处于困境的公司，那么GP可能希望让自己的第二只基金也投资于这家公司，从而使公司脱离困境。

第四，GP有动机使用资本利得进行再投资，以增加管理费。很多GP收取的管理费是基于管理资产的价值或调整后的承诺资本计算的。此时，利润的分配将会减少管理费。此外，使用资本利得进行再投资可能会为GP和LP创造更多的利润。有限合伙协议一般要求GP在使用资本利得进行再投资之前得到顾问委员会或LP的批准。

3.普通合伙人的行为

有限合伙协议对普通合伙人的行为限制通常有五类：

（1）个人资金的投资

跟投于基金所投的目标公司可能会为GP带来巨额的财富，不过，LP必须对此小心进行管理。如果GP可以从基金的投资组合中选择自己可以参与投资的公司，那么LP可能会担心GP更加重视有其个人资金的公司，并且会牺牲投资组合中的其他公司的利益来为该公司牟利，对于有问题的公司也可能不愿意终止投资。为了解决这一问题，GP投资于某家公司的金额可能会受到限制，或者GP在投资前需要获得LP或顾问委员会的批准。在一些情况下，有限合伙协议要求GP对投资组合中的每家公司投资相同的比例，或者直接限制他们对任何公司进行投资。另一个问题在于GP对投资时点的选择。在某些情况下，风险投资家可以按照非常低的估值购买新成立公司的股权，之后迅速让合伙基金按照更高的估值投资于该公司，因此有限合伙协议会要求GP与他们所管理的基金在同一时间、按照同一价格进行投资。

（2）出售合伙权益

有限合伙协议还会限制GP出售合伙权益，或者禁止GP完全出售合伙权益，或者要求得到绝大多数LP的批准才可出售，因为LP会担心这种行为会降低GP继续监管投资的积极性。

（3）未来募资

新募集一只基金会增加GP的管理费，同时可能会降低GP对现有管理基金的重视程度。此外，募集基金的活动可能会严重分化GP与LP的合伙关系，使得GP进行次优的选择，或者高估投资组合公司的价值。合伙企业可能会限制GP发行新的基金，除非现有的基金已经投资了规定的比例，或者达到了某个规定的期限。此外，有限合伙协议还可以限定GP新募集资金的规模和投资领域。

（4）用于投资的时间

过多的外部活动会分散GP的精力、降低GP对于投资的关注程度，因此，有限合伙协议会要求GP全力投入来管理基金。这一限制通常存在于基金设立的前几年，或者基金的投资达到一定比例之前，因为这段时间往往最需要GP全身心投入基金的管理工作。

（5）新GP的加入

通过雇用有经验的GP，风险投资家可以减轻自身的工作负担，但引入新的合伙人所付出的代价也是相当大的。因此，许多基金要求，新增任何GP都需要获得顾问委员会或者一定比例的LP的批准。

4.投资的类型

一些有限合伙协议限定GP投资于专业领域的高科技创业企业，从而获得更高的收益。对于二级市场的股票，LP可以选择共同基金来投资，LP希望GP将他们的专业能力用在拥有良好投资业绩记录的行业上。

5.管理费

管理费是GP向LP收取的费用，一般用于基金管理公司的日常开销，诸如办公场所租赁费用、员工工资、差旅费用等。关于管理费的计提比例，行业常规是基金总额的2%，也可以做一些随时间递增或递减的安排，如在开始的一到两年内按基金总额的2%计提管理费，随后几年按实际投资金额的2%计提管理费或者逐渐降至1.5%等。决定管理费计提比例的因素有基金的规模及投资阶段定位、基金存续期的长短、基金管理人的声誉等。

通常，基金规模越大，管理费计提比例越低；基金存续期越长，管理费计提比例越低；基金管理人的声誉越好，管理费计提比例越高。

6.投资回报分配

如何分配投资回报是LP最关心的问题，有限合伙协议对回报分配的时间、分配的方式作出详细的规定。

(1) 分配的时间

投资回报的分配时间是有限合伙协议中非常重要的一个条款，但实践中许多人对此条款往往忽略不谈，甚至是想当然。不同的分配时间对GP和LP的切身利益都有很重要的影响。目前，业内流行的投资回报分配时间主要有两种：

一种是在每个投资项目产生回报后立即进行分配，即在每个投资的项目退出后，就该项目投资所得在GP和LP之间按有限合伙协议的约定直接进行分配。这种分配时间点对GP较为有利，GP的总回报可能大于通常约定的总投资回报的20%。

另一种是还本后分配，即LP收回投资成本（或者说投资成本加优先回报）之后才开始分配投资回报给GP。这样的分配时间点对LP较为有利，LP往往会对优先回报提出一定的要求。

(2) 分配方式

目前国际上较为流行的投资回报的分配方式是将基金投资的净资本利得的20%分配给GP，余下的80%分配给LP。但在实践中，作为出资人的LP往往会要求一定的优先回报，即分配投资回报时，LP要先取回投资成本和一定的优先回报，优先回报率通常是6%~8%。在LP取得优先回报后，分配剩余投资回报时，GP可以要求分配比例超出通常约定的20%，可以是25%，甚至是30%。

2.3.5 风险投资工具选择

在创业企业的股权结构中，核心团队持有大部分股权。企业管理层持有普通股，而风险投资家通常持有优先股或者可转换金融工具。一般风险投资家不要求控股，但是企业管理层最终的持股比例取决于其经营绩效的好坏，因为优先股的转股比例不是固定的，而是随着企业经营绩效的好坏进行调整的。接受风险投资的企业，其管理层的收入结构中，股权收入是最主要的。企业盈利越高，则风险投资家的优先股转成普通股的比例越低，但每股价格因为盈利提高而上升，可以保持较高的股票市值，实现一种双赢。如果企业经营不善，不仅优先股转股比例提高，管理层的持股比例下降，而且在支付优先股利息之后，普通股的价值已大打折扣，管理层将承受巨大的压力。这种安排实现了企业管理层和风险投资家利益的一致性。

1.可转换债券

可转换债券是可转换公司债券的简称，它是一种可以在特定时间、按特定条件转换为普通股票的特殊企业债券。可转换债券兼具债券和股票的特点，具有双重选择权的特征：一方面，投资者可自行选择是否转股；另一方面，可转换债券的发行人拥有是否实施赎回条款的选择权。双重选择权是可转换债券最主要的金融特征。对于风险投资公司来说，通过可转换债券可以获得转换之前的稳定的利息收入，同时可获得企业增值的收益。对于创业企业来说，通过可转换债券可以以较低的成本融资，同时避免控制权过早被稀释。可转换债券的不利之处在于利息的支付使得日常经营中资金链的压力增大。

2.附购股权公司债

附购股权公司债是指在风险资本以债权资本形式进入被投资企业的同时，被投资企业给予风险投资人一项长期选择权，允许风险投资人在未来按某一特定价格买进既定数量的股票。也就是说，在企业前景看好时，债权人有权按一个比较低的价格购买普通股。购股权的潜在价值和锁住投资风险的特点，将使债权人同意接受一个较低的利率。附购股权公司债之所以同样吸引被投资企业有两个原因：一是利率水平低于正常长期债券利率水平；二是附购股权公司债与可转换公司债或可转换优先股最大的不同在于未来购股权的执行能给被投资企业带来额外的资本。

3.优先股

优先股股东可按期获得固定不变的股息，该股息率是每股面值的一个百分比，不受创业企业经营状况和盈利水平的影响。优先股与普通股具有某些类似之处，如优先股和普通股都代表被投资的创业企业的所有权，不同的是，优先股股东通常不具有控制权，即无权过问创业企业的经营管理决策。优先股相对于普通股来讲具有若干优先权，如优先股股东先于普通股股东获得创业企业的股息收入；当创业企业破产清算时，优先股股东先于普通股股东分得创业企业的剩余资产。

由于传统意义的优先股只有所有权，没有控制权、表决权，这对于强调有效管理和监控的投资者来讲，是无法接受的。于是，根据投资实践的需要，优先股的某些限制条件开始放松，更多的优先条件被附加其中，创业企业可以在公司章程或投资合同中规定优先股的一些优先条件：股东行使表决权；控制权的优先条件、顺序和限制；股息分配的顺序、方式和定额；参与剩余资产分配的顺序和定额；优先股回售、转让的条件等。

4.可转换优先股

可转换优先股在优先股的基础上附加了允许其持有人在一定条件下把优先股转

换成普通股的一个期权，因而具有债券、普通股、优先股、期权的多重属性，成为风险投资家投资创业企业最常用的投资工具。

2.3.6 尽职调查

1.风险投资中尽职调查的重要性

(1) 改变信息不对称的情况。通过尽职调查，投资人可以获取拟投资企业的法律、财务、商业等各方面的信息，更加全面地了解企业的过去、现状与发展前景，降低信息不对称的不利影响，避免“拍脑袋”的投资。

(2) 明确法律、财务、商业方面的风险，判断企业的发展过程与性质和对投资的影响，从而有利于合理评估投资风险。

部分企业为了获得投资，可能会向投资人、投资机构提供虚假的经营信息和夸大经营业绩等，或者故意隐瞒可能导致收购失败的重大事实，如诉讼、对外担保等；部分企业可能正面临一定的财务风险，如过高的资产负债率和大量的不良资产等，以及相应的经营风险，如不健全的销售网络、过时的生产技术等。这些内容如果未经过相应的调查，很有可能为投资者埋下隐患，对被投资企业而言同样具有相应的风险。

(3) 为确定投资金额和设置条件提供依据。在投资人与拟投资企业关于投资金额以及相应对价的谈判之中，拟投资企业本身的估值是不可避免的要素，也是最重要的因素之一。如果投资人在尽职调查中发现拟投资企业存在经营不善、法律纠纷、负债或者不良资产等情形，那么投资人对各项因素综合评估后，在与拟投资企业谈判时很有可能在投资协议中加入相应的限制性条款。

(4) 便于合理构建整合方案。尽职调查有助于投资人对拟投资企业现存和潜在的法律、财务、商业风险作出判断，为最终的科学决策提供依据。尽职调查的结果对双方最终能否达成投资交易及投资的品质起着非常关键的作用。

2.团队尽职调查的要点

- 管理团队目前的优劣势是什么？
- 企业目前需要什么？
- 企业未来需要什么？这个团队/个人具备吗？

3.产品和技术尽职调查的要点

- 企业的产品和技术是未来的大趋势吗？
- 企业产品和技术的优势是什么？
- 企业未来的技术发展方向如何？预计进度如何？

4.市场和客户尽职调查的要点

- 市场机会判断；
- 渠道调查；
- 客户调查；
- 市场竞争调查。

5.财务尽职调查的要点

➢组织结构与财务制度；
➢负债能力；
➢经营能力；
➢盈利能力；
➢现金流状况；
➢应收账款分析。

6.法律尽职调查的要点

➢企业的设立与合法存续；
➢股东与股权变动；
➢业务范围与资质；
➢资产状况；
➢关联交易与同业竞争；
➢重大债权债务；
➢重大合同；
➢企业治理结构；
➢税收与补贴；
➢劳动和社会保障；
➢诉讼、仲裁或行政处罚；
➢其他可能的法律风险。

2.4 企业估值

正确而合理的估值是企业融资成功和保证控制权的基础。初创企业如果报价过高，则难以与投资人达成一致；如果报价过低，在同样的投资额下，投资人入股后所占的股权就会增多，初创企业的控制权就会受到威胁。尤其对于互联网企业而言，如果没有准确的评估要素和合理的衡量标准，估值的不确定性就会被无限放大。

2.4.1 企业价值

1.企业的内在价值

内在价值是企业未来创造的净现金流的折现值，其含义是企业能为股东创造的价值，是企业为股东带来的回报的现值。

内在价值是分析师测算的一个估计值，不同的分析师对同一家企业认定的内在价值可能是不同的。分析师可以通过将企业发放给股东的红利进行折现来计算企业的内在价值。因此，计算内在价值时需要对未来现金流进行预测，并选定和企业风险相关的折现系数。

2.企业的账面价值

在企业资产负债表中，所有者权益代表的价值被称为账面价值。每股账面价值就是用该企业公告的资产负债表中股东权益账户的总额除以总股本的数量得到的。账面价值受企业所选择的会计方法的影响，可能被企业管理层粉饰和操纵。

3.企业的市场价值

市场价值是投资者愿意为企业每股股票支付的价格与企业普通股数量的乘积，不显示在资产负债表中。上市公司的市场价值每时每刻都在随着股票行情的变化而发生变动。市场价值可能高于或低于账面价值，也可能高于或者低于内在价值。市场价值反映了投资者对企业收益能力的预期估计。

4.账面价值必然不等于市场价值

一家公司股票的市场价值与账面价值不相等存在两个原因：首先，账面价值不包括一家公司的全部资产和负债。一方面，从会计角度而言的资产负债表经常忽略某些在经济上有意义的资产。例如，一家公司积累了关于产品质量和可靠性的良好声誉，这并不作为资产显示在资产负债表中。同样，如果一家公司形成了一个作为过去研发支出或人员培训结果的知识库，或者拥有一支优秀的管理团队，这同样不作为资产显示。这类无形资产可以增加公司的市场价值，而且与投资决策相关。另一方面，从会计角度而言的资产负债表也忽略了某些经济上有意义的负债。例如，如果一家公司存在等待裁决的诉讼，这也不会出现在资产负债表中。这种或有负债的存在及其数量充其量仅在财务报表附注中披露。

其次，一家公司公告的资产负债表所包括的资产和负债是以原始购入成本减去折旧进行计价的，而不是按照当前的市场价值进行计价的。因此，在可以获取市场价值的任何时候，基于决策目的而使用的正确价值都应是市场价值。

5.持续经营价值与清算价值

持续经营价值是企业在经营时期所产生的未来现金流的现值。持续经营价值着眼于未来企业的销售及获利能力，而不是着眼于资产负债表上各项资产所表现的企业价值。这一点对风险投资家进行项目评估非常有用。清算价值是指企业停止经营，由出售资产而产生的现金流。对于股东来说，清算价值应是首先偿还债务之后的价值。

2.4.2 种子轮和天使轮估值

企业估值是指着眼于企业的内在价值进行评估。企业内在价值取决于企业的资产及获利能力。现实中对企业进行估值时，一般采取多种评估要素、多种计算方法以及综合考虑潜在接盘者的价格预期得出最后的估值，这是由企业性质、营利模式等差异决定的。例如，根据估值的讨论方式不同，企业估值可分为投资前估值和投资后估值。

顾名思义，投资前估值就是投资者在投资前对企业价值进行的评估，而投资后估值就是投资前估值加上投资额。根据项目或者企业属性的不同，传统项目或企业的估值一般是基于现金流进行的，而互联网企业往往需要一个先积累用户再转化利润的过程，对其估值的方法与传统行业大不相同。因此，在很多情况下，投资双方追求的是合理估值，投资人与企业通过谈判，在某一区间内选择双方接受的价格，而非双方各执一价，互不退让。以Facebook为例，其在发展之初的估值也并非以定量化公式进行，而是依靠寻找对比公司、综合各因素进行初步预期，然后根据公司的创立成本、下一步需要的投资做对比，最后经过商业谈判等达成最终估值的一致。

种子轮和天使轮的估值比较难，主要是因为在这两个阶段企业通常还没有盈利，也没有足够长时间的经营数据，投资人在给企业估值时通常都压得比较低。因为投资人的获利是由投资时的企业价值与退出时的企业价值决定的，在天使轮之前的阶段，投资风险通常较高，日后的企业价值也难以预测，如果估值过高，企业即便日后生存下来了，投资人也未必能够盈利，所以投资人对这个阶段的企业一般都有个投资上限的心理预期。不同投资人的投资上限不同，但绝大多数都不会突破500万元。除了极优秀的项目和创业者，在刚启动不到一年的阶段内，比较常见的企业估值区间是1 000万元到5 000万元。

虽然这个阶段的估值比较难以量化，但市场也存在较为流行的大致估值思路。例如，根据创业过程中最核心的资源分类进行估值，最终确定企业的价值。比如，一个O2O的项目，好的商业模式可以值200万元，一个出色的创始团队可以值300万元，巨大的市场前景可以值200万元，和创业相关的资源的沉淀值300万元。虽然这种估值方法是不科学的，但对于无形资产很多的创业项目来说，这种估值方法至少比拍脑袋要强得多。

2.4.3 VC轮估值

进入VC轮，投资人就会采取一些比较专业的估值方法了。读者需要注意的是，虽然VC轮估值要比种子轮估值规范，但仍然没有一个通用的方法，不同的投资机构、面对不同阶段的企业会有不同的方法。对于互联网创业企业和高科技创业企业来说，估值尤其困难。关于此类企业的估值，有些国际上通用的方法：

1.收入法

根据企业的成熟度和信誉度，初创企业收入的折现率为30%～60%，如果企业预计5年内的收入为1 000万元人民币，使用30%的折现率，那么企业目前的估值为300万元人民币。初创型的互联网企业由于成熟度和信誉度不高，很少采用此类方法估值。这种方法更适用于进入成熟期的私有企业或上市公司。

2.成本法

这种方式是通过计算取代关键资产所需的成本来衡量企业当前的净值。简单而言，就是通过计算重建这样一家企业或者重新开始这一项目需要多少成本来反推企业当前的价值。例如，某互联网企业当前拥有某一网站和相应的技术资源，那么重建这一网站并获得相当数量的用户所需的花费则为成本。

3.DEVA法

DEVA估值方法是著名的华尔街证券分析师和投资银行家玛丽·米克尔（Mary Meeker）于20世纪90年代在梅特卡夫定律的基础上构建的，估值公式为$E=MC^2$（E为项目的经济价值，M为单体投入的初始资本，C为客户价值）。DEVA估值法将用户贡献作为企业价值的主要驱动因素，主要适用于处于初创期的以用户作为企业价值驱动因素的互联网企业的估值。比如，A公司有100个客户或连锁店，它的估值是100的平方，即10 000；B公司有300个客户或连锁店，它的估值是300的平方，即90 000；两家公司价值合计为10万。如果推动两家公司合并，则会变成一家有400个客户或连锁店的新公司，它的估值是400的平方，即16万，增加的6万是并购带来的规模效应。正是由于这种估值方法，企业并购得到了快速的推动。

Facebook在融资之时能够获得高估值，也是由于这一方法。假定Facebook的用户市场价值为每人10美分，那么1亿用户的市值就是1 000万美元。估值时，使用1 000的平方即可，为100亿美元。Facebook现在有8亿用户，那么最小市值也达到了800亿美元（把8亿用户分成8份）。

4.情景化收益现值法

麦肯锡公司提出了情景化收益现值法，它包含两个部分：一个是情景化，另一个是现值法。情景化即区分乐观场景、中观场景以及悲观场景，并分别赋予权重，然后根据相应的结果来确定企业的估值。现值法就是绝对估值法，包括永续增长率、资本预期回报率、若干年后的现金流以及影响现金流的投资与运营因素等内容。这种估值方法是优缺点并存的，优点是让人了解其预测的过程及主要因素，而缺点是模型叠加后难以把控准确度，对场景权重难以科学地赋予。

5.市盈率比较法

投资人通过比较企业与一家或者几家相近的互联网企业的市盈率，再与这些企业最近获得的估值进行直接对比得到该企业的估值。这种方式简单直接，通俗易懂，其缺点在于估值不稳定，得到的数字也相当不稳定。对于有收入但是没有利润的公司来说，这种方式难以实现。

6.市值用户比较法

互联网企业的估值在很大程度上和用户相关，市值与独立用户数、注册用户数、收费用户数、页面浏览量等诸多指标的比值，可以揭示企业的价值。这种方法确实是适合互联网企业的评估方法。这种方法的优点是能表现互联网企业的用户价值、流量价值，缺点是数据往往难以获得，也缺乏可靠性。另外，看似相同的企业，其用户价值可能差别很大，比如Linkedin和Facebook都是Web2.0平台，但其单体用户价值差别很大。

互联网企业初期没有利润，只能看未来利润的源头，即用户流量（UV），特别是活跃用户数量的变化。互联网企业的用户流量相当于传统行业的现金流量；传统行业看净利润的增长率，互联网企业看用户的增长率；传统行业看P/E（市盈率）[①]，互联网企业看市值和用户流量之比。

7.营销回报法

这种方法是根据互联网企业的营销活动带来的收入或者净利润来确定企业的估值。例如，某互联网企业正在开展网络游戏市场推广工作，其营销费用率可能会超过30%，而一家满足市场需求的公司，营销费用率可能相当低。这一方法的缺点在于通过营销回报只能观察到互联网企业的某一个点，用该单一方法确定企业的估值缺乏全面性。

2.5 投资协议

2.5.1 概述

投资协议是风险投资中最重要的文件，其约定了标的公司、原有股东与投资人所有的权利和义务。风险投资协议的内容一般包括：

- 公司治理结构（股东会、董事会设置）；
- 投资金额和股权比例；
- 投资款用途；
- 估值方法；
- 盈利要求；
- 股权激励安排；
- 对赌条款；
- 反稀释条款；
- 退出机制；
- 出售选择权；
- 优先清算权；
- 保证和承诺；
- 保密条款；
- 排他条款。

风险投资协议需要量身定做，一般投资机构都会有专门的律师负责起草风险投资协议，创业者一般也需要在律师的协助下进行协议条款的审查和辅助谈判。

2.5.2 创业企业需要注意的风险投资人保护条款

1.反稀释条款

反稀释条款也称反摊薄条款，是一种用来确保原始投资者利益的条款。制定这种条款的根据在于，如果公司的业绩不好，公司可能会以较低的价格出售股票（即

① 关于市盈率的介绍，读者可参阅本书3.8节中的“盈利能力基本指标”。

新一轮降价融资)。反稀释条款的存在体现了私募股权投资缺乏流动性的基本事实:当上市公司的投资者不满意公司的业绩时,他们可以直接抛售股票,但是私募股权投资者不存在这样的机制,他们必须持有股票直到套现事件发生。

反稀释条款一般包含购买参与权条款,参与新一轮降价融资的原始投资者将获得反稀释保护,而不参与的原始投资者将不会获得价格调整机会,从而遭受更多的损失。在企业融资困难时,这被视为对参与投资的所有投资者的一种激励。

根据保护程度不同,反稀释保护可以分为“棘轮”调整和“加权平均”调整两种方式:

(1)“棘轮”调整是境外股权投资基金常用的一种反稀释保护,在这种方式下,如果目标企业以低于上一轮的价格进行后续融资,先前投资者可以免费获得新股(往往是创始股东拿出股份补偿先前投资者),使其在目标企业中享有的股份价值不变。

(2)“加权平均”调整是一种较为温和的反稀释方式。采用这种方式时,以所有股份的加权平均价格重新计算投资者和企业管理层的股份。

实践中,有的投资协议对反稀释条款做如下约定:“如果公司再次发行股权证券且增发时公司的估值低于投资人股权对应的公司估值,则投资人有权从创建人股东以加权平均法/棘轮法取得额外的股份”。

如果被投资企业是有限责任公司或者是股份有限公司,《公司法》预留了操作空间。针对有限责任公司股东间股权的转让,《公司法》第七十一条规定:“公司章程对股权转让另有规定的,从其规定”。针对股份有限公司股东间股权的转让,《公司法》第五章“股份有限公司股份的发行和转让”也未对股东间股权的转让作出禁止规定。对于内资的有限责任公司和股份有限公司来说,设置和履行反稀释条款不存在法律障碍。

2.优先分红权条款

优先股是相对于普通股而言的,在利润分配及企业剩余财产清算分配的权利方面,优先股股东优先于普通股股东。优先分红权是指投资人在被投资企业分红时优先取得一定比例股息的权利。根据投资人在优先取得固定数额股息后,是否仍可以继续参与剩余股息的分配,优先分红权可以分为参与性优先分红权和非参与性优先分红权;根据股息分配是否有累积性,优先分红权又可以分为累积性优先分红权和非累积性优先分红权。

如果被投资企业是有限责任公司或股份有限公司,根据《公司法》第三十四条的规定,“股东按照实缴的出资比例分取红利;公司新增资本时,股东有权优先按照实缴的出资比例认缴出资。但是,全体股东约定不按照出资比例分取红利或者不按照出资比例优先认缴出资的除外”。《公司法》第一百六十六条规定:“公司弥补亏损和提取公积金后所余税后利润,有限责任公司按照本法第三十四条的规定分配;股份有限公司按照股东持有的股份比例分配,但股份有限公司章程规定不按持股比例分配的除外。”通过《公司法》的相关规定可以看出,股东可以约定股权比例与分红比例不一致，但是并没有就优先分红权给出明确答案。

如果目标企业被投资后变更为一家中外合资经营企业，根据《中华人民共和国中外合资经营企业法》（简称《中外合资经营企业法》）第四条的规定，“合营各方按注册资本比例分享利润和分担风险及亏损”。该法第八条规定，“合营企业获得的毛利润，按中华人民共和国税法规定缴纳合营企业所得税后，扣除合营企业章程规定的储备基金、职工奖励及福利基金、企业发展基金，净利润根据合营各方注册资本的比例进行分配”。《中外合资经营企业法》的上述规定并未对优先分红权保留余地，如若在中外合资经营企业中设置优先分红权，将很难受到有效保护。

3.优先清算权条款

优先清算权是指投资人在被投资企业清算过程中有权优先于普通股股东获得每股数倍于原始购买价格的回报以及已宣告但尚未发放的股息。

如果被投资企业是有限责任公司或股份有限公司，根据《公司法》第一百八十六条的规定，“公司财产在分别支付清算费用、职工的工资、社会保险费用和法定补偿金，缴纳所欠税款，清偿公司债务后的剩余财产，有限责任公司按照股东的出资比例分配，股份有限公司按照股东所持的股份比例分配”。

通过《公司法》的规定可以看出，在清算后剩余财产的分配上，有限责任公司按照股东的出资比例分配，股份有限公司按照股东持有的股份比例分配，并未预留股东可以协商决定的空间，所以清算优先权的实现是存在法律障碍的。

如果目标企业被投资后变更为一家中外合资经营企业，根据《中华人民共和国中外合资经营企业法实施条例》第九十四条的规定，“合营企业以其全部资产对其债务承担责任。合营企业清偿债务后的剩余财产按照合营各方的出资比例进行分配，但合营企业协议、合同、章程另有规定的除外”。中外合资经营企业的投资方可以通过签署合资合同的方式使股东之间的优先清算权得以落实。

4.优先认购权条款

优先认购权是指目标企业发行新股时，投资人作为老股东可以按照原先持有的股份数量的一定比例优先于他人进行购买的权利。

实践中，有的投资协议中对优先认购权做如下约定：“如目标公司今后增资或者发行新股份的，优先股持有人有权但并无义务按照同等条件购买保持其股份比例数量的股权或者股票。”

如果被投资企业是有限责任公司，根据《公司法》第三十四条的规定，“股东按照实缴的出资比例分取红利；公司新增资本时，股东有权优先按照实缴的出资比例认缴出资。但是，全体股东约定不按照出资比例分取红利或者不按照出资比例优先认缴出资的除外”。

如果被投资企业是股份有限公司，《公司法》并未预留股东可以协商决定的空间，老股东对增资的控制权体现在股东大会决议上，优先认购权的实现是存在法律障碍的。

如果目标企业被投资后变更为一家中外合资经营企业，可以设置优先认购权条款。根据《公司法》第二百一十七条的规定，“外商投资的有限责任公司和股份有限公司适用本法；有关外商投资的法律另有规定的，适用其规定”，而《中外合资经营企业法》及相关法律法规并未对优先认购权有所规定。

5.优先购买权条款

优先购买权是指公司股东之一对外转让股权时，在同等条件下，投资人作为老股东具有优先受让的权利。

如果被投资企业是有限责任公司，优先购买权是可以实现的。根据《公司法》第七十一条的规定，“有限责任公司的股东之间可以相互转让其全部或者部分股权。股东向股东以外的人转让股权，应当经其他股东过半数同意。股东应就其股权转让事项书面通知其他股东征求同意，其他股东自接到书面通知之日起满30日未答复的，视为同意转让。其他股东半数以上不同意转让的，不同意的股东应当购买该转让的股权；不购买的，视为同意转让。经股东同意转让的股权，在同等条件下，其他股东有优先购买权。两个以上股东主张行使优先购买权的，协商确定各自的购买比例；协商不成的，按照转让时各自的出资比例行使优先购买权。公司章程对股东转让另有规定的，从其规定”。该规定为优先购买权预留了很大的空间。

如果被投资企业是股份有限公司，优先购买权的实现是存在法律障碍的。《公司法》第一百三十七条规定：“股东持有的股份可以依法转让。”该条款规定了股份有限公司股东自由转让股份的基本原则，各股东所持公司的股份如果发生转让行为，是无法授予其他股东优先购买权的。

如果目标企业被投资后变更为一家中外合资经营企业，优先购买权是可以实现的。《中华人民共和国中外合资企业经营法实施条例》第二十条规定：“合营一方向第三者转让其全部或者部分股权的，须经合营他方同意，并报审批机构批准，向登记管理机构办理变更登记手续。合营一方转让其全部或部分股权时，合营他方有优先购买权。合营一方向第三者转让股权的条件，不得比向合营他方转让的条件优惠。违反上述规定的，其转让无效。”该规定为优先购买权的实现预留了空间。

6.回售权条款

回售权一般指投资人在一定条件下可以要求被投资企业按照一定价格赎回其所持有的股权的权利。

如果被投资企业是有限责任公司或者股份有限公司，行使回售权则面临着技术操作层面的难度。有限责任公司的减资程序相当复杂。根据《公司法》第四十三条的规定，“股东会会议作出修改公司章程、增加或者减少注册资本的决议，以及公司合并、分立、解散或者变更公司形式的决议，必须经代表三分之二以上表决权的股东通过”。《公司法》第一百七十七条规定，“公司需要减少注册资本时，必须编制资产负债表及财产清单。公司应当自作出减少注册资本决议之日起十日内通知债权人，并在三十日内在报纸上公告。债权人自接到通知书之日起三十日内，未接到通知书的自公告之日起四十五日内，有权要求公司清偿债务或者提供相应的担保”。

股份有限公司的减资程序也很复杂。根据《公司法》第一百四十二条的规定，

“公司不得收购本公司股份。但是，有下列情形之一的除外：（一）减少公司注册资本；（二）与持有本公司股份的其他公司合并；（三）将股份用于员工持股计划或者股权激励；（四）股东因对股东大会作出的公司合并、分立决议持异议，要求公司收购其股份；（五）将股份用于转换上市公司发行的可转换为股票的公司债券；（六）上市公司为维护公司价值及股东权益所必需。公司因前款第（一）项、第（二）项规定的情形收购本公司股份的，应当经股东大会决议；公司因前款第（三）项、第（五）项、第（六）项规定的情形收购本公司股份的，可以依照公司章程的规定或者股东大会的授权，经三分之二以上董事出席的董事会会议决议。公司依照本条第一款规定收购本公司股份后，属于第（一）项情形的，应当自收购之日起十日内注销；属于第（二）项、第（四）项情形的，应当在六个月内转让或者注销；属于第（三）项、第（五）项、第（六）项情形的，公司合计持有的本公司股份数不得超过本公司已发行股份总额的百分之十，并应当在三年内转让或者注销。上市公司收购本公司股份的，应当依照《中华人民共和国证券法》的规定履行信息披露义务。上市公司因本条第一款第（三）项、第（五）项、第（六）项规定的情形收购本公司股份的，应当通过公开的集中交易方式进行。公司不得接受本公司的股票作为质押权的标的”。

如果目标企业被投资后变更为中外合资经营企业，行使回售权同样也面临着技术操作层面的难度。

在实际操作中，为简化程序，回售的行为往往约定在新老股东之间发生，即将赎回主体由被投资企业变通为原有股东，尤其是大股东。这样，履行回授权也就变成了较为简单并且能够为监管部门所接受的股权（股份）转让。此时投资协议对回售权的约定如下：

“如果至____年____月____日，目标企业没有完成上市，则投资人有权在任何时刻要求创始股东回购届时投资人持有之目标企业的全部股权；创始股东应当自投资人书面通知之日起30日内向投资人一次性支付全部价款。”

7.共同出售权条款

共同出售权一般是指如果被投资企业拟转让股份，投资人有权按照出资比例以普通股方式和同等条件，优先将其所持有的股权出让给买方。共同出售权条款用于防止企业创始人先于投资人套现。

实践中，投资协议对共同出售权条款做如下约定：“如果普通股股东计划向任何第三方出售其全部或部分持有股权（股份），则必须首先通知优先股持有人且应赋予优先股持有人如下权利：以拟受让人提出的同样条款优先将其持有的股权（股份）转让给受让人。”

8.强制随售权

强制随售权一般是指如果被投资企业在约定的时间内没有上市或者没有达到事先约定的出售条件，则投资人有权要求原有股东和自己一起向第三方转让股份，原有股东必须按投资人与第三方谈好的条件和价格及投资人在被投资企业中的股份比例向第三方转让股份。

实践中，有的投资协议对共同出售权条款做如下约定："如果第三方拟购买投资人所持有的____%的公司股份，则投资人有权要求其他股东以相同价格和条件向第三方出让相应比例的股份。"

共同出售权条款和强制随售权条款是被投资企业新老股东之间的约定。《公司法》没有明确禁止股东间共同出售的约定以及强制随售的约定，因此有限责任公司和股份有限公司中的股东可以就这种特殊的处置行为作出约定。

9.强制赎回权

此条款是私募股权投资人入股融资企业后的风险控制手段之一。如果融资企业经营没有达到预期目标、无法上市，私募股权投资人也无法实现股权转让，他们就会要求企业在一定时间按一定价格回购其持有的股份，这种权利就是强制赎回权。本质上，风险投资者可以强制企业在未来的特定时点（五年或者八年）支付其当时投资的面值。这种机制在理论上可以用于强制公司清算或兼并。基于下面两个原因，投资协议经常包含强制赎回条款：（1）大多数私募股权合伙基金的存续期有限，合伙基金在到期前有强制清算的机制；（2）强制赎回有助于防止出现"道德风险"问题，即管理层为牟取特定利益而牺牲投资人的权益。通过强制赎回，投资者可以收回他们的投资，或者如果企业没有足够的资金，投资者可以强制进行谈判，出现清算事件。

2.5.3 创业企业需要注意的风险投资人控制权条款

在风险投资过程中，创业企业首先容易掉进去的一个坑就是失去控制权。控制权问题伴随着创业企业的设立、成熟、发展甚至上市各个阶段。VC在投资时，通常会关注两个方面：一是价值，包括投资时的价格和投资后的回报；二是控制，即投资后如何保障投资人自己的利益和监管公司的运营。公司治理结构恰恰是实现上述目的的有效机制。公司治理结构在风险投资领域主要分为两个层面：股权安排和董事会设置。

广而言之，公司控制权还包括管理机构控制、人事财务控制、重要证章控制、公司核心资产控制、公司重要渠道控制等多个层面。

1.融资中的股权安排

股权是公司最重要的资产。股权价值体现在控制、决策、收益等诸多方面，融资中的股权安排主要体现在以下三个方面：

（1）股权设置。股东会是由有限责任公司所有的股东组成的，在股东会会议上，所有人都是按照他在公司中所持有的表决权的数量或者比例来决策公司的一些重大事项。一股往往是一个表决权，按照一股一票原则，有限责任公司可能会作出更加灵活的规定。

股东大会作出决议，必须经出席会议的股东所持表决权过半数通过，但是股东大会作出修改公司章程、增加或者减少注册资本的决议，以及公司合并、分立、解散或者变更公司形式的决议，必须经出席会议的股东所持表决权的2/3以上通过，所以如果股东想要控制公司，就要掌握50%或67%以上的股权。

（2）章程中的决策权设定。《公司法》给予了股东自治的权利，部分决策事宜可由各方在公司章程中特别约定。在有限责任公司，股东是按照出资比例来行使表决权的，也就是一股一票原则，但是股东之间可以在章程里做额外的约定；在股份有限公司，依照同股同权的原则，基本上一股就是对应一票。在一些特殊的情况下，尤其是在境外的公司治理结构下，普通股也分为ClassA和ClassB，有些类型是可以设置成一股多票的。

（3）融资中的股权调整。融资中的股权调整更多体现在融资稀释和对赌事宜中。在一般融资过程中，投资人要求原始团队同比例稀释股份，经过几轮融资后，原始股东往往会失去公司的绝对控股权和相对控股权，此时，创始团队签订一致行动人协议是有效解决问题的途径。在风险融资中，一般风险投资机构会要求股东签订对赌条款，如触发对赌条款，原始股东依然有可能丧失公司控股权。所以，创业企业在融资过程中，要制订完善、长期的融资方案，并且要严格审查和理解有关融资协议的重要条款，否则可能丧失控股权。

2.融资中的董事会设置和一票否决权

对企业家而言，组建董事会在融资时的重要性甚至超过企业估值部分，因为估值的损失是一时的，而董事会控制权会影响企业的整个生命周期。董事会是由董事组成的、对内掌管公司事务、对外代表公司的经营决策机构。我国法律分别对有限责任公司和股份有限公司的董事人数作出了规定。《公司法》第四十四条规定，有限责任公司设董事会，其成员为3～13人。《公司法》第五十条规定，股东人数较少和规模较小的有限责任公司，可以设1名执行董事，不设董事会。《公司法》第一百零九条规定，股份有限公司设董事会，其成员为5～19人。对首轮融资的公司来说，基于提高董事会的效率以及在后续融资中董事会扩容的考虑，理想的董事人数为3～5人。

因为董事会属于公司的执行机构，公司日常经营管理事宜一般均由董事会决定，故董事会的控制权设置和结构将直接影响股东和公司的利益。2015年底，吸引了整个资本市场眼光的“万科控制权之争”就充分说明了这一点。对于万科这样的上市公司来说，因为其股权配置过于分散，拥有11名董事的董事会就显得格外重要。

在股权融资过程中，尤其是风险融资方式中，风险投资人一般在被投资企业董事会中占有一个或一个以上的席位。在很多情况下，风险投资人作为外部董事，由于具备丰富的经验，拥有在促进公司成长和鉴别管理层素质等方面的专业素养以及极为广泛的外部联系，因而凭着投入风险企业的资本和向该企业所提供的增值服务，往往在董事会中占据主导地位。由于董事会要对被投资企业的经营业绩负责，并有权任命和解聘企业总经理，指导、监督企业的运营情况，风险投资人通常会利用其在董事会的有利位置对管理层实施监督。

《公司法》对董事会的议事方式和表决程序有明确规定，董事会决议的表决，实行一人一票，所以董事席位对于公司的控股权起着至关重要的作用，创业者无论在哪一阶段融资，都要保持对董事会的控制权，或者保持董事会的合理平衡。

控制董事会首先要控制董事席位。董事会成员均由股东会产生。对于有限责任公司，《公司法》给予充分的自治权，可在公司章程里约定具体的产生方式，但不得有违《公司法》；对于股份有限公司，《公司法》第一百零五条规定，股东大会选举董事、监事，可以依照公司章程的规定或者股东大会的决议，实行累积投票制。累积投票制是指股东大会选举董事或者监事时，每一股份拥有与应选董事或者监事人数相同的表决权，股东拥有的表决权可以集中使用。

在实践中，风险投资人往往会在创业企业董事会中占得一个或者多个席位或者拥有对重大事项的表决权，甚至一票否决权，如果是后者，即使风险投资人没有在董事会中占有多数席位，基于重大表决权条款也能形成对创业者和管理层的有效约束。

一票否决权又称重大事项否决权或保护性权利，指风险投资人在创业企业（有时会包括其附属公司）的重大事项决策上拥有的否决权。每家公司对重大事项的界定不尽相同，多则几十项、少则几项。大多数公司将股本结构变动、董事会变更、股份类别变动、支付股息、优先股及其持股人权利义务变更规定为重大事项。

《公司法》第四十二条规定，有限责任公司的股东会会议由股东按照出资比例行使表决权，公司章程另有规定的除外，而对股份有限公司则要求股东所持每一股份有一表决权，也就是"同股同权"，因此一票否决权的设定只能在有限公责任公司中实施。在风险投资人处于小股东地位的情况下，在投资协议及公司章程中，可就重要事项设定一票否决权。

3.管理渗透设计

管理渗透设计的目的主要是帮扶企业更好地成长。在美国，风险投资人大约有一半的时间用于管理创业企业，平均每人负责9个企业，每个企业每年平均耗费110个小时，而其中最主要的工作内容就是帮助企业从资本市场筹资和吸引高级人才。

风险投资人为了实现风险最小化，在设计投资交易机制时，必须确立其在创业企业中的管理与决策地位。风险投资人参与企业管理的程度取决于企业高级管理人员的经验和技能、企业所处的发展阶段、企业所采用技术的创新程度，以及企业创始人与风险投资人在企业发展目标上的一致性。

4.管理层雇佣条款

用于监督制约管理层的雇佣条款有以下两条：

（1）股份购回和股份转让条款。股份购回条款是指其员工离职后，企业具有从离职员工那里以低于市价（或公允价值）的价格重新购回股份的权利。这是对创业企业员工的一种约束，目的是保持核心员工的稳定性。股份转让条款是指未经风险投资公司的许可，禁止创业者将其股权转让给第三者。股份转让条款的目的是防止掌握内部信息的创业者套现离职，增大风险投资人的风险。

（2）非竞争性条款。非竞争性条款主要是指不允许创业企业的经理和骨干在离职后，加入创业企业同行业或相近行业的公司，以保护创业企业的商业机密和竞争优势。

2.5.4 对赌协议

对赌协议常作为投资协议的补充协议存在，通常由风险投资机构与创业企业的实际控制人签订，它具有激励和保护双重职能。这是因为在融资过程中，融资方通常会高估自身的能力，夸大企业的美好前景，而对风险避重就轻。相对于融资方，投资方则可能更倾向于保守，再加上信息不对称，投资方很难甚至不可能掌握企业的全面信息，因此会低估企业的价值。对赌协议作为协调投融资双方不同利益导向的机制，动态地考虑了企业收益权或控制权的归属问题，从而增强了融资协议的公平性和合理性。

对赌协议的英文原名是Valuation Adjustment Mechanism，直译过来就是“估值调整机制”，是企业融资协议中的补充条款。基于企业未来不同的发展情况，对赌协议约定了企业控制权或收益权的归属问题。投融资双方关于评判标准达成一致并约定：当融资方达到评判标准时，投资方会给予融资方的管理层（或大股东）一定的奖励（通常为股权）；相反，则融资方会给予投资方一定的补偿（该股权或者现金等价物）。

对赌协议作为一种估值调整机制，协调了投资者与管理层（或大股东）双方的不同利益诉求。首先，融资者通过设计相应的条款，如赎回条款、限制性条款等，保障了自身的利益。其次，通过动态判定企业的收益权或者控制权归属的方式，管理层的积极性得到了极大的提高。管理层必须尽心尽力地达到评判标准，否则将很可能失去企业的控制权或者收益权。最后，这一机制将双方的共同利益折中于企业价值的创造，有利于企业价值的提升。

1.对赌协议的构成要素

（1）对赌协议的主体。

对赌协议的主体是投融资双方。通常，投资者较少干涉企业的具体经营活动，随着持股比例的提高，机构投资者参与企业决策的动机越来越强烈。为了保证投资方的利益，他们通过对赌协议中有利的条款获得企业的股权，参与企业的管理。

融资方的代表是企业核心管理层或者企业的大股东，他们迫于投资方的压力，同时出于抬高股价以较少的股份出让比例获得较多投资金额的动机，与投资方签订对赌协议。

（2）对赌协议的客体。

对赌协议的客体通常为追加的投资额、企业的投票权、收益权、期权认购权等。如果融资方达到了协议规定的各项指标，投资方则会将对赌的对象奖励给融资方的管理层或者大股东；相反，则融资方会给予投资方一定的补偿。

对赌协议的形式千差万别，这也造成了对赌协议评判标准多种多样。对赌的依据往往是销售额、净利润、股价、上市与否等绩效方面的标准。

（3）对赌协议的评判标准。

①企业绩效指标。这类指标可进一步细分为定量类绩效指标和定性类绩效指标。定量类绩效指标包括上市与否、企业开发新产品的成功与否、新客户获得情况以及专利权的授予情况等。

②回购补偿。例如，如果企业缺乏必要的资金回购已发行的优先股，那么投资方在董事会中将获得更多的投票权。

③管理行为。如果企业无法在规定的时间内聘请到合适的首席执行官，或者现在的高管未能达到当初约定的服务年限，那么投资方在董事会中就会获得更多的投票权。如果董事会更换投资方的董事会代表，投资方将会得到补偿。

④衍生类评判标准。该类对赌协议实际上与金融衍生品没有本质区别，通过期权等形式将风险对冲。

2.对赌协议的类型

（1）股权稀释型。一般情况下，投资方与融资方主要约定，当目标企业未能实现对赌协议中的对赌目标时，融资方将允许投资方以象征意义上的低价格增资部分股权。

（2）股权回购型。在一般情况下，投资方与融资方主要约定，当目标企业未能实现对赌协议中的对赌目标时，老股东同意新股东以高于投资款的价格回购新股东的股份，使得新股东得以安全退出投资。

（3）股权激励型。在一般情况下，投资方与融资方主要约定，当目标企业未能实现对赌协议的对赌目标时，老股东将同意向企业管理层无偿或者以象征意义上的低廉价格受让部分股权，以实现该企业对自身管理层的股权激励。

（4）股权优先型。在一般情况下，投资方与融资方主要约定，当目标企业未能实现对赌协议中的对赌目标时，新股东可获得如下权利：股息分配优先权、剩余财产分配优先权、超比例表决权等。

2.6 股权众筹

前文已指出，股权众筹方式受国家政策的约束极大，因而其使用与当时的国家政策密切相关，但股权众筹是互联网金融的一个重要组成部分，随着监管手段和技术的成熟，其未来仍将会有较大发展。

2.6.1 股权众筹的模式与分类[①]

股权众筹可以分为三种模式：凭证式众筹、会籍式众筹、天使式众筹。

凭证式众筹主要是指在互联网上通过售卖凭证和股权捆绑的形式来进行募资，

① 本节内容主要参考了：刘向南，罗建斌．创投律师：众创时代下的创投法律实务［M］．北京：法律出版社，2017.

出资人付出资金取得相关凭证，该凭证又直接与创业企业或项目的股权挂钩，但投资者不成为股东。这种模式更像是一种债权融资的方式，融合了债权转股权的新变现渠道。

会籍式众筹主要是指在互联网上通过熟人介绍，出资人付出资金，直接成为被投资企业的股东。这种模式主要以线下操作为主，容易诱发融资法律风险。

天使式众筹的模式接近天使投资或VC的模式，众筹平台扮演的是投资业务的项目端前置平台，而投资人完全在互联网上获取，投资人基于平台选择项目，通过给付对价直接或间接成为被投资企业的股东。天使式众筹是主流模式，也最能体现股权众筹的创新性。

我们可以从两个维度对天使式股权众筹进行分类。基于业务获取的方式，天使式股权众筹可以分为：

（1）社群式股权众筹。代表模式是建立一个股权投融资平台，基于社群获取股权众筹的项目和资金。

（2）媒体式股权众筹。这种模式是基于创业类媒体做发布渠道，其业务多来源于自身拥有的媒体，典型的代表是36氪。

（3）创投式股权众筹。这种模式更像是在线的私募股权平台，背后往往依托创投机构和专业的投资经理获取项目，同时投资者也采取领头加跟投的模式。在立法完善的情况下，预计会有越来越多的专业的私募股权基金介入这个市场，占领项目入口，同时培养专业的投资人，标的额会越来越大，进而颠覆传统的天使投资市场。

（4）门户类股权众筹。这种模式是网站自己不做股权众筹的业务，但是发布股权众筹平台的投融资信息。众筹之家是最典型的代表。

基于项目的类型，天使式股权众筹可以分为：

（1）综合类股权众筹，即平台各种项目都做。

（2）基于行业的垂直股权众筹，比如平台专门做互联网金融、娱乐行业、科技行业等的众筹项目。具备行业资源的企业往往介入垂直股权众筹平台。

（3）基于融资阶段的垂直股权众筹，比如平台专门做种子期、新四板、新三板等的众筹项目，甚至专门做已经IPO的企业的优质股权转让项目。目前主流的股权众筹平台解决的是种子期和天使期的融资项目，不过大型公司上平台众筹的案例也有发生。

2.6.2 股权众筹的优势

和传统的融资方式相比，众筹的精髓就在于小额和大量，其总量未必会少于传统融资方式。股权众筹平台更像是一个场外股权交易所。

从投资人的角度来看，股权众筹是指企业出让一定比例的股份，基于股权众筹平台面向投资者融资，在大多数情况下，投资者通过出资入股企业，获得未来收益。从企业的角度看，股权众筹就是基于互联网渠道进行的一种融资模式。有人认为股权众筹是私募股权融资的互联网化，这种看法过于狭隘。从投资方的角度看，融资人向投资人提供的回报主要是股权形式，这一点和私募股权投资很像，但从融资方的角度来看，股权众筹不同于单纯的风险投资，在筹到资金的同时，融资人往往会获得投资人对项目的支持。很多人认为参与股权众筹的股东都是非专业的草根群体，可以说股权众筹具备一定的市场测试功能，因此股权众筹的初级阶段只是解决了初创企业资金难的问题，但随着市场的日渐成熟，股权众筹可以从根本上解决初创企业的发展问题，资金反倒不是最为重要的部分。从金融市场的发展趋势来看，资金资源带社会资源入股一家企业的模式可能会成为未来的主流。

目前，股权众筹领域还不成熟，但发展空间也很大。股权众筹要颠覆的是风险投资市场的信息不对称和高风险偏好的理财人士的资金闲置问题。相较于传统的股权投资机构，股权众筹的优点非常明显：

（1）信息对称。要解决股权投资领域长期以来的信息不对称问题，最需要的是金融脱媒，而最可能实现金融脱媒的也就是股权众筹。

（2）门槛略低。股权众筹平台的投资门槛最高上限一般不到5万元，很多优质项目的起投额甚至不到2万元，初创项目甚至有千元起投的。平台获取项目的门槛也不是非常高，估值不高但优质的项目一样可以在平台募集到所需资金。股权众筹承担的融资职能可以说是延伸了传统投行业务领域，股权众筹为专业性的私募股权投资、创业投资公司提供了独特的业务渠道。

（3）社交属性。社交属性是股权众筹彻底区别于普通股权投资的一个特色。股权众筹是基于互联网做项目筹资，愿意投钱的往往都是对这个项目甚至对这个团队感兴趣的。除了能够众筹到项目所需资金，有时候还能筹到做这个项目的各类资源。

股权众筹平台的业务流程基本是一样的，融资人、投资人以及股权众筹平台之间所有的信息展示、交易往来都是通过互联网来完成的。

股权众筹平台的盈利主要来自三个方面：

（1）撮合费用。股权众筹平台的本质是投融资信息撮合平台，主要的营业收入就是融资成功后的撮合费用。

（2）项目辅导费。类似企业的上市辅导一样，很多项目在提交股权众筹的时候缺少一定的健康度，需要平台配合做一些尽职调查和体检，比如法律、财务、管理、品牌、运营、产品等各个方面都需要提供辅导，但不是所有的平台都具备这种能力。这部分对于有些平台来讲也是盈利的一部分。

（3）收益提成。极少数平台还给投资人提供培训和投资资金的投后管理服务，也就是代替投资人对被投项目进行投后管理，通常从投资人收益中抽成。有实力提供这项服务的平台很少。

2.6.3 股权众筹的业务流程

股权众筹的流程和天使投资的流程非常接近，甚至比天使投资更为复杂，因为它面向的对象均是不专业的投资人群，对流程的把握更为严格。下面简要介绍一下股权众筹的业务流程，其大致分为六个阶段：

1.项目审核与发布

股权众筹的第一步就是高效率地筛选出优质项目。在一般情况下，由创业者和项目发起人把项目的基本信息、团队信息、商业计划书上传到平台，并设定拟筹资金额、可让渡的股权比例及筹款的截止日期。由投资团队对每一个项目作出初步质量审核，并帮助信息不完整的项目完善必要信息，提升商业计划书的质量。项目通过审核后，创业者就可以在平台上与投资人进行联络。

和天使投资相同的是，股权众筹平台的标的主要为初创型企业，企业的产品和服务研发正处于起步阶段，几乎没有市场收入。在这个阶段，股权众筹平台的最大风险在于对筹资人提交的项目策划或商业计划书审核不当带来的市场风险。审核的范围具体包括但不限于真实性、完整性、可执行性以及投资价值。

众筹平台审核通过后，在网络上发布相应的项目信息和融资信息。这个时候最大的风险是披露信息不真实带来的风险。

2.选择投资人

多数股权众筹平台的核心竞争力就是专业领投人和合格跟投人，这是融资能否成功的关键所在。

领投人通常为职业投资人，在某个领域有丰富的经验，具有独立的判断力、丰富的行业资源和影响力以及很强的风险承受能力，能够专业地协助项目完善计划书，确定估值、投资条款和融资额，协助项目路演，完成本轮融资。在整个众筹的过程中，由领投人负责制定投资条款。

领投人一般需要履行的职责有：(1) 负责项目分析、尽职调查、项目估值议价、投后管理等事宜；(2) 向项目跟投人提供项目分析与尽职调查结论，帮助创业者尽快实现项目成功融资；(3) 帮助创业者协调好融资成功后的投资人关系；(4) 牵头创立合伙制企业。通常情况下，跟投人不参与公司的重大决策，也不进行投资管理。跟投人通过跟投项目，获得投资回报，同时跟投人有全部的义务和责任对项目进行审核，领头人对跟投人的投资决定不负任何责任。

这个阶段最容易出现的风险是，领投人的道德风险和投资人资质不符合带来的法律风险。前者主要体现在：项目经理虚增企业估值，隐瞒企业弊端，欺骗投资人；项目方中饱私囊，借助项目与公司发生关联交易，进行现金流体外循环，损害投资人利益。因此，必须加强对项目方和项目经理的监管力度：首先，可以对项目经理和项目方进行信用等级的评定；其次，对项目方所看好的项目，项目经理必须跟投，保证投资项目的真实性，以及后续增值服务的连贯性；最后，项目公司中的财务和高管人员也可以参与众筹投资，对其进行众筹式股权激励，将高管人员、项目方、投资方绑定在一起，形成有效的监督网络，增加项目方作假的难度。

投资人资质不符的问题比较严重，是监管部门比较重视的方面，但很多股权众筹平台在评估投资人时不够细致。

3.签订投资协议

传统投资机构在投资前会有一个签订投资意向书（Term Sheet）的过程，但股权众筹平台绝大多数会省掉这个环节，提高投资速度。

投资意向书是投资人与创业企业就未来的投资合作交易所达成的原则性约定，除约定投资人对被投资企业的估值和计划投资金额以外，还包括被投资企业应履行的主要义务和投资者要求得到的主要权利，以及投资交易达成的前提条件等内容。投资意向书主要约定价格条款和控制条款两方面内容。价格条款包括企业估值、出让股份比例等，实际上就是花多少钱买多少股。控制条款包括董事会席位、公司治理结构等方面。即便在传统创投领域，投资意向书现在也已经极度简化了，这样对投融资双方都有利。例如，IDG、真格基金的“一页纸Term Sheet”，仅包含投资额、股权比例、董事会席位等关键条款，一目了然，非常简单易懂。

在股权众筹中，签订投资意向书这个环节被省略了。通常，达成投资意向的投资总额达到预期众筹额度，投融资双方就会签署正式投资协议。正式投资协议书是股权投资过程中的核心交易文件，包含了Term Sheet中的主要条款，也是股权众筹中非常重要的文件。

4.资金交付

签完正式协议就需要提交资金了，这个过程比较简单，但法律风险很多。不同的平台业务流程不同，有线上提交众筹意向、线下转账的，有线上直接打款投资的，也有借助第三方银行托管和监管的，各有利弊。

众筹资金的交付与监管是众筹模式中比较重要的一环，筹资平台、发起人和投资者之间关于资金交付的方式及本金和孳息的归属问题，应当予以明确。众筹平台不仅是项目信息的发布者，也是实际筹资阶段发起者与投资人的连接点，针对众筹资金提供管理和给付服务。

5.设立有限合伙企业

《公司法》要求股份有限公司发起股东不得超过200人，有限责任公司发起股东不得超过50人。《中华人民共和国证券法》（以下简称《证券法》）规定，向“不特定对象发行证券”以及“向特定对象发行证券累计超过200人”的行为，属于公开发行证券，必须依法报经国务院证券监督管理机构或者国务院授权的部门核准，由证券公司承销。所以，为了使投资人的数量不受限制，股权众筹只能采用设立有限合伙企业的方式。

股权众筹设立有限合伙企业入股创业企业的具体方式是：投资人先组建有限合伙企业，领投人作为GP，跟投人作为LP，再通过有限合伙企业整体入股创业企业，也即借用有限合伙制的“壳”。这样一来，就可以规避股权众筹最容易出现的法律风险。

从税务风险的角度考虑，这种有限合伙形式也可以有效避免双重税负。合伙企业采用“先分后税”的方式，由合伙人分别缴纳个人所得税（合伙人为自然人）或企业所得税（合伙人为法人）；合伙企业如不分配利润，合伙企业或合伙人均无须缴纳所得税。

同时，从公司治理的风险来看，跟投人通过签订代持协议的形式入股，领投人负责代持并担任创业企业董事，能够有效避免未来公司治理可能出现的混乱。有的平台采取委托持股的方式，也就是说，参与众筹的股东不亲自持有股份，而是由某一个实名股东代为持有。在法律实践的过程中，股权代持对被代持方而言是有潜在风险的，我们不建议采用这种方式。另外，代持的方式不利于众筹股东参与企业的经营和决策，这其实违背了股权众筹的初衷。在失败的众筹案例中，绝大多数是因为公司治理问题，所有人都参与不是一个好选择，但都不参与也不是一个好选择。有限合伙企业里的GP即领投方，一般都是专业投资人，可以代表LP行使指导企业发展的权利，而LP可以通过GP对企业间接行使监督的权利。

6.投后管理与退出

传统投资机构通常会利用自身的经验与资源为创业者提供投后管理服务，这样可以帮助创业企业更快成长，所以很多时候创业企业选择一家投资机构就是选择了其背后庞大的资源。股权众筹平台多数不具备这样的实力，所以很少有平台有能力做名副其实的投后管理。

至于退出，多数参与股权众筹的项目提供的退出方式是比较少的。一般，股权众筹平台对外宣称的投资者退出方式主要有四种：

（1）上市。因为众筹的项目一般是初期项目，要做到上市，难度比较大，在上市之前肯定会对股权结构进行整理，很多企业选择在上市前以合理公允的价格收购众筹投资者的股份。这种方式不是众筹项目常见的退出方式。

（2）被收购。这种方式比较常见，因为众筹项目经过一段时间的融资和发展，有了一定的规模和优势后，很容易成为同领域实力较强的公司的并购对象。

（3）大股东或公司回购。这种方式主要适用于投资协议中约定的触发大股东和公司回购的条款，一般规定如果大股东或者公司违反投资协议的约定，投资者可以选择被收购或者继续持有股份。

（4）其他方式，例如四板市场的流通。总的来说，四板市场的流通性很差，这种方式比较特殊，目前还处在探索阶段，没有实际意义。

股权投资者一般对项目分红不甚看重，更看重的是未来企业上市后股权的高溢价，但极少的项目能走到这一步。为了避免因投资者的预期回报无法实现而产生不必要的纠纷，众筹项目发起人应尽量做到众筹流程合规，定期进行信息披露，使投资者了解资金的用途和项目的进展状况。信息披露包括上线前信息披露和上线后信息披露。上线前主要披露公司的基本情况，包括公司董事、监事、高级管理人员、核心技术人员基本信息及持股情况，公司业务和技术（含知识产权）情况，公司治理情况，公司财务会计信息（如有，需经第三方审计），募集资金的目的及用途，以及其他需对外披露的信息。

上线后的信息披露分为定期信息披露和临时信息披露。定期信息披露的内容包括年度报告和季度报告，年度报告一般要求审计机构审计。临时信息披露的内容主要包括：经营方针和经营范围的重大变化；发生或预计发生的重大亏损、重大损失；合并、分立、解散及破产；控股股东和实际控制人发生变更；重大资产重组；重大关联交易；重大或有事项，包括但不限于重大诉讼、重大仲裁、重大担保；法院裁定禁止有控制权的大股东转让其所持公司股份；董事长或总经理发生变动；变更会计师事务所；主要银行账号被冻结，正常经营活动受到影响；因涉嫌违反法律、法规被有关部门调查或受到行政处罚；涉及公司增资扩股和公开发行股票的有关事项；其他经平台决定或经股东会决议要求融资人披露的事项。信息披露的起止日期自融资人向平台发起融资项目之日起，至融资人与投资人共同声明投资人股份已完全退出或项目公司在任何国内外交易所上市交易之日止。

在信息披露过程中，平台主要起督促作用，融资方要认真准备信息披露的内容，指定专人与投资人、平台进行项目投资后的沟通。由于众筹投资者较多，很难了解每一个人的背景，平台一般不会将融资方提交的内容完全披露给投资者，而是就投资者关心的事项拟定一个模板，让融资方填写，然后披露给投资人，这样既能让投资者了解项目的真实进展情况以及关键数据，也不至于过多地泄露项目资料。

2.6.4 股权众筹的业务风险

股权众筹的业务风险主要有政策风险、商业风险、法律风险。

1.政策风险

新兴行业的发展往往受国家监管政策变动的影响。目前，规范股权众筹的法律法规只是粗具雏形，总体来讲还不够完善，至于后续的监管风向变动则还未知，这是股权众筹行业发展面临的重要风险之一，也是企业进行股权众筹面临的风险之一。投资者或企业创始人要不断关注国家监管政策的变动，合法合规地进行股权众筹运作，防范法律风险。

2.商业风险

股权众筹实际上就是投资者与融资者之间签订的投资合同，众筹平台作为第三人更多地起着居间的作用。我国的股权众筹都采用领投加跟投的投资方式，由富有成熟投资经验的专业投资人作为领投人，普通投资人针对领投人所选中的项目跟进投资。因此，对于普通投资人而言，可能存在领头人的商业欺诈风险。此外，投资人还要尽量避免公司治理中的管控风险，在股权众筹过程中，要基于相关法律法规设计众筹项目的治理结构，避免日后运作时出现股东纠纷，进而影响企业发展。

3.法律风险

股权众筹的法律风险主要集中在触及公开发行证券或“非法集资”红线的风险。股权众筹的发展冲击了传统的“公募”与“私募”的划分界限，使得传统的线下筹资活动转化为线上筹资活动，单纯的线下私募也转变为网络私募，从而涉足公募的领域。在互联网金融发展的时代背景下，公募与私募的界限逐渐模糊化，使得股权众筹的发展可能触及法律的红线。

要判断股权众筹运作是否违反《证券法》，在很大程度上要看其是否为公开发行。股权众筹的运作者需要对其运作模式进行严格的管控和采取特殊方式，才能规避《证券法》的限制，如改良宣传模式、协议正规化等，而这些规避方式从法律解释的角度来看，往往又是不可靠的，伴随着较高的法律风险。

第2章要点回顾

复习思考题

1.政府创业补贴对于创业企业的意义是什么？

2.创业融资方案主要包括哪些内容？融资方案落地在融资方案中的重要性如何？

3.风险投资的轮次和注意事项是什么？什么是分阶段投资？

4.简述《私募投资基金监督管理暂行办法》的主要内容。

5.有限合伙企业中LP和GP的关系以及LP对GP的限制是怎样的？

6.常见的风险投资工具有哪些？

7.简述常见的VC轮企业估值工具。

8.简述商业尽职调查和法律尽职调查的主要内容。

9.创业企业需要注意的风险投资人保护条款包括哪些？

10.创业企业需要注意的风险投资人控制权条款包括哪些？

11.简述对赌协议的常见类型和评判标准。

第2篇　创业企业财务运营与税务筹划

第3章

会计基本理论

学习要点

◇ 资产负债表及会计恒等关系
◇ 复式记账法
◇ 权责发生制和收付实现制
◇ 权责发生制下的会计调整
◇ 销售的会计处理
◇ 利润表
◇ 显性交易与隐性交易
◇ 存货及其计价方法
◇ 各类资产的会计计量
◇ 所有者权益的计量
◇ 偿债能力指标
◇ 盈利能力指标
◇ 杜邦分析体系
◇ 现金流量表

3.1 资产、负债与交易

3.1.1 资产、负债与资产负债表

资产负债表（balance sheet）也称为财务状况表（statement of financial position），反映在某个时点公司的财务状况。因为资产负债表反映某个时点的财务状况，所以它总会注明一个日期。表3-1是一张简明资产负债表，省略了若干项目。更接近现实的资产负债表和利润表见本书3.8节。

表3-1　简明资产负债表（20×2年12月31日）　单位：100万元

资产	
货币资金	269.8
存货	692.8
预付款项	169.2
固定资产	2 956.4
长期股权投资	1 584.4
资产总计	5 672.6
负债及所有者权益	
短期借款	124.3
应付账款	200.6
长期借款	549.6
其他负债	2 307.2
负债合计	3 181.7
所有者权益合计	2 490.9
负债及所有者权益总计	5 672.6

资产负债表的三个要素是资产、负债、所有者权益，各个术语的定义如下：

资产是指预期能给企业带来经济利益的资源，比如现金、存货和设备。

负债是指一个组织对外所承担的经济义务或外部主体对其资产的要求权，例如银行债务。

所有者权益是指所有者对组织的资产的要求权。因为债权人拥有对资产的第一要求权，所以所有者权益等于资产减负债。

在资产负债表中，资产、负债和所有者权益三者之间存在如下会计恒等关系：

资产=负债+所有者权益

资产反映了一家公司创造价值的能力，因此，我们在对公司的价值进行评估时，通常使用这一恒等式。由这一恒等式可以得到：

所有者权益=资产-负债

这种形式表明所有者权益是从资产中扣除负债之后的剩余要求权。我们在对股东收益进行评估或欲进行企业并购时，通常使用这一等式。所有者权益常被称为净资产（net assets）。因此，

净资产=资产-负债

3.1.2 交易

1. 交易记账

交易（transaction）是指任何影响一个会计主体的财务状况且能以货币可靠计量、记录的活动。每笔交易都影响资产负债表，当会计人员记录一笔交易时，至少要登记两次，从而使资产负债表始终处于平衡状态，即资产等于负债加上所有者权益。如果在记录一笔交易之前资产负债表保持平衡，那么只增或减一次金额必定会破坏资产负债表的平衡。因为单式记账法不能保持资产负债表的平衡，所以我们常常将“登记两次”的方法称为复式记账法（double-entry system）。

下面以新新公司发生的交易举例说明。

交易1：初始投资40万元。

单位：元

	资产	=	负债	+	所有者权益
	银行存款				实收资本
（1）	+400 000				+400 000

这笔交易既增加了企业的资产，即“银行存款”，又增加了所有者权益，即“实收资本”；它不影响负债。会计等式仍然保持平衡。

交易2：从银行贷款10万元。

单位：元

	资产	=	负债	+	所有者权益
	银行存款				实收资本
（1）	+400 000				+400 000
（2）	+100 000		+100 000		
余额	500 000		100 000		400 000

贷款增加了资产，即“银行存款”，也增加了负债。在这笔交易完成后，会计恒等式仍保持平衡。

交易3：用15 000元采购设备。

单位：元

	资产		=	负债	+	所有者权益
	银行存款	固定资产——设备				
余额	500 000		=	100 000		400 000
（3）	−15 000	+15 000				
余额	485 000	15 000	=	100 000		400 000

这笔交易增加了一项资产，即“固定资产——设备”，减少了另一项资产，即“银行存款”，两者金额相等。

2.交易分析

对以上交易分析可以概括如下：

(1)“银行存款”“固定资产——设备”“实收资本”等称为“账户”，账户(account)是对资产、负债或所有者权益的变动的汇总记录。会计人员将交易记录在账户中。

(2)账户余额是迄今为止账户登记的所有会计分录的总和。

(3)交易分析是会计的核心，对于每一笔交易，会计人员都要决定：

➢交易影响了哪一个账户？

➢增加还是减少了账户余额？

➢变动金额是多少？

资产负债表反映了某个时点之前所有交易的财务影响。

3.资产负债表的编制

公司可以在任何时候编制资产负债表。在发生这三笔交易之后，新新公司的资产负债表见表3-2。

表3-2 **新新公司资产负债表（20×2年1月3日）** 单位：元

资产		负债及所有者权益	
货币资金	485 000	负债	100 000
固定资产——设备	15 000	所有者权益	400 000
资产总计	500 000	负债及所有者权益总计	500 000

3.2 收入、费用与利润

销售活动的计量分为两个步骤，即收入阶段和费用阶段。收入阶段是因销售产品或劳务而导致的净资产（如银行存款或应收账款）的增加，而费用阶段则是由于向客户提供产品或劳务而导致的净资产（如存货）的减少。因此，销售活动通常涉及四个账户：收入、银行存款（或应收账款）、费用、存货。收入与费用反映了所有者权益的变化，因而是所有者权益账户之下的明细账户。各账户简要关系图（其中所有者权益一般包含实收资本、资本公积、留存收益（包括盈余公积、未分配利润）等，此图仅为简明图示）如图3-1所示。

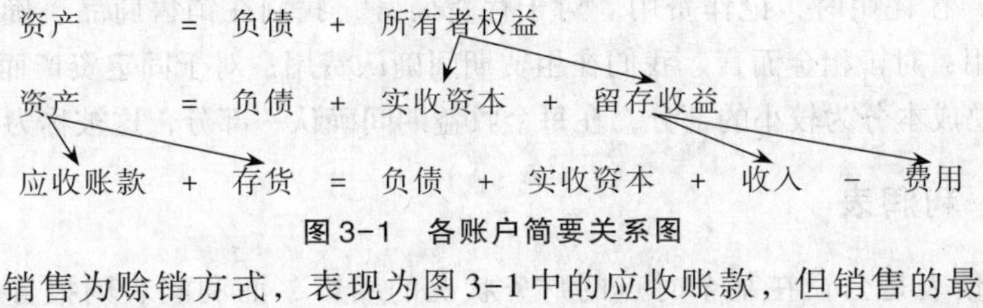

图3-1 各账户简要关系图

一部分销售为赊销方式，表现为图3-1中的应收账款，但销售的最终目的不是创造应收账款，而是收回这些应收账款，变成库存现金（或银行存款）。收回应收账款时的记账方式是：

单位：元

	资产			=	负债	+	所有者权益
	库存现金	应收账款	存货				
收回应收账款	+5 000	-5 000					

3.2.1 权责发生制

收益有两种最普遍的计量方法，即权责发生制和收付实现制。按照收付实现制（cash basis），公司在收到货币资金时确认收入，在支付货币资金时确认费用。按照权责发生制（accrual basis），收入在获得时予以确认，费用在发生时予以确认。权责发生制是目前各国会计准则通行的方法。

1.收入的确认

按照权责发生制，收入在满足以下条件时予以确认：

（1）收入必须已获得：公司履行了向客户的全部承诺，视为已获得收入。

（2）收入已实现或可实现：只有公司收到或取得了客户为所交付商品或所提供劳务支付货币资金的承诺，才视为收入已实现。

2.费用的确认：配比原则

存在两类费用：一类费用是与某一特定收入相关联的费用，称为产品成本（product costs），例如销售成本、销售佣金等。我们什么时候确认产品成本呢？会计师将这类费用与其帮助创造的收入进行配比。例如，为了将费用与收入配比，我们先将采购的商品或劳务记作存货（一项资产类科目），再在销售时计入费用，我们就将存货成本与销售存货所获得的收入进行了配比。

另一类费用很难与特定收入直接联系起来，例如销售费用以及管理费用。这些费用支持公司在一定期间的经营活动，我们称之为期间费用（period costs），比如预付租金。假设一家公司在1月1日为使用一处办公地点支付了一年的租赁费12 000元，我们增加一个资产账户——预付账款，每个月“预付账款”账户减少1 000元，“管理费用”账户增加1 000元。这表明期间费用需要按照一定的原则配比到各时间点上，这一重要内容将在本书3.4节中详述。

总之，可以将存货、预付账款和固定资产等资产视为公司所储备的在未来会计期间耗用的资产，在耗用时，记作费用。对于存货而言，我们在销售商品、确认销售收入时，计入费用；对于租金而言，我们在租赁期间确认费用；对于固定资产而言，我们将长期资产的总成本分为较小的部分，在每个收益期间确认一部分，这被称为“折旧”。

3.2.2 利润表

资产负债表是公司在某个时点的财务状况的缩影，而利润表则报告公司在一定期间的经营业绩。利润表（income statement，statement of earning，statement of operation）反映一定期间的所有收入和费用。净利润（net income，net earning）是收入扣除费用之后的剩余部分。

利润表反映资产负债表中收入账户与费用账户的变动，因此，在某种程度上可以视为资产负债表的一部分。利润表记录公司在一个会计期间的收入与费用变动，最终得到该会计期间的净利润（或净亏损）。该净收益在资产负债表编制日结转到利润分配账户，同时利润表的各项记录归零，在下一个会计期间从零开始记录。新新公司利润表见表3-3。

表3-3 **新新公司利润表（会计期间：20×2年1月1日—6月30日）** 单位：元

营业收入	160 000
减：费用	
营业成本	100 000
销售费用	100
管理费用	2 000
费用合计	102 100
净利润	57 900

上市公司一般每季度、半年、一年发布一次利润表。跟踪各个会计期间的净利润或净亏损，审查其构成的变化，有助于投资者评价公司在一定会计期间的经营成功与否。

3.3 会计流程

3.3.1 概述

根据前述会计恒等式，每笔交易必须登记两次，即采用复式记账法记录每一笔交易，以保证资产=负债+所有者权益，始终处于平衡状态。在实践中，为方便起见，会计师在每笔交易发生时，先记录日记账（journal），然后再将交易的各个要素汇总在分类账（ledger）中。

一般教材中采用的分类账是实践中所采用的分类账的简化版本，称为T形账户。T形账户中的竖线将账户分为左右两边：对于资产类账户，左边登记增加，右边登记减少；对于负债和所有者权益类账户，刚好相反，左边登记减少，右边登记增加。账户名称写在横线的上方。

库存现金

左边	右边
现金增加	现金减少

一定要注意，每笔交易都影响两个账户，因此每笔交易都要登记两个账户。此外，在会计行业，一般使用“借”表示记录账户左边，使用“贷”表示记录账户右边。因而，对于资产类账户来说，“借记”代表资产增加；对于负债或所有者权益类账户来说，“贷记”代表负债或所有者权益增加。

根据以上的记账规则操作，就能保证在任何时点，资产负债表上的借贷双方都是相等的。

交易举例：

交易1：采购商品，支付现金120 000元。

分析：资产“库存商品”增加；资产“库存现金”减少。

注意：库存商品和库存现金同属于资产类账户。

日记账分录：

借：库存商品　　120 000

　贷：库存现金　　120 000

登账：

库存现金		库存商品	
	120 000	120 000	

交易2：采购商品，支付现金10 000元，外加商业信用（应付账款）20 000元。

分析：资产“库存现金”减少，资产“库存商品”增加；负债“应付账款”增加。

日记账分录：

借：库存商品　　30 000

　贷：库存现金　　10 000

　　　应付账款　　20 000

以上例子中一个交易影响两个以上的账户，这种分录称为“复合分录”。

3.3.2　收入和费用账户

尽管收入和费用最终影响所有者权益，但通常我们并不直接增加或减少所有者权益，这样做是为了避免将“收入”与“费用”和“所有者权益”混在一起，从而更容易编制利润表。

收入的增减与借贷方向与所有者权益的相同，费用的增减与借贷方向与所有者权益的相反。由于账户的正常余额记在增加的一方，因此资产和费用的正常余额在借方（左方），负债、所有者权益、收入的正常余额在贷方（右方）。

3.3.3　会计科目表

为了确保记账流程的规范、统一、方便，组织会建立一个会计科目表（chart of account），它是所有账户名称的编号列表或编码列表。会计科目表没有统一的标准，由于不同组织的规模、性质和复杂性各异，会计科目表也会有所差别。大型公司往往有上千个会计科目编号。常见的会计科目见表3-4。

表3-4 常见会计科目

会计科目编号	会计科目名称	会计科目编号	会计科目名称
1001	库存现金	2201	应付票据
1122	应收账款	2202	应付账款
1406	库存商品	4001	实收资本
1123	预付账款	4104	利润分配
1601	固定资产	6001	主营业务收入
1602	累计折旧	6401	主营业务成本
		6601	销售费用
		6602	管理费用

3.3.4 试算平衡表

将日记账登记分类账之后，就可以编制试算平衡表（trial balance）了，见表3-5。编制试算平衡表的目的有两个：(1) 采用便捷的方式汇总所有账户的余额，以编制财务报表；(2) 通过核实借方合计是否等于贷方合计，检查登账的准确性。

表3-5 新新公司试算平衡表（会计期间：20×2年1月1日—6月30日） 单位：元

	借方	贷方
库存现金	351 000	
应收账款	155 000	
库存商品	59 200	
预付账款	4 000	
固定资产——设备	14 000	
累计折旧——设备		100
应付票据		100 000
应付账款		25 200
实收资本		400 000
本年利润		0
主营业务收入		160 000
主营业务成本	100 000	
销售费用	100	
管理费用	2 000	
合计	685 300	685 300

以上所有账户均反映了试算平衡表编制日的余额，但本年利润记录本会计期间的净利润，本例中本年利润的期初余额为零。

如前所述，在编制正式的资产负债表时，将所有收入和费用一律结转本年利润账户，使收入和费用账户清零，以记录下一个会计期间的交易。

3.3.5 会计差错与更正分录

假设一个日记账分录存在一个会计差错，如果我们立即发现了差错，可以重新编制分录。但是，如果在登记分类账之后才发现差错，应该采用更正分录（correcting entry）的方式解决。其方法是：首先在日记账中编制更正分录，然后像常规分录一样登记分类账，通过更正分录冲销以前的错误分录并登记正确的账户。

3.4 权责发生制下的会计调整

3.4.1 显性交易和隐性交易

每一笔显性交易都是由已经发生的经济活动引起的，这些交易的日记账分录都附有原始凭证。隐性交易则是指未生成任何原始凭证以证明其实际发生的事项。例如，折旧或预付账款的到期日。我们将这种隐性事项调整的分录称为"期末分录"，因为它们一般在期末进行，这种期末分录也称为"调整分录"。它意味着在期末将隐性交易的财务影响分配给正确的会计期间。

四类因基本隐性交易而产生的会计调整是：（1）预付费用的耗用；（2）预收收入的获得；（3）应计未计费用；（4）应计未计收入。这四项可简单记为：预付、预收、应付、应收。收入存在两种情况：应收收入和预收收入。费用（成本）也存在两种情况：应付费用（成本）和预付费用（成本）。

3.4.2 预付费用

有些费用会随着时间的流逝而到期。例如，公司最初从事一项显性交易，形成了一项资产，随着公司耗费这项资产，它必须进行会计调整，减少资产，确认费用。

属于此类的科目有累计折旧、预付账款等。会计师最初将预付账款记为一项资产，随着时间的流逝，这项资产的价值就减少了，于是，公司在每个月末（或每个报告期）编制一次调整分录，反映预付账款逐渐到期。

交易1：预付3个月的办公室租金6 000元。

将预付租金视为一项资产，日记账分录为：

借：预付账款	6 000	
贷：库存现金		6 000

交易2：确认本期耗用租金2 000元。

日记账分录为：

借：管理费用 2 000

　贷：预付账款 2 000

交易3：确认本期折旧100元。

固定资产在使用过程中不断损耗，为了计量固定资产的现值，会计师一般不直接贷记“固定资产”账户，而是设置一个新账户“累计折旧”，它是一个备抵账户（contra account），即抵销或抵减被调整账户的关联账户。因为它抵销一项资产账户，所以尽管资产账户的正常余额在借方，但是累计折旧的正常余额在贷方。销售部门所使用的固定资产，其计提的折旧应计入销售费用。

日记账分录为：

借：销售费用 100

　贷：累计折旧——设备 100

设立资产备抵账户后，资产的变化为：

资产：	固定资产——设备	14 000
资产备抵账户：	累计折旧——设备	100
净资产：	账面价值	13 900

其中，账面价值（book value）是指账簿中一个账户的余额减去其备抵账户的价值。

3.4.3 应计未计费用

1.应计工资

因为向员工支付工资的日期（显性交易）有可能推后，为了进行准确的会计处理，必须设立“应付职工薪酬”科目，在应支付工资的日期将“应付职工薪酬”作为一项负债，在实际发放日，将负债确认为费用。

2.应计利息

无论公司何时以现金支付利息，利息都会随着时间的流逝而累积，因此有必要进行会计调整。其会计调整的方法是：逐渐将负债调整为费用。假设某公司20×0年12月31日从银行借款100 000元，贷款条件是20×1年12月31日偿还本金100 000元及利息，利率为6%，则公司要设立“应付利息”科目，在取得贷款的当日确认全部应付利息作为负债，然后每月（报告期）进行调整，调整分录如下：

借：财务费用 500

　贷：应付利息 500

3.4.4 预收收入

正如公司采购一项资产，随着时间的推移，在耗用资产时逐渐确认相关费用一样，公司也可能预先获得收入，然后随着时间的推移，逐渐确认收入。

预收收入（revenue received），也可称为未获得收入（unearned revenue）或递延收入（deferred revenue），通常反映到“预收账款”科目，反映公司收到的、客户为未来某个时点交付的商品或劳务预付的款项。其会计记录的核心是：公司必须履行交付商品或劳务的承诺，因而构成一项负债。因此，在做分录时，既登记资产的获得，又记录负债的形成，随着时间的流逝，再逐渐将负债调整为收入。

例如，某公司出租房屋，合同期为3个月，获得预收收入6 000元，这是一笔显性交易。其会计分录为：

借：库存现金 6 000

  贷：预收账款（递延收益） 6 000

一个月之后的调整分录为：

借：预收账款（递延收益） 2 000

  贷：其他业务收入 2 000

3.4.5 应计未计收入

已经赚得但是尚未收到的收入，虽然账户中没有记录，但是根据收入确认原则，应该在赚得收入的时候就进行记录。

应计未计收入的典型情况是应收账款，在赚得收入的时候贷记库存商品，借记应收账款；当收到现金时，贷记应收账款，借记库存现金。

3.5 销售的会计处理

销售收入的确认非常重要：第一，它直接增加净收益；第二，确认收入之后，才能确认相关费用，例如销售成本。

3.5.1 简单销售收入计量

当收入现金时：

借：库存现金 100

  贷：主营业务收入 100

当采用商业信用方式时：

借：应收账款 100

  贷：主营业务收入 100

3.5.2 存货与销售

公司将销售之前所持有的产品视为存货，列报在资产负债表中的流动资产项下。当公司销售产品时，存货成本就变成了利润表中的一项费用，即营业成本。我们从营业收入净额中扣除这项成本，就得出毛利，然后从毛利中扣除其他费用，就得出“营业利润”。

商品存货的核算制度有两种：永续盘存制和定期盘存制。目前最常用的是永续盘存制。永续盘存制的会计分录如下：

（1）在采购存货时：

借：库存商品　　　　　　　　　　　　　　　　　　×××

　贷：应付账款（或库存现金、银行存款）　　　　　　　×××

（2）在销售存货时：

①借：应收账款（或库存现金、银行存款）　　　　　×××

　　贷：主营业务收入　　　　　　　　　　　　　　　×××

②借：主营业务成本　　　　　　　　　　　　　　　×××

　　贷：存货　　　　　　　　　　　　　　　　　　　×××

现实中存货成本的处理难题表现在：假定某超市星期一采购一箱可乐，支付30元，星期二又采购一箱可乐，支付35元，星期三再采购一箱可乐，支付28元，则存货成本如何计算？原则上有4种存货计价方法：个别计价法、先进先出法、移动加权平均法和月末一次加权平均法。

尽管公司可以自主选择任何一种被准许的存货成本流转假设，但是一经选定，就不能随意更改，必须在不同时间保持一致。

零售商通常试图通过提高销售收入水平来增加利润总额。他们可能会降低价格，希望通过更快地销售存货、再补货、再销售来增加毛利总额。实质上，他们所获得的单位毛利降低了，但是他们希望增加更多的销售收入，以弥补毛利的损失。在销量很大的情况下，较小的单位毛利也能实现很高的利润总额。这就是一些零售商店经营得很好的原因。在会计上可以用“存货周转次数（或存货周转率）”来描述以上事实，存货周转率即一定期间的销货成本除以存货平均余额。3.8节在介绍“企业运营效率”时还将提到这一概念。

3.5.3　应收账款与坏账处理

提供商业信用的成本包括管理和收回赊销金额的成本。一家公司在给予商业信用之前，必须审查客户的信用和付款记录。然后，它必须跟踪客户的欠款、定期出具账单、将收到的款项存入银行、将支付金额记入客户的账户，等等。这些步骤都需要耗费时间和精力，延期付款也会产生成本，因为在等待付款的时候，销售商必须采用其他方式为经营活动融资。或许最重要的一项成本是无法收回的应收账款，即坏账。它是指由于客户不能或不愿偿付债务而认定无法收回的应收账款。

无法收回的应收账款有两种记账方法：一是确认客户不付款时记账；二是在每一次核算时估计无法收回的部分。这两种方法分别称为“直接冲销法”和“备抵法”。

1.直接冲销法

直接冲销法的操作如下：

直接冲销法	资产	=	负债	+所有者权益
20×1年销售	+100 000			+100 000
20×2年冲销	−2 000			−2 000

直接冲销法的主要问题是它未运用权责发生制的配比原则。配比原则要求在确认相关收入的同时确认坏账损失，从这一原则出发，直接冲销法产生了两项差错：第一，20×1年虚报了2 000元利润，因为公司在当年未报告坏账损失；第二，20×2年的收益低估了2 000元，因为公司将20×1年的坏账损失2 000元计入了20×2年。

2. 备抵法

备抵法的要点是：（1）估计最终可能无法收回的销售收入；（2）设立一个备抵账户计提“坏账准备”。

相关会计分录如下：

①20×1年销售存货

借：应收账款	100 000	
贷：主营业务收入		100 000

②20×1年计提坏账准备

借：资产减值损失——计提的坏账准备	2 000	
贷：坏账准备		2 000

③20×2年冲销

借：坏账准备	2 000	
贷：应收账款——甲		1 400
——乙		600

采用备抵法时，资产负债表上的列示如下：

应收账款	100 000
减：坏账准备	2 000
应收账款净额	98 000

3.6 资产

3.6.1 长期资产

1. 概述

当一家公司购置一项资产时，管理者必须决定这项资产仅供本会计年度使用，还是供多个会计年度使用。有些资产的经济利益，如广告服务，公司立即就耗费了，因此将这类资产的购买支出记作费用。对于其他一些资产的经济利益，如预付租金，公司一般在一年之内耗用，因此对这些支出公司在确认为费用之前，先在短期内归类为流动资产。最后，对于不只在本会计年度受益的一些资产，公司将其资本化，即将采购价格借记长期资产账户，然后在耗用资产的各会计期间确认一部分采购价格。

2.资产购置后的不同会计处理方法

资产购置后的处理方法最常见的是成本法。按照成本法，公司资产的账面价值为成本减折旧。在特定的情况下，公司还可以减记资产价值，但是永远都不能增加其价值。欧洲大部分国家采用重新计价法，公司长期资产的价值为公允价值。

折旧是区分权责发生制与收付实现制的重要因素之一。如果公司以现金购置长期资产，那么按照严格的收付实现制，则应将资产的全部成本视为资产购置期间的一项费用。相比之下，按照权责发生制，则在开始时将成本资本化，然后以折旧的形式在公司使用资产的期间进行分配，这样就更有效地实现了费用与收入的配比。

应计折旧额可以按照直线法、加速折旧法等计量。直线法是指将一项资产的应计折旧额均衡地分摊在资产使用寿命期内；任何一种比直线法冲销应计折旧额的速度快的折旧模式都视为“加速折旧法”。

在一些国家，税法规定的折旧方法可以和财务报告使用的折旧方法有所不同。税法规定的资产使用寿命常常短于财务报告规定的使用寿命。资产使用寿命越短，公司确认折旧费的时间就越早，这意味着应纳税的净收益越少，应交所得税也就越少；反之，资产使用寿命越长，应交所得税也越多，但是，由于货币的时间价值，公司也会从延期缴纳税金中受益。

3.6.2 以公允价值计量且其变动计入当期损益的金融资产

企业持有的以公允价值计量且其变动计入当期损益的金融资产通过“交易性金融资产”科目核算，该科目核算为交易目的而持有的债权投资、股票投资、基金投资等交易性金融资产的公允价值，并分别“成本”“公允价值变动”进行明细核算。其中，“成本”明细科目反映交易性金融资产的初始入账金额；“公允价值变动”明细科目反映交易性金融资产在持有期间的公允价值变动金额。

1.初始计量

企业取得交易性金融资产时，按其公允价值，借记“交易性金融资产——成本”科目，按其发生的交易费用，借记“投资收益”科目，按实际支付的金额，贷记“银行存款”等科目。

【例3-1】20×0年1月10日，华联公司按每股6.50元的价格从二级市场购入A公司每股面值1元的股票50 000股作为交易性金融资产，并支付交易费用1 200元。

借：交易性金融资产——A公司股票（成本）　　325 000
　　投资收益　　1 200
　贷：银行存款　　326 200

2.以公允价值计量且其变动计入当期损益的金融资产持有收益的确认

持有“以公允价值计量且其变动计入当期损益的金融资产”期间，被投资单位宣告发放现金股利时，投资企业按应享有的份额，借记“应收股利”科目，贷记

“投资收益”科目；资产负债表日，投资企业按照分期付款、一次还本债券投资的面值和票面利率计提利息时，借记“应收利息”科目，贷记“投资收益”科目；收到上列现金股利或债券利息时，借记“银行存款”科目，贷记“应收股利”或“应收利息”科目。

【例3-2】华联公司持有A公司股票50 000股。20×1年3月20日，A公司宣告20×0年利润分配方案，每股派发现金股利0.30元，并于20×1年4月15日发放。

（1）20×1年3月20日

借：应收股利　　15 000

　贷：投资收益　　15 000

（2）20×1年4月15日

借：银行存款　　15 000

　贷：应收股利　　15 000

3.以公允价值计量且其变动计入当期损益的金融资产的期末计量

以公允价值计量且其变动计入当期损益的金融资产在最初取得时，是按照公允价值入账的，反映了企业取得交易性金融资产的实际成本，但交易性金融资产的公允价值在不断变化，会计期末的公允价值代表了交易性金融资产的现时价值。根据《企业会计准则》的规定，资产负债表日，交易性金融资产应按公允价值反映，公允价值的变动计入当期损益。

【例3-3】华联公司20×3年12月31日对持有的交易性金融资产按公允价值进行后续计量，确认公允价值变动损益。20×3年12月31日，华联公司持有的交易性金融资产账面余额和公允价值资料见表3-6。

表3-6　**华联公司持有的交易性金融资产账面余额和公允价值表（20×3年12月31日）**

单位：元

交易性金融资产项目	调整前账面余额	期末公允价值	公允价值变动损益	调整后账面余额
A公司股票	325 000	260 000	-65 000	260 000
B公司股票	252 000	297 000	45 000	297 000
甲公司债券	82 000	85 000	3 000	85 000

根据表3-6中的资料，确认公允价值变动损益的会计处理如下：

①借：公允价值变动损益　　65 000

　贷：交易性金融资产——A公司股票（公允价值变动）　　65 000

②借：交易性金融资产——B公司股票（公允价值变动）　　45 000

　贷：公允价值变动损益　　45 000

③借：交易性金融资产——甲公司债券（公允价值变动）　　3 000

　贷：公允价值变动损益　　3 000

4.以公允价值计量且其变动计入当期损益的金融资产的处置

企业处置交易性金融资产的主要会计问题，是正确确认处置损益。交易性金融资产的处置损益，是指处置交易性金融资产实际收到的价款减去所处置的交易性金融资产的账面余额后的金额。其中，交易性金融资产的账面余额，是指交易性金融资产的初始入账金额加上或减去资产负债表日累计公允价值变动后的金额。

【例3-4】接上两例，20×4年2月20日，华联公司将持有的A公司股票售出，实际收到价款266 000元。股票出售日，A公司股票账面价值为260 000元，其中，成本为325 000元，公允价值变动（贷方）65 000元。

处置损益=266 000-260 000=6 000（元）

交易性金融资产处置之后，“交易性金融资产——A公司股票（成本）”“交易性金融资产——A公司股票（公允价值变动）”都要结清，“公允价值变动损益”需要调整，因此涉及较多账户。具体处理方法是：按实际收到的处置价款，借记“银行存款”科目；按该交易性金融资产的初始入账金额，贷记“交易性金融资产——A公司股票（成本）”科目；按该项交易性金融资产的累计公允价值变动金额，贷记或借记“交易性金融资产——A公司股票（公允价值变动）”科目；按上列差额（即处置损益），贷记或借记“投资收益”科目；同时，按该交易性金融资产持有期间已确认的累计公允价值变动净损益，借记或贷记“公允价值变动损益”科目，贷记或借记“投资收益”科目。本例中的记账方法为：

①借：银行存款	266 000	
交易性金融资产——A公司股票（公允价值变动）	65 000	
贷：交易性金融资产——A公司股票（成本）		325 000
投资收益		6 000
②借：投资收益	65 000	
贷：公允价值变动损益		65 000

3.6.3 以摊余成本计量的金融资产

1.以摊余成本计量的金融资产的初始计量

以摊余成本计量的金融资产相当于原会计准则中的“持有至到期投资”。持有至到期投资是指企业购入的到期日固定、回收金额固定或可确定，且企业有明确意图和能力持有至到期的国债和企业债券等各种债券类投资。

企业取得持有至到期投资时，应按该投资的面值，借记“债权投资——成本”科目，按支付价款中包含的已到付息期但尚未领取的利息，借记“应收利息”科目，按实际支付的金额，贷记“银行存款”等科目，按其差额，借记或贷记“债权投资——利息调整”科目。收到支付的价款中包含的已到付息期但尚未领取的利息，贷记“应收利息”科目。

【例3-5】20×1年1月1日，华联公司从活跃市场上购入甲公司于20×0年1月1日发行的面值800 000元、期限5年、票面利率5%、每年12月31日付息、到期还本的债券作为持有至到期投资，实际支付的购买价款（包括交易费用）为818 500元，该价款中包含已到付息期但尚未支付的利息40 000元。

（1）购入债券时

初始入账金额=818 500−40 000=778 500（元）

借：债权投资——甲公司债券（成本） 800 000

　　应收利息 40 000

　贷：银行存款 818 500

　　　债权投资——甲公司债券（利息调整） 21 500

（2）收到债券利息时

借：银行存款 40 000

　贷：应收利息 40 000

2.以摊余成本计量的金融资产利息收入的计量

持有至到期投资在持有期间应当按照摊余成本计量，并按摊余成本和实际利率计算确认当期利息收入，计入投资收益。

摊余成本，是指该金融资产的初始入账金额经下列调整后的结果：（1）扣除已偿还的本金。（2）加上或减去采用实际利率法将该初始确认金额与到期日金额之间的差额进行摊销形成的累计摊销额，其中实际利率是指将金融资产在预计存续期间的估计未来现金流量，折现为该金融资产当前账面价值所使用的利率。实际利率应当在取得金融资产时确定，在该金融资产预计存续期间保持不变。（3）扣除计提的累计信用减值准备。

按照摊余成本和实际利率确认利息收入并确定期末摊余成本的方法称为实际利率法。在实际利率法下，利息收入、应收利息、利息调整摊销额之间的关系如下：

利息收入=债权投资摊余成本×实际利率

应收利息=面值（到期日金额）×票面利率（名义利率）

利息调整摊销额=利息收入−应收利息

3.6.4 长期股权投资

长期股权投资是指投资方对被投资方能够实施控制或具有重大影响的权益性投资，以及对其合营企业的权益性投资。

1.同一控制下控股合并的长期股权投资

同一控制下的控股合并，是指参与合并的企业在合并前后均受同一方或相同的多方最终控制，且该控制并非暂时性的。同一控制下的控股合并不属于交易行为，而是参与各方资产和负债的重新组合（有关同一控制和非同一控制在税法上的强制性规定参见本书第8章“企业合并”）。因此，合并方应以被合并方所有者权益的账面价值为基础，对长期股权投资进行初始计量。

合并方以支付现金、转让非现金资产或承担债务方式作为合并对价的，应当在合并日按照取得的被合并方所有者权益在最终控制方合并财务报表中的账面价值的份额作为长期股权投资的初始投资成本。初始投资成本大于支付的合并对价账面价值的差额，应计入资本公积（资本溢价或股本溢价）；初始投资成本小于支付的合并对价账面价值的差额，应冲减资本公积（仅限于资本溢价或股本溢价），资本公积的余额不足以冲减的，应依次冲减盈余公积、未分配利润。

合并方为进行企业合并而发行债券或承担其他债务支付的手续费、佣金等，应当计入所发行债券及其他债务的初始确认金额；为进行企业合并而发生的各项直接相关费用，如审计费用、评估费用、法律服务费用等，应当于发生时计入当期管理费用。

【例3-6】华联公司和A公司同为甲公司所控制的两个子公司。20×4年2月20日，华联公司和A公司达成合并协议，约定华联公司以3 800万元的银行存款作为合并对价，取得A公司80%的股份。A公司80%的股份系甲公司于20×2年1月1日购入，购买日，A公司可辨认净资产公允价值为3 500万元。20×2年1月1日到20×4年3月1日，A公司以购买日净资产公允价值为基础计算的净利润为1 000万元，无其他所有者权益变动。20×4年3月1日，华联公司实际取得对A公司的控制权，当日，A公司所有者权益的账面价值为4 500万元（3 500+1 000），华联公司“资本公积——股本溢价”科目余额为150万元。在与A公司的合并中，华联公司以银行存款支付审计费用、评估费用、法律服务费用等共计65万元。

（1）确认取得的长期股权投资

初始投资成本=4 500×80%=3 600（万元）

借：长期股权投资——A公司	36 000 000	
资本公积——股本溢价	1 500 000	
盈余公积	500 000	
贷：银行存款		38 000 000

（2）支付直接相关费用

借：管理费用	650 000	
贷：银行存款		650 000

2.非同一控制下控股合并的长期股权投资

非同一控制下的控股合并，是指参与合并的各方在合并前后不受同一方或相同的多方最终控制。相对于同一控制下的控股合并而言，非同一控制下的控股合并是合并各方自愿进行的交易行为，作为一种公平的交易，应当以公允价值为基础进行计量。

具体而言，购买方以支付现金、转让非现金资产或承担债务方式作为合并对价的，合并成本为购买方为取得对被购买方的控制权而付出的资产、发生或承担的负债的公允价值。

购买方作为合并对价付出的资产，应当按照以公允价值处置该资产进行会计处理。其中：付出资产为固定资产、无形资产的，付出资产的公允价值与其账面价值的差额，计入营业外收入或营业外支出；付出资产为金融资产的，付出资产的公允价值与其账面价值的差额计入投资收益；付出资产为存货的，按其公允价值确认收入，同时按其账面价值结转成本，涉及增值税的，还应进行相应的处理；企业以可供出售金融资产作为合并对价的，该可供出售的金融资产在持有期间因公允价值变动而形成的其他综合收益应同时转出，计入当期投资收益。

【例3–7】华联公司和C公司为两个独立的法人企业，合并之前不存在任何关联方关系。20×4年1月10日，华联公司和C公司达成合并协议，约定华联公司以库存商品、可供出售金融资产和银行存款作为合并对价取得C公司70%的股份。华联公司付出库存商品的账面价值为3 200万元，购买日公允价值为4 000万元，增值税税额为520万元；付出交易性金融资产的账面价值为2 900万元（其中成本为2 000万元，公允价值变动900万元），购买日公允价值为3 000万元；付出银行存款的金额为5 000万元。20×4年2月1日，华联公司实际取得对C公司的控制权。在与C公司的合并中，华联公司以银行存款支付审计费用、评估费用、法律服务费用等共计180万元。

合并成本=4 000+520+3 000+5 000=12 520（万元）

①借：长期股权投资——C公司	125 200 000	
贷：主营业务收入		40 000 000
应交税费——应交增值税（销项税额）		5 200 000
交易性金融资产——成本		20 000 000
——公允价值变动		9 000 000
投资收益		1 000 000
银行存款		50 000 000
②借：主营业务成本	32 000 000	
贷：库存商品		32 000 000
③借：其他综合收益	9 000 000	
贷：投资收益		9 000 000
④借：管理费用	1 800 000	
贷：银行存款		1 800 000

3.长期股权投资的后续计量

企业取得的长期股权投资在持有期间，要根据对被投资方是否能够实施控制，分别成本法和权益法进行核算。

(1) 成本法

成本法是指长期股权投资的账面价值按初始投资成本计量，除追加或收回投资外，一般不对长期股权投资的账面价值进行调整。在持有长期股权投资期间，当被投资方宣告发放现金股利或利润时，投资方应当按照享有的份额，借记“应收股利”科目，贷记“投资收益”科目；收到上列现金股利或利润时，借记“银行存款”科目，贷记“应收股利”科目。

投资方对被投资方能够实施控制的长期股权投资，即对子公司的长期股权投资，应当采用成本法核算。成本法的基本核算程序如下：

①设置“长期股权投资”科目，反映长期股权投资的初始投资成本。在收回投

资前，无论被投资方经营情况如何，净资产是否增减，投资方一般不对股权投资的账面价值进行调整。

②如果发生追加投资或收回投资等情况，应按追加投资或收回投资的成本增加或减少长期股权投资的账面价值。

③除取得投资时实际支付的价款或对价中包含的已宣告但尚未发放的现金股利或利润外，投资方应当按照被投资方宣告发放的现金股利或利润中属于本企业享有的部分确认投资收益；被投资方宣告分派股票股利时，投资方应于除权日作备忘录；被投资方未分派股利，投资方不作任何处理。

（2）权益法

权益法是指在取得长期股权投资时以投资成本计量，在投资持有期间投资方要根据享有的被投资方所有者权益份额的变动，对长期投资的账面价值进行相应调整。

成本法和权益法的区别可以简单理解为：成本法类似于收付实现制，被投资企业宣告发放股利的时候才确认投资收益，不管其是盈利还是亏损，即在成本法下，除非增加或减少了投资，不然一般不会调整长期股权投资的账面价值；权益法类似于权责发生制，只要被投资企业年终有了利润，不管其分不分，都按照享有的份额按比例确认投资收益，调整长期股权投资的账面价值（亏损则反过来）。

投资方对被投资方具有共同控制或重大影响的长期股权投资，即对合营企业或联营企业的长期股权投资，应当采用权益法核算。投资方在判断对被投资方是否具有共同控制、重大影响时，应综合考虑直接持有的股权和通过总公司间接持有的股权。

采用权益法核算，在“长期股权投资”科目下应当设置“投资成本”“损益调整”“其他综合收益”“其他权益变动”明细科目，分别反映长期股权投资的初始投资成本以及因被投资方所有者权益发生变动而对长期股权投资账面价值进行调整的金额。其中：

①“投资成本”反映长期股权投资的初始投资成本，以及在长期股权投资的初始投资成本小于取得投资时应享有的被投资方可辨认净资产公允价值份额的情况下，按其差额调整初始成本后形成的账面价值。

②“损益调整”反映被投资方因发生净损益、分配利润引起的所有者权益变动中，投资方按持股比例计算的应享有或应分担的份额。

③“其他综合收益”反映被投资方因确认其他综合收益引起的所有者权益变动中，投资方按持股比例计算的应享有或应分担的份额。

④“其他权益变动”反映被投资方除发生净损益、分配利润以及确认其他综合收益以外所有者权益的其他变动中，投资方按持股比例计算的应享有或应分担的份额。

3.6.5 金融资产减值

根据《企业会计准则第22号——金融工具确认和计量》的规定，企业应当以预期信用损失为基础，对下列项目进行减值会计处理并确认损失准备：

（1）分类为以摊余成本计量的金融资产和分类为以公允价值计量且其变动计入其他综合收益的金融资产。

（2）租赁应收款。

（3）《企业会计准则第14号——收入》定义的合同资产。

（4）企业发行的分类为以公允价值计量且其变动计入当期损益的金融负债以外的贷款承诺和适用本准则第二十一条（三）规定的财务担保合同。

当对金融资产预期未来现金流量具有不利影响的一项或多项事件发生时，该金融资产成为已发生信用减值的金融资产。金融资产已发生信用减值的证据包括下列可观察信息：

（1）发行方或债务人发生重大财务困难；

（2）债务人违反合同，如偿付利息或本金违约或逾期等；

（3）债权人出于与债务人财务困难有关的经济或合同考虑，给予债务人在任何其他情况下都不会做出的让步；

（4）债务人很可能破产或进行其他财务重组；

（5）发行方或债务人财务困难导致该金融资产的活跃市场消失；

（6）以大幅折扣购买或源生一项金融资产，该折扣反映了发生信用损失的事实。

企业应当在每个资产负债表日评估相关金融工具的信用风险自初始确认后是否已显著增加，并按照下列情形分别计量其损失准备、确认预期信用损失及其变动：

（1）如果该金融工具的信用风险自初始确认后已显著增加，企业应当按照相当于该金融工具整个存续期内预期信用损失的金额计量其损失准备。无论企业评估信用损失的基础是单项金融工具还是金融工具组合，由此形成的损失准备的增加或转回金额，应当作为减值损失或利得计入当期损益。

（2）如果该金融工具的信用风险自初始确认后并未显著增加，企业应当按照相当于该金融工具未来12个月内预期信用损失的金额计量其损失准备，无论企业评估信用损失的基础是单项金融工具还是金融工具组合，由此形成的损失准备的增加或转回金额，应当作为减值损失或利得计入当期损益。

3.7 所有者权益

3.7.1 一般企业投入资本

一般企业是指除了股份有限公司以外的企业，如有限责任公司等。投入者投入资本的形式有很多，如投资者可以用现金投资，也可以用实物资产投资，还可以用无形资产投资，其投入资本通过“实收资本”账户处理。

企业收到资本时，一般应作如下会计处理：收到投资人投入的现金，应当于实际收到或存入企业开户银行时，按实际收到的金额，借记“库存现金”“银行存款”科目；以实物资产投资的，应当在办理实物产权转移手续时，借记有关资产科目；以无形资产投资的，应在按照合同、协议或公司章程规定移交有关凭证时，借记“无形资产”科目；按投入资本在注册资本或股本中所占份额，贷记“实收资本”科目，按其差额，贷记“资本公积——资本溢价”科目。

【例3-8】某公司原来由3个投资者组成，每位投资者各投资100万元，实收资本共计300万元。经营一年后，有另一位投资者欲加入该公司并希望占有25%的股份，经协商，该公司将注册资本增加到400万元，但该投资者不能仅投资100万元就占25%的股份，假定其缴纳140万元。在这种情况下，只能将100万元作为实收资本入账，超过部分作为资本溢价，记入“资本公积”账户，其账务处理如下：

借：银行存款	1 400 000	
贷：实收资本		1 000 000
资本公积——资本溢价		400 000

【例3-9】某公司接受A企业以其所拥有的专利权作为出资，双方协议价值（公允价值）为320万元，该专利权在注册资本中所占的份额为300万元，已办妥相关手续，其账务处理如下：

借：无形资产	3 200 000	
贷：实收资本		3 000 000
资本公积——资本溢价		200 000

3.7.2 股份有限公司投入资本

股份有限公司与一般企业相比，其显著特点在于将企业资本划分为等额股份，并通过发行股票的方式来筹集资本。股份有限公司发行股票的会计核算主要通过“股本”账户进行，该账户核算公司发行股票的面值或设定价值部分。在“股本”账户下，按股票种类及股东名称设置明细账。

1.股票的认购

公司发行股票，一般要经过股东认购、实收股款、发行股票等阶段，这些阶段之间往往间隔一段时间。在认购手续办妥后，应借记“应收认股款”账户，在未换发股票前，应贷记“已认股本”账户。“应收认股款”除短期无法收集的外，应列为公司的流动资产项目。“已认股本”是所有者权益项目，是“股本”账户的一个过渡性质的账户。收到认股款后，贷记“应收认股款”账户。收齐全部认购款换发股票时，借记“已认股本”账户，并贷记“股本”账户。

【例3-10】某公司核定普通股股本4 000万元，共计4 000万股，每股面值1元。

认购价格为每股8元。20×4年3月1日共被认购4 000万股。20×4年3月12日和3月18日，分别收到认股人交来的股款19 200万元和9 600万元。假定交款日全部交清认股款，并对股东换发（换发股票的实质是发行股票）普通股股票2 400万股和1 200万股。根据上述经济业务，其账务处理如下：

（1）20×4年3月1日

借：应收认股款——普通股　　320 000 000

　贷：已认股本——普通股　　40 000 000

　　已认资本公积——股本溢价　　280 000 000

（2）20×4年3月12日

①借：银行存款　　192 000 000

　贷：应收认股款——普通股　　192 000 000

②借：已认股本——普通股　　24 000 000

　　已认资本公积——股本溢价　　168 000 000

　贷：股本——普通股　　24 000 000

　　资本公积——股本溢价　　168 000 000

（3）20×4年3月18日

①借：银行存款　　96 000 000

　贷：应收认股款——普通股　　96 000 000

②借：已认股本——普通股　　12 000 000

　　已认资本公积——股本溢价　　84 000 000

　贷：股本——普通股　　12 000 000

　　资本公积——股本溢价　　84 000 000

到规定期末，认股股东如不能履约付款协议，即应收认股款尚未收回，可以没收部分已交股款、发还剩余已交股款，并另行招认或者发给部分股票。此时，应冲销“已认股本”和“应收认股款”等账户。《公司法》规定，发行的股份超过招股说明书规定的截止期限尚未募足的，或者发行的股份款交足后，发起人在30天内未召开创立大会的，认股人可以按所交股款并加计银行同期存款利息要求发起人返还。

2.股票的发行

股票的发行价格受发行时资本市场的需求和投资人对公司获利能力的估计的影响，公司发行股票的价格往往与股票的面值不一致。按照《公司法》的规定，同次发行的股票，每股的发行条件和价格应当相同，任何单位或者个人所认购的股份，每股应当支付相同价格。股票的发行价格可以等于票面金额，也可以超过票面金额，但不得低于票面金额。换言之，我国目前仅允许股票溢价、等价发行，不允许折价发行。

在发行时，记入“股本”账户的金额必须按照股票的票面金额入账。超过部分作为股票溢价，记入“资本公积——股本溢价”账户。

【例3-11】某公司发行每股面值为1元的普通股1 000万股，假定按每股1.2元溢价发行，则账务处理如下：

借：银行存款　　12 000 000

　贷：股本——普通股　　10 000 000

　　　资本公积——股本溢价　　2 000 000

除了所有者的投入形成实收资本或股本外，企业将资本公积转为实收资本或股本，以及将盈余公积转为实收资本或股本，股份有限公司发放股票股利，可转换公司债券持有人行使转换权利等，会使实收资本或股本增加；企业资本过剩或发生重大亏损，会使实收资本或股本减少。

3.7.3 留存收益

留存收益是股东权益的一个重要项目，是企业历年剩余的净收益累积而成的资本，因此留存收益也可称为累积收益。虽然留存收益与投资者投入的资本属性一致，均为股东权益，但二者不同的是，投入资本是由所有者从外部投入企业的，它构成了股东权益的基本部分，而留存收益不是投资者从外部投入的，而是依靠企业经营所得的盈利累积而成的。

既然留存收益是股东权益，股东便有权决定如何使用，按照公司章程或其他有关规定，公司可将留存收益在股东间进行分配，作为公司股东的投资所得，也可以为了某些特殊用途和目的而将其中一部分留在公司不予分配。可见，留存收益会因经营获取收益而增加，又因分给投资者而减少。留存收益的反面为亏损，公司经营如果入不敷出，就意味着亏损。发生经营亏损将减少留存收益。

留存收益由盈余公积和未分配利润构成，盈余公积又包括法定盈余公积和任意盈余公积。

1.法定盈余公积

法定盈余公积是指企业按规定从净利润中提取的积累资金。"法定"意味着提取是由国家法律法规强制规定的。企业必须提取法定盈余公积，目的是确保企业不断积累资本。《公司法》规定，公司制企业的法定盈余公积，按照税后利润的10%提取，法定盈余公积累计额已达注册资本的50%时可以不再提取。

2.任意盈余公积

任意盈余公积是公司由于实际需要或采取审慎经营策略，从税后利润中提取的一部分留存利润。"任意"是指出于自愿，而非外力强制，但也非随心所欲。如果公司有优先股，必须在支付了优先股股利之后才可提取任意盈余公积。

企业提取任意盈余公积的原因是多样的，如可能需要偿还一笔长期负债，也可能是为了控制本期股利的分派不至于过高等。任意盈余公积一经拨定，就不能再供本期发放股利之用，所以提取任意盈余公积本身就是压低当年股利的一种手段，是企业管理当局对发放股利施加的限制。

3.未分配利润

未分配利润是企业留待以后年度进行分配的结存利润，也是企业股东权益的组成部分。相对于股东权益的其他部分来说，企业对于未分配利润的使用有较大的自主权。从数量上说，未分配利润是期初未分配利润加上本期实现的税后利润再减去提取的各种盈余公积和分出利润后的余额。未分配利润有两层含义：一是留待以后年度处理的利润；二是未指定特定用途的利润。

3.8 资产负债表和利润表

3.8.1 资产负债表

资产负债表将账户进一步划分为小类，以帮助使用者快速了解企业的财务状况。资产负债表将资产分为流动资产和非流动资产，将负债分为流动负债和非流动负债，见表3-7。

表3-7 **资产负债表格式**

资产	期末余额	期初余额	负债及所有者权益	期末余额	期初余额
流动资产：			流动负债：		
货币资金			短期借款		
交易性金融资产			交易性金融负债		
应收票据			应付票据		
应收账款			应付账款		
预付款项			预收款项		
其他应收款			应付职工薪酬		
存货			应交税费		
其他流动资产			其他应付款		
流动资产合计：			流动负债合计：		
非流动资产：			非流动负债：		
债权投资			长期借款		
其他债权投资			应付债券		
长期应收款			非流动负债合计：		
长期股权投资			负债合计：		
投资性房地产			所有者权益：		
固定资产			实收资本（或股本）		
在建工程			资本公积		
无形资产			盈余公积		
商誉			未分配利润		
非流动资产合计：			所有者权益合计：		
资产总计：			负债和所有者权益总计：		

流动资产（current assets）是指现金以及企业可以在一年或者超过一年的一个营业周期内变现、出售或耗用的资产。流动负债（current liabilities）是指企业将在一年或者超过一年的一个营业周期内清偿的负债。辨认流动资产和流动负债有助于评估企业的到期偿债能力。流动资产超过流动负债的部分称为营运资本。

3.8.2 偿债能力指标

偿债能力比率是反映企业用现有资产偿还短期债务的能力的比率，也就是分析企业目前是否存在不能偿还短期债务的风险的指标。

1.流动比率

$$流动比率=\frac{流动资产}{流动负债}$$

流动比率反映企业运用其流动资产偿还流动负债的能力。因为流动负债具有偿还期较短的特点，而流动资产具有较容易变现的特点，正好可以满足流动负债的偿还需要，所以流动比率是分析短期偿债能力的最主要指标。传统的教科书认为，将流动比率保持在2左右是比较适宜的，但这只是一个经验的数据，由于企业所处行业不同、受到季节性因素的影响，或者企业处在不同的发展阶段，这一数据会有很大的差别。

2.速动比率

传统上，为了更精确地评价企业短期偿债能力，需要剔除流动资产中可用性差的项目，于是就出现了速动比率，它也叫酸性测试比率。

$$速动比率=\frac{速动资产}{流动负债}$$

速动资产是指可以及时、不贬值地转换为可以直接偿债的货币资金的流动资产。在实践中一般是简单地将存货从流动资产中剔除而得到速动资产。传统的教科书通常认为，一个企业的速动比率为1是恰当的。在这种情况下，即便所有的流动负债都要求同时偿还，企业也有足够的资金维持正常的生产经营。

这两个比率都是用来衡量一个企业的短期偿债能力的。一般来说，比率越高，对流动负债的偿还能力越强，但这两个比率也不是越高越好，因为在通常情况下，流动资产的流动性越强，其收益性就有可能越差，或者几乎没有收益，比如现金。

3.利息保障倍数

$$利息保障倍数=\frac{息税前利润}{利息费用}$$

息税前利润是指扣除利息和税务支出之前的利润，可以用总利润加利息费用求得，用来说明是否有足够的利润支付到期的利息。这个指标一般要求大于1，通常认为越大越好。但是，该指标在计算时可能存在一个问题，那就是企业的利息费用的数据难以得到，因为在我国的会计实务中将利息费用计入财务费用而不单独记录。分析人员通常用财务费用代替利息费用进行计算，但这样会存在一定的误差。

3.8.3 偿债能力指标的局限性

1.流动比率的局限性

流动比率是流动资产与流动负债的比率，它表明企业每一元流动负债有多少流动资产作为偿还的保证，反映企业可以用可在短期内转变为现金的流动资产偿还到期流动负债的能力。

流动比率并不是衡量短期变现能力的绝对标准，它忽视了管理者为偿还到期债务而采用其他办法的能力。例如，手中没有货币资金的企业，或许能举债偿还其对当前债权人的欠款。这时，要着重分析企业流动资产的未来变现能力，以判断企业是否可以在较长时期内维持借新债还旧债的局面。

企业偿还短期债务的流动资金保证程度强，并不意味着企业有足够的现金或存款用来偿债，而且将资产转换成现金的时间有可能与负债到期日不匹配。

流动比率高也可能是存货积压、应收账款增多且收款期延长所致，而真正用来偿债的现金和银行存款就可能严重短缺。所以，应在分析流动比率的基础上，进一步对现金流量加以考察。

该比率只反映报告日期的静态状况，企业很容易通过一些临时性的账面处理来形成不反映经营真实情况的比率。因此，在分析流动比率时，应注意分析企业会计分析前后一段时间的流动资产和流动负债的数额变动，如变动幅度很大，应了解企业是否在流动比率不理想时，通过在年终把欠款还清、到下年初再如数借回，或者有意把需要在年终进的货推迟到下年度再购进的办法修饰流动比率。所以，西方也把该比率称作企业的“橱窗装饰”。例如，某企业的流动资产为15万元，流动负债为10万元，流动比率为1.5，在编制报表时企业突击偿还债务5万元，则流动资产为10万元，流动负债为5万元，流动比率为2。

2.速动比率的局限性

速动比率是企业速动资产与流动负债的比率。尽管速动比率较之流动比率能更好地反映流动负债偿还的安全性和稳定性，但并不能认为速动比率较低的企业的流动负债到期绝对不能偿还。实际上，如果企业存货流转顺畅，变现能力较强，即使速动比率比较低，只要流动比率高，企业仍有希望偿还到期的债务本息。

该比率虽然弥补了流动比率的某些不足，但仍然没有考虑速动资产的构成。虽然速动资产的变现能力较强，但速动资产不等于企业的现实支付能力，不同的速动资产的变现能力仍然存在差异。比如，当企业速动资产中含有大量不良应收账款时，或企业的以公允价值计量且其变动计入当期损益的金融资产和可供出售金融资产被套牢而转化为事实上的长期投资时，即使其速动比率大于1，也不能保证企业有很强的短期偿债能力。因此，该比率应与速动资产变现能力的强弱结合起来考察，并进一步结合应收账款周转率及坏账损失率来进行分析。如果应收账款的流动性存在问题，实际坏账可能比计提的坏账损失还要多，则要求企业有更高的速动比率作为保障。

3.利息保障倍数的局限性

利息保障倍数是指企业息税前利润与利息费用的比率，它反映了获利能力对债务偿还的保证程度，但该比率只能反映企业支付利息的能力，不能反映债务本金的偿还情况。同时，企业偿还借款的本金和利息时不是用“利润”项目支付，准确地说，是使用“利润”中的现金支付，故使用这一指标进行分析时，需要了解企业是否有足够的现金来偿还到期本金和利息。另外，使用该指标还要注意非付现费用的问题，企业的固定资产折旧、长期待摊费用、无形资产摊销等非付现费用已从企业的当期利润中扣除，因而有些企业即使在利息保障倍数低于1的情况下，也能够偿还债务利息。

3.8.4 利润表

目前通行于世界各国的利润表格式有两种：单步式利润表和多步式利润表。

1.单步式利润表

单步式利润表将当期所有的收入列在一起，然后将所有的费用列在一起，两者相减得出当期损益。

2.多步式利润表

多步式利润表从营业收入开始，一步一步加减得到净利润：

第一步，以营业收入为基础，减去营业成本、税金及附加、销售费用、管理费用、研发费用、财务费用、资产减值损失，加上公允价值变动收益（减去公允价值变动损失）、投资收益（减去投资损失），计算出营业利润。

第二步，以营业利润为基础，加上营业外收入，减去营业外支出，计算出利润总额。

第三步，以利润总额为基础，减去所得税费用，计算出净利润（或净亏损）。普通股已公开交易的企业，还应在利润表中列示每股收益信息。根据《企业会计准则第30号——财务报表列报》的规定，企业需要提供比较利润表，以使报表使用者通过比较不同期间利润的实际情况，判断企业经营成果的未来发展趋势。所以，利润表还就各项目再分为“本期金额”和“上期金额”两栏分别填列，见表3-8。

3.8.5 盈利能力基本指标

1.毛利率（gross profit percentage，GPP）

$$毛利率=\frac{毛利}{销售收入}$$

不同行业的毛利率迥然不同，例如软件行业毛利率普遍很高，因为软件行业的大多数成本都是研发和营销成本，而不是销货成本；相反，零售行业的毛利率则较低，因为产品成本是其主要成本。

表3-8 多步式利润表格式

项 目	本期金额	上期金额
一、营业收入		
减：营业成本		
税金及附加		
销售费用		
管理费用		
研发费用		
财务费用		
其中：利息费用		
利息收入		
资产减值损失		
信用减值损失		
加：其他收益		
投资收益		
公允价值变动收益		
资产处置收益		
二、营业利润		
加：营业外收入		
减：营业外支出		
三、利润总额		
减：所得税费用		
四、净利润		
五、其他综合收益的税后净额		
（一）不能重分类进损益的其他综合收益		
（二）将重分类进损益的其他综合收益		
六、综合收益总额		
七、每股收益		

2.销售利润率（return on sales，ROS）

$$销售利润率=\frac{净利润}{销售收入}$$

这个指标反映一家公司根据总销售收入水平控制其总费用水平的能力。如同毛利率一样，销售利润率一般也依行业的不同而不同，但是变化范围不像毛利率那么大。

3.资产收益率（return on assets，ROA）

$$资产收益率=\frac{净利润}{总资产平均余额}$$

资产收益率计量资产创造利润的效率。

4.净资产收益率或股东权益收益率（return on common stockholder's equity，ROE）

$$净资产收益率=\frac{净利润}{普通股股东权益平均余额}$$

净资产收益率算式的分子也是净利润，但它是与投入资本（普通股股东权益平均余额）相比，而不是与销售收入相比。许多分析师将这个指标视为从股东的角度反映总体效益的终极指标。

3.8.6 杜邦分析体系

1.概述

为了更好地理解股东权益收益率（ROE），我们将ROE分解为三部分：

$$股东权益收益率=\frac{净利润}{股东权益}=\frac{净利润}{销售收入}\times\frac{销售收入}{资产}\times\frac{资产}{股东权益}$$

上式右边三项分别为销售利润率、资产周转率和财务杠杆。这个表达式说明只有三个杠杆来调控ROE：（1）每一元的销售收入所能赚取的净利润，即销售利润率；（2）每一元资产所能带来的销售收入，即资产周转率；（3）股东每投入一元所能运用的资产，即财务杠杆。

每一行业甚至每一公司可能在ROE上的表现不相上下，但是在其三个组成成分上却大相径庭。表3-9是一些著名公司的ROE和业绩杠杆。

表3-9 **一些著名公司的ROE和业绩杠杆**

公司	ROE（%）	销售利润率（%）	资产周转率（次）	财务杠杆（倍）
Adobe	14.9	20.4	0.47	1.67
雪铁龙	18.1	10.0	1.03	1.76
谷歌	18.4	29.0	0.51	1.25
惠普	21.7	7.0	1.01	3.08
摩根大通	10.3	15.0	0.05	12.58

一般而言，销售利润率、资产周转率和财务杠杆不可能同时都很高。销售利润率和资产周转率在很多情形下正好相反。销售利润率高的公司一般资产周转率较低，反之亦然。这是因为能够大幅度增加产品价值的公司，其利润率较高，但大幅

度增加产品价值一般而言需要大量的资产，所以这类公司的资产周转率较低。一个极端的例子是杂货店，因为它没有增加多少产品价值，所以销售利润率极低，但资产周转率却很高。

2.公式分解

ROE计算公式的前两项的乘积为资产收益率（ROA）：

$$资产收益率=销售利润率\times资产周转率=\frac{净利润}{资产}$$

ROA是反映公司资源配置和管理效益的基本指标。ROA和ROE的区别在于，前者反映股东和债权人共同提供的资金所带来的利润率，而后者仅仅反映由股东投入的资金所带来的利润率。

3.企业运营效率

我们可以使用资产周转率来大致衡量企业营运效率。资产周转率是每1元资产所带来的销售收入。例如，资产周转率为0.8，意味着公司总资产中每1元产生0.8元的销售收入。该比率衡量了资本密集程度——低资产周转率意味着高资本密集度，高资产周转率则相反。

企业的产品特性和竞争战略会对资产周转率产生显著的影响。一方面，一个钢铁企业的资产周转率绝对比不上一个杂货店的资产周转率；另一方面，管理层在资产经营上的勤勉程度及创造力也是决定资产周转率的重要因素，当竞争者之间的生产技术相似时，对资产的管理能力常常是决定成败的关键。

资产周转率与以下比率关系密切：

（1）固定资产周转率

$$固定资产周转率=\frac{销售收入}{平均固定资产净值}$$

（2）流动资产周转率

$$流动资产周转率=\frac{销售收入}{平均流动资产净值}$$

流动资产周转率衡量销售收入与流动资产之间的关系，常常成为衡量营运能力的指标，它界定了企业运营的效率。

（3）存货周转率

$$存货周转率=\frac{营业成本}{平均存货余额}$$

（4）应收账款周转率

$$应收账款周转率=\frac{赊销收入净额}{平均应收账款余额}$$

4.财务杠杆

管理者影响ROE的第三个杠杆是财务杠杆。一家公司为生产经营进行筹资时提高负债与权益的比率，就是提高财务杠杆。衡量财务杠杆最普遍的做法是比较公司的账面负债和账面资产或权益：

$$负债资产比=\frac{负债总额}{资产总额}$$

$$负债权益比=\frac{负债总额}{股东权益}$$

假定负债资产比为40%，则意味着全部资产中有40%是用债权人提供的资金来投资的。

销售利润率和资产周转率总是越多越好，相比之下，财务杠杆并不是必须予以最大化的指标，尽管这样做可以增加ROE。一家公司的行业属性和资产特性影响其财务杠杆的使用。一般而言，经营性现金流量有较高的可预见性且较稳定的公司较之市场高度不确定的公司，能放心运用更高的财务杠杆。ROA低的公司一般使用较多的债务融资，因而具有较高的财务杠杆。

3.8.7 上市公司的特殊比率

1.每股收益（earnings per share，EPS）

每股收益也称每股盈余、每股盈利，反映企业一定时期对外发行的股份所享有的净利润。

$$每股收益=\frac{可供普通股股东分配的净收益}{发行在外的普通股加权平均数}$$

一般来说，每股收益越高，表明股东的投资效益越好，股东获取较高股利的可能性也越大。这个指标是普通股股东最关心的指标之一，而且其数值直接影响企业支付的普通股股利，如果没有足够的收益就不能支付股利，当然，股利的实际支付还要受到企业现金状况的影响。

2.市盈率（price earnings ratio，P/E）

$$市盈率=\frac{普通股每股市价}{普通股每股收益}$$

一般认为，如果一家公司的市盈率过高，那么其股票的价格具有泡沫，价值被高估。

3.市净率（price-to-book ratio，P/B）

$$市净率=\frac{普通股每股市价}{普通股每股净资产}$$

上市公司的每股内含净资产值高而市价不高的股票，即市净率较低的股票，在所属行业等其他条件相同的情况下，其投资价值较高。

4.股票收益率

$$股票收益率=\frac{普通股每股股利}{普通股每股市价}$$

股票价格的波动和股利水平的任何变化均会导致股票收益率的变化。它粗略地计量了在当年投资当年回收的情况下的收益率。

5.股利支付率

$$股利支付率=\frac{每股股利}{每股收益}$$

股利支付率反映普通股股东从全部获利中实际可获取的股利份额。单纯从股东的眼前利益角度看，股利支付率越高，股东所获的回报越多。我们可以通过该数据分析企业的股利政策。

3.9 现金流量表

现金流量表是反映企业在一定会计期间的现金和现金等价物流入和流出情况的报表。编制现金流量表的主要目的是反映企业在一定会计期间的经营活动、投资活动和筹资活动等对现金及现金等价物所产生的影响。从编制原则上看，现金流量表基本按照收付实现制原则编制，将权责发生制下的盈利信息调整为收付实现制下的现金流量信息，便于信息使用者了解企业利润的“含金量”，为评价企业的支付能力、偿债能力和周转能力，预测企业未来现金流量提供重要的依据。

3.9.1 现金流量表相关项目

1.现金

现金流量表中的“现金”是指企业的库存现金以及可以随时用于支付的银行存款。会计上所说的现金通常是指企业库存现金，而现金流量表中的现金不仅包括“库存现金”账户核算的现金，还包括企业“银行存款”账户核算的存入金融企业、随时可以用于支付的存款，也包括“其他货币资金”账户核算的外埠存款、银行汇票存款、银行本票存款和在途货币资金等其他货币资金。

应注意的是，银行存款和其他货币资金中，有些不能随时用于支付的存款，如不能随时支取的定期存款等，不应作为现金，而应列为投资；提前通知金融企业便可支取的定期存款，则应包括在现金范围内。

2.现金等价物

现金等价物是指企业持有的期限短、流动性强、易于转换为已知金额的现金、价值变动风险很小的投资。期限短，一般是指从购买日起3个月内到期。现金等价物通常包括3个月内到期的债券投资等。权益性投资变现的金额通常不确定，因而不属于现金等价物。

3.现金流量

现金流量是指某一时期内企业现金和现金等价物流入和流出的数量，如企业销售商品、提供劳务、出售固定资产、向银行借款等取得现金，形成企业的现金流入；购买原材料、接受劳务、购建固定资产、对外投资、偿还债务等而支付现金等，形成企业的现金流出。现金流量信息能够表明企业经营状况是否良好，资金是否紧张，以及企业偿付能力的大小等，从而为投资者、债权人、企业管理者提供非常有用的信息。应该注意的是，企业货币资金在不同形态之间的转换不会产生现金的流入和流出，如企业从银行提取现金，是现金存放形式的转换，现金并未流出企业，不构成现金流量；同样，现金和现金等价物之间的转换也不属于现金流量。

我国通常将现金流量分为三类：经营活动产生的现金流量、投资活动产生的现金流量、筹资活动产生的现金流量。

3.9.2 经营活动产生的现金流量

经营活动是指企业投资活动和筹资活动以外的所有交易和事项。

1.经营活动流入的现金

经营活动流入的现金主要包括：

(1) 企业因销售商品、提供劳务实际收到的现金（含销售收入和应向购买者收取的增值税销项税额），包括本期销售商品、提供劳务收到的现金，以及前期销售商品和前期提供劳务本期收到的现金及本期预收的账款，减去本期退回销售的商品和前期销售本期退回的商品支付的现金。

(2) 企业收到返还的各种税费，如收到的增值税、消费税、所得税、关税、教育费附加返还等。

(3) 其他与经营活动有关的现金流入，如经营租赁收到的租金。

2.经营活动流出的现金

经营活动流出的现金主要包括：

(1) 企业购买材料、商品，接受劳务实际支付的现金，包括本期购入材料、商品，接受劳务支付的现金（包括增值税进项税额），以及本期支付的前期购入材料、商品，接受劳务的未付款项和本期预付款项。

(2) 企业实际支付给职工以及为职工支付的现金，包括本期实际支付给职工的工资、奖金、各种津贴和补贴等职工薪酬（包括代扣代缴的职工个人所得税），企业为职工支付的养老、失业等社会保险基金，补充养老保险，住房公积金，支付给职工的住房困难补助，以及企业支付给职工或为职工支付的其他福利等。

(3) 企业按规定支付的各项税费，包括本期发生并支付的税费，以及本期支付的以前各期发生的税费和预交的税金，如支付的所得税、增值税、消费税、印花税、房产税、土地增值税、车船税、教育费附加等。

(4) 企业除了上述各项目外，支付的其他与经营活动有关的现金，如企业经营租赁支付的租金、罚款支出、差旅费、业务招待费、保险费等。

3.9.3 投资活动产生的现金流量

1.投资活动流入的现金

投资活动流入的现金主要包括：

(1) 企业出售、转让或到期收回除现金等价物以外的其他企业的权益工具、债务工具和合营中的权益而收到的现金。

(2) 企业除现金等价物以外的对其他企业的权益工具、债务工具和合营中的权益投资分回的现金股利和利息等。

（3）企业处置固定资产、无形资产和其他长期资产所取得的现金，减去为处置这些资产而支付的有关费用后的净额。

（4）处置子公司及其他营业单位收到的现金净额。

2. 投资活动流出的现金

投资活动流出的现金主要包括：

（1）企业购买、建造固定资产，取得无形资产和其他长期资产所支付的现金（含增值税款）以及用现金支付的应由在建工程和无形资产负担的职工薪酬。

（2）企业取得除现金等价物以外的对其他企业的权益工具、债务工具和合营中的权益所支付的现金以及支付的佣金、手续费等附加费用。

（3）取得子公司及其他营业单位支付的现金净额。

（4）支付的其他与投资活动有关的现金。

3.9.4　筹资活动产生的现金流量

筹资活动是导致企业资本及债务规模的构成发生变化的活动。这里所说的资本包括实收资本（股本）、资本溢价（股本溢价），与资本有关的现金流入和流出项目包括吸收投资、发行股票、分配利润等。债务是指企业对外举债所借入的款项，如发行债券、向金融企业借入款项以及偿还债务等。

1. 筹资活动流入的现金

筹资活动流入的现金主要包括：

（1）企业收到的投资者投入的现金，包括以发行股票、债券等方式筹集资金实际收到的款项，减去直接支付给金融企业的佣金、手续费、宣传费、咨询费、印刷费等发行费用后的净额。

（2）企业举借各种短期、长期借款所收到的现金。

（3）企业除了上述各项目外，收到的其他与筹资活动有关的现金。

2. 筹资活动流出的现金

筹资活动流出的现金主要包括：

（1）企业以现金偿还债务的本金，包括偿还金融企业的借款本金、债券本金等。

（2）企业实际支付的现金股利，支付给其他投资单位的利润，以及支付的借款利息、债券利息等。

第3章要点回顾

复习思考题

1.什么是复式记账法？

2.什么是权责发生制？有哪两类费用？什么是配比原则？

3.简述以下四类隐性交易的会计处理：预付费用的耗用；预收收入的获得；应计未计费用；应计未计收入。

4.简述坏账处理的“直接冲销法”和“备抵法”。

5.简述“以公允价值计量且其变动计入当期损益的金融资产”的初始计量、持有收益的确认、期末计量、处置的会计处理。

6.简述以摊余成本计量的金融资产利息收入的计量。

7.简述同一控制下控股合并的长期股权投资的计量和非同一控制下控股合并的长期股权投资的计量。

8.简述常见偿债能力指标的局限性。

9.简述杜邦分析体系。

第4章

财务报表分析

学习要点

◇ 资产的质量特征
◇ 货币资金、交易性金融资产、应收账款、存货的质量分析
◇ 企业流动负债、非流动负债的质量分析
◇ 所有者权益质量分析
◇ 利润表构成项目分析
◇ 现金流量表分析
◇ 利润质量分析
◇ 现金流量表分析
◇ 合并报表分析

4.1 资产的构成与质量分析[①]

4.1.1 资产的质量特征和分类

1. 资产的质量特征

（1）资产的盈利性

资产的盈利性是指资产在使用的过程中能够为企业带来经济效益的能力，它强调的是资产能够为企业创造价值的大小。资产的盈利性在一定程度上决定了企业进行扩大再生产的能力。

（2）资产的变现性

资产的变现性是指非现金资产通过交换能够直接转换为现金的能力。资产的变现性直接影响企业的偿债能力，而偿债能力又是企业能否健康发展的关键。日常的

① 本节内容主要参考了张新民、钱爱民编著的《财务报表分析》（中国人民大学出版社2017年出版）。

会计核算均建立在持续经营假设的基础上，致使企业资产的变现价值和账面价值之间往往存在较大的差距，因此，资产能否按照账面价值或高于账面价值顺利变现是衡量企业资产质量的一个重要因素。

(3) 资产的周转性

资产的周转性是指资产在企业经营运作过程中的利用效率和周转速度。资产的周转速度越高，说明资产被利用得越频繁，也就越有效。如果资产闲置，资产的周转性必然会受到损害。

(4) 与其他资产的协同性

协同性是指资产在特定的经济背景下，有可能与其他资产在使用中产生协同效应的能力。它强调的是资产通过与其他资产的适当组合，能够发挥出大于单项资产之和的协同效应。

2.按与账面价值对比进行的资产分类

(1) 与账面价值等额的资产

①货币资金。

②以公允价值计量且其变动计入当期损益的金融资产和以公允价值计量且其变动计入综合损益的金融资产。

(2) 低于账面价值的资产

①短期债权，包括应收票据、应收账款和其他应收款等。由于存在发生坏账的可能性，因此短期债权一般要以低于账面的价值进行回收。企业计提的坏账虽然在一定程度上考虑了短期债权的贬值因素，但由于受到各种因素制约，不一定能准确反映债权的贬值程度。

②部分存货。在企业的报表披露上，存货可以计提跌价准备。存货跌价准备反映了企业对其存货变质程度的认识，但并不排除企业为了保持当期获利水平而低估存货跌价准备的可能，在此情况下，企业存货的实际回收价值就会在其账面价值以下。

③部分以摊余成本计量的金融资产和部分长期股权投资。为了揭示企业此类长期投资因质量下降所产生的贬值因素，企业可以在其资产负债表中计提减值准备，但当计提的减值准备不充分时，其实际变现价值也会在账面价值以下。

④部分固定资产。固定资产体现了企业的技术装备水平。在企业持续经营的条件下，企业一般不会将正在使用的固定资产对外出售。因此，企业固定资产的质量主要体现在其被企业进一步利用的质量上。

持续经营企业在资产负债表及其附注中通常披露固定资产原值、累计折旧以及固定资产计提的减值准备等，但受企业选择折旧政策和估计减值准备的人为因素的制约，企业披露的固定资产账面价值仍无法反映资产负债表日相应固定资产对企业的实际价值。

实际上，企业的固定资产中，有一部分将在未来增值，如企业的房地产等，也有一部分正在快速贬值，如技术含量较高、技术进步较快的高科技资产。

⑤纯摊销性资产。纯摊销性资产是指那些由于权责发生制原则的要求而暂作“资产”处理的项目。一般的情况下，除个别项目有可能包含对企业未来有利的资产内容外，上述项目的主体并不能为企业未来提供实质性帮助，并没有实际利用价值。

（3）高于账面价值的资产

①大部分存货。

②部分长期股权投资。企业的此类投资性资产可以通过转让或者收回投资、持有并获得股利等方式来实现增值。

③部分固定资产。

④账面上未体现价值但可以实现增值的表外资产，包括：

➢已经提足折旧但企业仍在继续使用的固定资产。

➢企业正在使用但仅作为低值易耗品一次摊销到费用中、资产负债表上未体现价值的资产。

➢列入费用的开发项目的成果。企业的研究和开发支出，一般作为支出当期的费用处理。这样，部分已经列入费用的开发项目的成果将游离于报表之外而存在。

➢人力资源。

4.1.2 流动资产质量分析

流动资产一般是指企业可以或准备在一年内或超过一年的一个营业周期内变现、销售或耗用的资产。在我国企业的资产负债表上，按照变现能力的强弱，流动资产项目依次包括货币资金、交易性金融资产、应收票据、应收账款、预付款项、其他应收款、存货、一年内到期的非流动资产和其他流动资产等。

1.货币资金质量分析

货币资金是指企业生产经营中停留于货币形态的那部分资金，它具有可立即作为支付手段并被普遍接受等特性。资产负债表反映的货币资金包括企业的库存现金、银行结算户存款、外埠存款、银行汇票存款、银行本票存款、信用证存款、信用卡存款和在途资金。

货币资金质量分析主要关注企业日常货币资金规模是否适当。从财务管理的角度来看，货币资金保有量过低将严重影响企业的正常经营活动，制约企业发展；而货币资金保有量过高则是在浪费投资机会。企业货币资金的适当规模主要由下列因素决定：企业的资产规模、业务收支规模；企业的行业特点；企业对货币资金的运用能力等。

2.以公允价值计量且其变动计入当期损益的金融资产质量分析

企业的金融资产主要包括库存现金、银行存款、应收款项、债券投资、股权投资、基金投资、衍生金融工具形成的资产等。

按照投资策略和风险管理要求，原来的《企业会计准则》将该项资产分为以下四类：交易性金融资产、持有至到期投资、贷款和应收款项、可供出售的金融资产。新修订的《企业会计准则》将金融资产分为以摊余成本计量的金融资产、以公允价值计量且其变动计入其他综合收益的金融资产以及以公允价值计量且其变动计入当期损益的金融资产三类。交易性金融资产和可供出售金融资产均以公允价值计量，而持有至到期投资以摊余成本计量。前后两种分类方法的主要区别在于新的《企业会计准则》明确了"以公允价值计量的金融资产"的变动是计入"当期损益"还是计入"其他综合收益"。

以公允价值计量且其变动计入当期损益的金融资产是指企业为了近期内出售而持有的金融资产，主要是企业以赚取差价为目的从二级市场购入的各种有价证券，包括股票、债券、基金等。企业进行以公允价值计量且其变动计入当期损益的金融资产投资的目的是将一部分闲置的货币资金转换为有价证券，从而获得高于同期银行存款利率的超额收益，同时保持其高度的变现性。

以公允价值计量且其变动计入当期损益的金融资产的计量以公允价值为基本计量属性，而不管是在其取得时的初始计量还是在资产负债表日的后续计量。企业在持有以公允价值计量且其变动计入当期损益的金融资产期间，其公允价值变动在利润表上均以"公允价值变动收益"计入当期损益；出售以公允价值计量且其变动计入当期损益的金融资产时，不仅要确认出售损益，还要将原计入"公允价值变动收益"的金额转入"投资收益"。

在分析交易性金融资产的质量特性时，应着重分析同期利润表中的"公允价值变动收益""投资收益"，以及会计报表附注中对该项目的详细说明。

值得注意的是，企业因持有以公允价值计量且其变动计入当期损益的金融资产而在利润表中形成的"公允价值变动收益"项目，从性质上来说是一种持有损益，或者说是一种未实现损益，是在报表中显示出来的"浮盈或浮亏"，并不引起任何资源流入，因此，如果金额过大，或者在企业利润总额中所占比重过大，在分析该企业真实的盈利能力时一定要将该项目剔除。

3.应收票据质量分析

在我国，应收票据是指企业因赊销产品、提供劳务等在商业汇票结算方式下收到的商业汇票而形成的债权。应收票据受到法律的保护，在到期之前，企业如果需要资金，可将持有的商业汇票背书后向银行或其他金融机构办理贴现取得现金，因而也在另一方面保证其具有较强的变现性。

4.应收账款质量分析

应收账款是指企业因赊销商品、材料，提供劳务等业务而形成的商业债权。企业赊销商品就是向购买方提供商业信用。企业的信用政策对其商业债权规模产生直接的影响：放宽信用政策，将会刺激销售，增大债权规模；紧缩信用政策，则会制约销售，减少债权规模。同时，企业应收账款规模越大，其发生坏账的可能性就越大。因此，合理确定信用政策，在刺激销售和减少坏账间寻找赊销政策的最佳结合点，是企业营销策略必须解决的问题。对应收账款项目来说，分析其变现性的强弱是对其进行质量分析的关键。对应收账款变现性的分析，主要从以下几个方面

进行:

①对债权的账龄进行分析。一般而言，未过信用期或已过信用期但拖欠时间较短的债权出现坏账的可能性，比已过信用期较长时间的债权发生坏账的可能性小。这种分析，对确定企业坏账情况、制定或调整企业的信用政策十分有益。

②对债务人的构成进行分析。

③对债权的内部经手人构成进行分析。

④对债权的周转情况进行分析。可借助于应收账款周转率、应收账款平均收账周期等指标进行分析。企业应收账款平均收账周期越长，债权周转速度越慢，债权的变现性就越差。

⑤对坏账准备政策进行分析。由于资产负债表上列示的是应收账款净额，因此，在分析应收账款的质量时要特别关注企业坏账准备计提的合理性。现行准则强调应收账款作为一项金融资产，应当在资产负债表日对其进行减值检查，将其账面价值与预计未来现金流量现值之间的差额确认为减值损失，计入当期损益。金融资产发生减值的客观证据参见“3.6.5 金融资产减值”的相关内容。

5.存货质量分析

存货是指企业在正常生产经营过程中持有以备出售的产品或商品，或者为了出售仍然处在生产过程中的在产品，或者在生产过程或提供劳务过程中耗用的材料、物料等。存货最基本的特征是，企业持有存货的最终目的是出售，而不是自用或消耗。

存货的构成在不同企业中是有差别的。在工业企业中，存货包括库存、加工和在途的各种原材料、燃料、包装物、低值易耗品、在产品、外购商品、自制半成品、产成品以及分期收款发出的商品等。而商品流通企业的存货则包含企业在库、在途、出租和加工中的各种商品，包括在途商品、库存商品、加工商品、出租商品、分期收款发出商品、材料物资、包装物、低值易耗品等，以及企业委托代销的商品。

需要指出的是，为了建造固定资产等各项工程而储备的各种材料，虽然同属材料，但由于其是用于建造固定资产等各项工程，其价值分次转移，最终目的并非出售，因此不能作为企业的存货进行核算。

作为企业盈利的物质载体的存货，是企业的一项重要的流动资产，所占比重较大，对于企业的风险影响和财务状况来说至关重要。存货项目通常要占用企业大量资金，会给企业带来持有成本（机会成本、仓储成本等）和持有风险（过期风险、降价风险等）。因此，如何在保证正常生产经营运转的同时，最大限度地降低存货持有量并保持存货价值，尽可能加速存货周转，是企业存货管理至关重要的方面。

对存货的质量分析包括以下几个方面：

（1）对存货的物理质量分析

在这里，存货的物理质量指的是存货的自然质量，即存货的自然状态。例如，商业企业中的待售商品是否完好无损、制造企业的产成品的质量是否符合相应产品的等级要求等。

（2）对存货的时效状况分析

按照时效性进行分类，企业存货可以分为：

①与保质期相关联的存货，如食品。

②与内容相关联的存货，如出版物。

③与技术相关联的存货。

（3）对存货的品种构成分析

在企业生产和销售多种产品的条件下，不同品种的产品的盈利能力、技术状态、市场发展前景以及抗变能力等可能有较大的差异。

（4）对存货的毛利率走势进行分析

毛利率下降，意味着企业的产品在市场上的竞争力下降或者企业的产品生命周期出现了转折。当然，企业年度间毛利率的变化也有可能是企业通过少转或多转成本、改变存货计价和盘存方式等手段，人为进行利润操纵的结果。

（5）对存货周转率进行分析，考察存货的周转性

（6）对存货的期末计价和跌价准备的计提进行分析，考察存货的变现性

《企业会计准则》规定，存货的期末计价采用成本与可变现净值孰低法，对于可变现净值低于成本的部分，应当计提存货跌价准备。可变现净值是指企业在正常经营过程中，以预计售价减去预计完工成本以及销售所必需的预计费用后的价值。这就涉及对预计售价、预计完工成本以及销售所必需的预计费用等因素的估计。既然是人为估计，在很多情况下难免受到当事人的主观因素的影响。

一方面，要特别关注企业是否存在利用存货项目进行潜亏挂账的问题：一些企业利用存货项目种类繁多、金额庞大、重置频繁、计价方法多样、审计难度大等特点，采用种种手段将呆滞商品、积压商品、残品等已经失去了变现性的存货及违规行为，通过存货项目长期挂账来隐蔽潜在的亏损。另一方面，还要注意考察企业是否通过存货跌价准备计提来进行巨额摊销，为来年的“扭亏为盈”提供机会。

4.1.3 非流动资产质量分析

1.可供出售金融资产质量分析

《企业会计准则》将可供出售金融资产归入以公允价值计量且其变动计入其他综合收益的金融资产，以后不可再转入当期损益。通常情况下，归入此类的金融资产应该是在活跃市场上有报价的股票（不具有控制、共同控制和重大影响）、债券、基金等。

2.持有至到期投资质量分析

在原来的《企业会计准则》中，“持有至到期投资”是指到期日固定、回收金额固定或可确定，且企业有明确意图和能力持有至到期的非衍生金融资产，包括企业持有的在活跃市场上有公开报价的国债、企业债券以及金融债券等。持有至到期投资的目的主要是通过定期收取利息来获得长期稳定的收益，同时又由于到期可收

回本金从而在很大程度上降低了投资风险。一般来说，持有至到期投资的收益率应高于同期银行存款利率，具体收益水平要视债券种类以及所承受的风险大小而定。

当持有至到期投资发生减值时，应当将其账面价值减至预计未来现金流量的现值，因此，通过分析该项目的减值准备计提情况，便可直接判断持有至到期投资的保值性。

需要说明的是，执行《企业会计准则第22号——金融工具确认和计量》的企业，在资产负债表中要增加“债权投资”项目，同时删除“可供出售金融资产”和“持有至到期投资”项目，反映资产负债表日企业以摊余成本计量的长期债权投资的期末账面价值。同时，增加“其他债权投资”项目，反映资产负债表日企业分类为以公允价值计量且其变动计入其他综合收益的长期债权投资的期末账面价值。自资产负债表日起一年内到期的长期债权投资的期末账面价值，在“一年内到期的非流动资产”项目反映。企业购入的以摊余成本计量的一年内到期的债权投资的期末账面价值，以及以公允价值计量且其变动计入其他综合收益的长期债权投资的期末账面价值，在“其他流动资产”项目反映。此外，依据企业具体业务需要，还有可能增加“其他权益工具投资”项目，反映资产负债表日企业指定为以公允价值计量且其变动计入其他综合收益的非交易性权益工具投资的期末账面价值。

3.长期股权投资质量分析

长期股权投资是企业持有的对其子公司、合营企业及联营企业的权益性投资及企业持有的对被投资单位不具有控制、共同控制或重大影响，并且在活跃市场中没有报价、公允价值不能可靠计量的权益性投资。

（1）投资收益确认方法对盈利性的影响

在成本法下，企业的“长期股权投资”项目通常仅反映投资的初始作价（历史成本），只有在投资发生重大持久性不可逆转的贬值时，才对“长期股权投资”项目作减值处理，并确认投资损失；当收到被投资单位分发的股利时，在会计上确认投资收益。

在权益法下，被投资方被投资以后有利润时，不论被投资方是否分配现金股利，投资方均按照对被投资方的新增净利润的持股份额确认投资收益，同时确认长期股权投资金额的增加；在被投资方分配现金股利时，则相应冲减长期股权投资的金额。因此，采用权益法确认投资收益不可避免地出现投资收益和长期股权投资的泡沫成分，泡沫成分的大小取决于被投资方分派现金股利的程度。

（2）投资方向对盈利性的影响

在考察长期股权投资方向时，应该重点考察投资方的投资方向及构成与其核心竞争力之间的关系。

（3）投资年度内的重大变化对盈利性的影响

这包括：第一，收回或者转让某些长期股权投资而导致长期股权投资减少；第二，增加新的长期股权投资而导致长期股权投资增加；第三，用权益法确认投资收益而导致长期股权投资增加或减少。

（4）投资所运用的资产种类对盈利性的影响

在企业以货币资金对外投资的条件下，企业因此而形成的对外投资在方向上具有选择性强的特点，因而此类投资可以对投资方向的多元化形成直接贡献；在企业以表内的非货币资源对外投资的条件下，企业有可能是在实施资产重组战略，但其投资方向受原有资产结构和质量的影响较大，在投资结构上可能与企业原有经营活动联系较为紧密；在企业以表外的无形资产对外投资的条件下，这种投资安排应该被认为是企业实现表外资源价值的一种方式。

4.投资性房地产质量分析

投资性房地产应当按照成本进行初始确认和计量。在对投资性房地产进行后续计量时，企业可以采用成本模式和公允价值模式。同一企业只能采用一种模式对所有投资性房地产进行后续计量，不得同时采用两种计量模式。采取公允价值模式时，其投资性房地产不得计提折旧或进行摊销，以会计期末的公允价值为基础调整其账面价值，将公允价值与账面价值之间的差额计入当期损益。

现行的《企业会计准则》也规定，企业对投资性房地产的计量模式一经确定，不得随意变更。将成本模式转为公允价值模式的，应当作为会计政策变更处理。已采用公允价值模式计量的投资性房地产，不得从公允价值模式转为成本模式。因此，在对计量模式的选择问题上，企业应持谨慎态度。

5.固定资产质量分析

（1）固定资产的取得方式与财务状况

①用流动资产和流动负债构建固定资产。这种取得方式的最大特点是取得成本往往是通过市场公平交易确定的，成本具有可验证性。但是，由于这种取得固定资产的方式或者减少流动资产，或者增加流动负债，因而其对财务状况的影响的外在表现是恶化企业的营运资金状况。

②接受所有者固定资产入资。这种方式往往在创建有限责任公司、合伙制企业以及中外合资企业时出现，其成本的确定具有主观性，或按双方约定，或按资产评估机构确认的价值。不论哪种价值，均不是市场的公平交易价格。

③以融资租赁的方式取得。

（2）固定资产分布和配置的合理性

对于制造企业而言，在其各类固定资产中，生产用固定资产，特别是其中的生产设备，同企业生产经营直接相关，在全部资产中应占较大的比重；非生产用固定资产应在发展生产的基础上，根据实际需要适当安排，但其增长速度一般情况下不应超过生产用固定资产的增长速度。未使用和不需要的固定资产所占比例过大会影响企业固定资产整体的利用效果，应尽早查明原因，及时采取措施予以处理。

固定资产分布与配置合理与否，在很大程度上决定其利用效率和效益的高低。

（3）固定资产规模分析

固定资产的投资规模必须与企业整体的生产经营水平、发展战略以及所处行业特点相适应，同时也要注意与企业的流动资产规模保持一定的比例关系。如果企业置这些因素于不顾，盲目购置新设备，进而盲目扩大生产规模，就会造成资源的低效利用甚至是浪费，从而影响企业整体的获利水平。

（4）固定资产的盈利性分析

固定资产是企业生存和发展的物质基础，反映企业的技术装备水平和竞争实力，因此固定资产的盈利性会在很大程度上决定企业整体的盈利能力。对于工业企业来说，固定资产的盈利性可以通过以下几个方面折射出来：固定资产技术装备的先进程度要与企业的行业选择和行业定位相适应；固定资产的生产能力要与企业所占市场份额所需要的生产能力相匹配；固定资产的工艺水平要达到能够使产品满足市场需求的程度；固定资产的使用效率适当、闲置率不高。

在会计报表中，可以将存货余额与销售成本的合计数同固定资产的原价进行比较，一般情况下，比值越高，说明固定资产的利用越充分，但具体还应结合企业的经营活动特点进行比较与分析。

6.在建工程质量分析

在建工程是企业进行的与固定资产有关的各项工程，包括固定资产新建工程、改扩建工程、大修理工程等。在我国，企业资产负债表中的“在建工程”项目反映企业期末各项未完工程的实际支出和尚未使用的工程物资的实际成本，反映企业固定资产新建、改扩建、更新改造、大修理等情况和规模。

在建工程本质上是正在形成的固定资产，它是企业固定资产的一种特殊表现形式。在建工程占用的资金属于长期资金，但是投入前属于流动资金。如果工程管理出现问题，会使大量的流动资金沉淀，甚至造成企业流动资金周转困难。

7.无形资产质量分析

无形资产是指企业拥有或者控制的没有实物形态的可辨认非货币资产，包括专利权、非专利技术、商标权、著作权、土地使用权、特许经营权等。

无形资产是现代企业资产特别是知识经济条件下企业资产的重要组成部分，从取得途径来看，通常有自创和外购两种。自创无形资产是企业自行研制创造而获得的，如自创专利权、商标权、专有技术等。自创无形资产往往要经过长期的探索、积累和试验才能形成，能够带来的未来收益存在很大的不确定性，因此，在会计上通常将研究阶段的支出全部费用化，计入当期损益，开发阶段的支出符合条件的资本化，不符合资本化条件的计入当期损益。如果确实无法区分研究阶段的支出和开发阶段的支出，应将其所发生的研发支出全部费用化，计入当期损益。因此，在资产负债表上作为无形资产列示的项目，大部分是通过外购方式取得的，其入账价值包括在取得无形资产过程中所发生的包括买价在内的实际开支。

不同项目的无形资产的属性相差很大，其盈利性也各不相同，因此不可一概而论。一般来说，专利权、商标权、著作权、土地使用权、特许经营权等无形资产，有明确的法律保护的时间，其盈利性较容易判断，而像专有技术等不受法律保护的项目，其盈利性就不太好确定，同时也容易产生资产泡沫。

8.商誉质量分析

商誉是指能在未来期间为企业经营带来超额利润的潜在经济价值，或一家企业预期的获利能力超过可辨认资产正常获利能力（如行业平均投资回报率）的资本化价值。商誉是企业整体价值的组成部分，但无法与企业自身分离，不具有可辨认性，不属于《企业会计准则第6号——无形资产》所规范的无形资产范畴。

从取得途径来看，商誉通常有自创和外购两种。自创商誉的形成是一个缓慢的过程，在企业经营过程中，很难确定哪些活动会引发商誉的形成，这样就使得人们很难按照历史成本原则为其计价，因此自创商誉一般不入账。而对于外购商誉，一般是在企业合并时，购买企业根据合并成本超过被合并企业可辨认净资产公允价值份额的差额来确认入账。

外购商誉是一种典型的虚拟资产，仅仅意味着在过去的并购行为中有溢价并购发生，拥有商誉项目本身并不会直接给企业带来未来收益，因此其保值性高低主要取决于被并购企业未来的盈利能力。此外，虽然拥有商誉可能会降低企业的资产负债率，使得企业表面上看起来更健康，偿债能力更强，为上市公司再融资提供必要的便利条件，但由于商誉是一项无法作为债务偿还保障的虚拟资产，因此这种虚化的偿债能力反而会误导债权人的判断，分析商誉的保值期也就变得没有意义。

9.长期待摊费用质量分析

长期待摊费用是指企业已经发生但尚未摊销的、摊销期在一年以上（不含一年）的各种费用，如租入固定资产改良支出、大修理支出以及摊销期在一年以上（不含一年）的其他待摊费用。

长期待摊费用实际上是按照权责发生制原则资本化的支出，本身没有交换价值，不可转让，因而根本没有变现性。其盈利性的大小要视具体项目的情况而定，一般来说，其数额越大，表明未来企业的费用负担越重。

在分析长期待摊费用时，应注意企业是否存在人为将长期待摊费用作为利润调节器的情况：在当期利润不足的情况下，将部分本应当期承担的费用资本化为长期待摊费用，或将长期待摊费用挂账而延期摊销；在当期利润较为富裕的情况下，采用以丰补亏的做法，加大长期待摊费用的摊销力度，为保持今后的经营业绩奠定基础。

4.2 负债的构成与分析

4.2.1 流动负债的构成与分析

1.流动负债的构成

企业的流动负债是指那些在一年之内应该偿还的债务，包括短期借款、交易性金融负债、应付票据、应付账款、预收款项、应付职工薪酬、应交税费、其他应付款、一年内到期的非流动负债及其他流动负债项目。

2.流动负债分析

流动资产是一年内可变现的资产项目，流动负债为一年内应清偿的债务责任，因此，在任一时点上，两者的数量对比关系对企业的短期经营活动均产生十分重要的影响。此外，流动负债各构成部分的流动性、可控制程度等对企业短期经营亦有很大影响。

①流动负债周转分析。流动负债各个构成项目的周转期间并不一致：有的项目流动性较高，在一年内甚至更短的时期内就要进行偿付；有的项目流动性较低，在很长时间甚至超过一年的期间进行清偿，如一些与关联企业往来结算而形成的其他应付款。如果不对流动负债内部各成分按照流动性进行区分与分析，往往会高估企业的流动性风险。

②在进行流动负债周转分析的过程中，应特别注意应付票据与应付账款的规模变化及其与企业存货规模变化之间的关系。在企业存货规模较大，同时企业应付票据与应付账款的规模也增长较快的情况下，这种应付票据与应付账款的规模增加可能在很大程度上代表了企业供应商的债权风险。

③对于企业短期偿债能力来说，能够真正影响企业现时偿债能力的是那些强制性债务，如当期必须支付的应付票据、应付账款、银行借款、应付股利以及契约性负债等。

4.2.2 非流动负债的构成与质量分析

1.非流动负债的构成

非流动负债是指在一年以上偿还的债务，包括长期借款、应付债券、长期应付款、专项应付款、预计负债、递延所得税负债以及其他非流动负债。

2.非流动负债的质量分析

按照财务管理理论，企业的非流动负债应该是企业的非流动资产和短期资产（流动资产）中长期稳定部分的资金来源。或者说，企业的非流动负债可能形成企业的固定资产、无形资产、长期股权投资，也可能形成企业的经营性流动资产。

因此，对企业非流动负债的分析，应该关注以下几个方面：

①企业非流动负债所形成的固定资产、无形资产的利用状况与增量效益。企业的非流动负债是有代价的财务来源，而非流动负债所形成的固定资产、无形资产又是为企业的经营活动创造条件的，因此，在财务关系上，就要求企业非流动负债所形成的固定资产、无形资产必须得到充分利用，并产生相应的增量效益。只有这样，企业的非流动负债才能够形成良性周转。

②企业非流动负债所形成的长期股权投资的效益及质量。在企业长期股权投资靠非流动负债推动的条件下，企业的长期股权投资必须产生投资收益，且投资收益应该对应相应规模的货币回收。这样，非流动负债的本金和利息才能够得到偿还。

4.2.3 或有负债的分析

我们前面讨论的各项负债，是企业因过去的交易引起的，在未来有明确债权人、支付日期和支付金额的负债，此类负债在会计上又称为已确定负债，其内容与资产负债表中负债的内容相同。但是，企业还可能存在另一类负债，即或有负债。这类负债的债务金额大小、债权人以及付款日期均取决于未来不确定事项的发生情况。

严格地说，或有负债并不属于负债范畴，因而并不在资产负债表中体现，但是必须在报表附注中进行披露。

4.2.4 递延所得税负债和递延所得税资产

会计利润指的是按照企业会计的口径，在利润表中确定的税前利润，我国习惯上称为利润总额。会计利润的确定，主要是以会计准则为依据的。而应纳税所得额，又称应税利润、应税收益，是指企业按照当时所实施的税法在用于纳税申报、缴纳所得税时确定的利润额。应纳税所得额的确定，是以现行税法为依据的。税法的实施具有两大特点：一是与当时的宏观经济形势尤其是财政收支状况有重大联系；二是体现国家政策的鼓励和限制倾向。这样，不同年度间企业应纳税所得额的计算既会因为税法（或其实施细则）的变化而呈现明显的波动，也会因为企业利用税法的鼓励政策而为企业带来节税收益。

会计利润与应纳税所得额的数量差异一般可以分为两类：永久性差异和暂时性差异。永久性差异，是指在某一会计期间，由于会计准则和税法在计算收益、费用或损失时的口径不同，所产生的税前会计利润与应纳税所得额之间的差异。这种差异在本期发生，不会在以后各期转回。暂时性差异是指资产、负债的账面价值与其计税基础不同而产生的差额，这种差额有的是由税法依照的是收付实现制所致，有的是由税法规定的分期抵扣调整所致。因此，根据暂时性差异对未来期间应纳税所得额的影响，其可分为应纳税暂时性差异和可抵扣暂时性差异。

现行《企业会计准则》针对暂时性差异，要求企业一律采用资产负债表债务法核算递延所得税，在这种方法下，直接得出的递延所得税资产、递延所得税负债余额能直接反映其对未来的影响。递延所得税资产和递延所得税负债应当分别作为非流动资产和非流动负债在资产负债表中列示。

4.3 所有者权益与资产负债表结构分析

4.3.1 所有者权益构成

所有者权益是指企业资产扣除负债后由所有者享有的剩余权益，一般包括企业所有者投入的资本以及留存收益两大类内容，具体包括：

1.实收资本

实收资本是指投资者按照企业章程或合同、协议的约定投入企业的形成法定资本的价值。实收资本是企业持续经营最稳定的物质基础。

股份有限公司与其他企业比较，最显著的特点是将企业的全部资本划分为等额股份，并通过发行股票的方式来筹集资本。股东以其所认购的股份对公司承担有限责任。股票的面值与股份总数的乘积为股本。在溢价发行股票的情况下，公司应将相当于股票面值的部分计入“股本”项目，其余部分在扣除发行手续费、佣金等发行费用后计入“资本公积”项目。

2.资本公积

资本公积是企业收到投资者的超出其在企业注册资本（或股本）中所占份额的投资，以及直接计入所有者权益的利得和损失等。资本公积包括资本溢价（或股本溢价）及直接计入所有者权益的利得和损失。

资本溢价（或股本溢价）是指企业收到的投资者超出其在企业注册资本（或股本）中所占份额的投资。形成资本溢价（或股本溢价）的原因有溢价发行股票、投资者超额缴入资本等。其他资本公积是指除资本溢价（或股本溢价）之外的资本公积，形成原因主要有以权益法结算的股份支付、采用权益法核算的长期股权投资等。《公司法》规定，资本公积的用途主要是转增资本，即增加实收资本（或股本），但所留的该项公积金不得少于转增前公司注册资本的25%。

3.其他综合收益

其他综合收益是指企业根据最新会计准则的规定未在当期损益中确认的各项利得和损失。其他综合收益在资产负债表中作为所有者权益的构成部分，采用总额列报的方式进行列报，列示的总额是扣除所得税影响后的金额。附注应详细披露关于其他综合收益的各项目的信息，包括其他综合收益各项目及其所得税的影响、原计入其他综合收益当期转入损益的金额、各项目的期初和期末余额及其调节情况。其他综合收益包括以后会计期间不能重分类进损益和以后会计期间在满足规定条件时重分类进损益两类。

4.盈余公积

盈余公积是从净利润中提取的、具有特定用途的资金。盈余公积可分为两种：

①法定盈余公积，按照税后利润的10%提取；

②任意盈余公积，按照股东大会（或股东会）等相关权力机构的决议提取。

盈余公积的主要用途有3项：

（1）弥补亏损

企业发生经营性亏损，应主要用自己的经营积累进行弥补。弥补亏损的渠道主要有3条：按照税法，企业发生亏损，可以用以后年度税前利润进行弥补，但弥补期限不得超过5年；超过了税法规定的税前弥补期限，未弥补的以前年度亏损可用所得税后利润弥补；用盈余公积弥补，但应事先由公司董事会提议并经股东大会批准。

（2）转增资本

经股东大会批准，企业可以将盈余公积转增为资本。在转增资本时应注意：要先办理增资手续；要按照股东原有股份比例结转，股份有限公司可以采用发放新股等方式增加股本；转增后留存的此项公积金应不少于注册资本的25%。

（3）扩大企业生产经营

提取盈余公积并不是要将这部分资金从企业周转资金中抽出。企业盈余公积的结存数，实际上只表现为企业所有者权益的组成部分，表明企业生产经营资金的一个来源。正如利润并不等同于现金一样，盈余公积可表现为一定的货币资金，也可能表现为一定的实物资产。

5.未分配利润

未分配利润是企业净利润分配后的剩余部分，即净利润中尚未指定用途的、归所有者享有的部分。未分配利润是所有者权益的重要组成部分，它勾稽资产负债表与利润表。从数量上讲，未分配利润是期初未分配利润加上本期实现的净利润，减去提取的各种盈余公积和分出利润后的余额。

资产负债表中，该项目如果为负数，则表示未弥补的亏损。

4.3.2 所有者权益质量分析

1.实收资本（股本）所包含的质量信息

实收资本是企业接受的投资者投入企业的资本，表明投资者对企业的基本产权关系。在实收资本项目中要通过明细科目详细记载各位投资者（股东）的实际投资情况，实收资本的构成比例是企业向投资者（股东）进行利润（股利）分配的主要依据。对于公司制企业来说，股东一般按照其出资比例（即股东的投资额占公司注册资本的比例）来行使表决权。

按照股东对公司的影响程度，一般可以将股东分为控股股东、重大影响股东和非重大影响股东（即小股东）三种类型。分析实收资本项目时，要关注股权结构、股权性质以及股东构成情况。由于控股股东和重大影响股东在很大程度上决定企业未来的发展战略和方向，因此，应着重分析他们的背景、资源优势、自身的经营状况、投资目的等，以判断这些股东的“立场”是否与全体股东的“立场”一致，是站在“全体股东的立场”来真正支持企业谋求长期发展，还是站在自身立场来掏空企业以谋求自身发展。这些判断分析的结论，对于预测企业的未来发展方向和趋势极具价值。

2.资本溢价（或股本溢价）所包含的质量信息

股东向企业注入分红性的资产（如资本溢价或股本溢价），主要有两方面的原因：第一，股东预期企业的股价将会由于其内在的高质量等原因而持续走高，在未来可以通过高价出售获利；第二，股东预期可以通过长期持有分得高比例的现金股利，从而获得较高的投资报酬。无论是哪种原因，都基本表明股东对企业未来发展有较好的预期和较大的信心。

3.其他综合收益所包含的质量信息

（1）并不产生真实的财务后果

一般情况下，企业的正常经营过程所涉及的真实交易事项，如收入的赚取和费用的发生，均会引起货币资金的收付、债权债务的形成以及财产物资的流动等财务后果。而由资产的公允价值变动等原因引起的其他综合收益，是尚未实现的收益，并不是以真实的交易事项为基础的。因此，其他综合收益似乎有些难以“捕捉”，并不像真实交易事项那样产生实实在在的财务后果，但可以揭示这些项目可能在未来对企业业绩造成的影响。

（2）并不代表所有者真正享有的权益

从会计要素之间的对应关系来看，与收入对应的是资产的增加或负债的减少，与费用相对应的则是资产的减少或负债的增加，二者配比的结果才是应产生的所有者权益数额，代表所有者真正享有的权益。但由其他综合收益所形成的所有者权益，仅仅是相关资产和负债所对应的调整项目，如果这些价值发生变动的资产尚未进行处置、尚未实施期权或套期保值过程尚未结束，其所形成的所有者权益就会继续存在于资产负债表中；一旦这些资产进行处置、实施期权或完成套期保值，“直接计入所有者权益的利得或损失”就会结转进入利润表，计入当期损益，相应的所有者权益数额也会随之核销。因此，其他综合收益所形成的所有者权益只是相关资产和费用所形成的调整项目，并不代表所有者真正享有的权益。

4.投入资本与留存收益的比例关系所包含的质量信息

投入资本总额大致反映了企业所有者对企业进行的累计投资规模，留存收益则大致反映了企业从最初成立以来自身积累的规模。因此，在企业没有大规模进行转增资本的情况下，通过计算投入资本与留存收益之间的比例关系，就可以揭示企业主要的自有资金来源，由此评价企业的资本充足性、自身积累和自我发展能力。

4.3.3 所有者权益变动表分析

所有者权益变动表是反映构成所有者权益的各个部分当期增减变动情况的报表。它不仅包括当期损益、直接计入所有者权益的利得和损失，还包括与所有者（股东）进行资本交易导致的所有者权益的变动。所有者权益变动分析的要点如下：

1.注意区分“输血性”变化和“盈利性”变化

这里的“输血性”变化是指企业靠股东入资而增加所有者权益；“盈利性”变化则是指企业依靠自身的盈利而增加所有者权益。显然，这两个方面均会引起所有者权益的变化，但是其发展的前景显著不同：发生“输血性”变化的企业，其盈利前景存在变数；发生“盈利性”变化的企业，如果盈利质量较高，则可能意味着企业可持续发展的前景较好。

2.注意所有者权益内部项目互相结转的财务效应

所有者权益内部项目互相结转，虽然不改变所有者权益的总规模，但是会对企业的财务形象产生直接影响：或增加企业的股本数量，或弥补企业的累计亏损。这种变化虽然对资产结构和质量没有直接影响，但对企业未来的股权价值变化以及利润分配前景可能产生直接影响。

3.注意关注企业股权结构的变化与方向性含义

股权结构变化，既可能由原股东之间股权结构的调整而引起，也可能由增加新的投资者、增加新的股份而引起。这种变化对企业的长期发展具有重要意义：由于企业股权结构变化，企业的发展战略以及人力资源结构与政策均可能发生显著变化。这样，按照原来的惯性思维对企业进行前景预测将有可能失去意义。

4.注意会计核算因素的影响

会计核算因素的影响是指会计政策变更和差错更正对企业所有者权益的影响。这种影响除了数字上的变化外，对企业的财务状况质量没有实质影响。需要警惕的是，年度间频繁出现前期差错更正事项的情况，很有可能是企业蓄意调整利润的结果。

5.关注企业的利润分配政策

（1）现金股利所包含的财务状况质量信息

企业派发现金股利，是股东获取投资收益的一个来源，会导致现金流出企业，企业的资产和所有者权益总额同时减少，这在一定程度上会降低企业内源融资总量。

（2）股票股利所包含的财务状况质量信息

企业派发股票股利并不会直接引起企业资产、负债和所有者权益中任何一项的总额发生变动，只是引起所有者权益内部有关项目金额和所有者权益的内部结构发生变化，即未分配利润的金额减少，股本和资本公积的金额增加。

从投资者的角度来看，股票股利一般被认为是成长型企业的行为，因此投资者往往认为发放股票股利预示着企业将会有较大的发展，利润将大幅增长，这样足以抵消增发股票带来的消极影响。而从企业的角度来说，发放股票股利既可以使股东分享企业的盈余，又不需要企业支付大量的现金，便于企业扩大规模进行再投资，有利于企业的长期稳定发展。

值得注意的是，企业高比例派发股票股利并不意味着企业一定具有较强的盈利能力和良好的财务状况，反而会引起企业股本规模的过快增长，如果企业的盈利水平不能以相应速度增长，就会引起企业每股收益的大幅下降，进而影响其市场形象和市场表现。

4.3.4 资产负债表结构分析

张新民认为，可以依据企业经营性负债资本、金融性负债资本、股东投入资本以及企业留存资本等四类资本在负债和股东权益总规模中的比重大小，将企业按照不同的资本引入战略分为几种类型：以经营性负债资本为主的经营驱动型企业、以金融性负债资本为主的举债融资驱动型企业、以股东入资为主的股东驱动型企业、以留存资本为主的利润驱动型企业以及各类资本并驾齐驱的并重驱动型企业。

①以经营性负债资本为主的经营驱动型企业的财务效应是：第一，企业经营与扩张所需资金大量来自没有资金成本的上下游企业，从而最大限度地降低了企业的

资本成本；第二，由于应付账款完全是利用企业自身的商业信用形成的，没有固定的付款时间要求，而预收款项的负债规模包含了毛利因素，有高预收款项的企业的实际负债规模并没有计算出来的那么高，因此，利用这些经营性负债所取得的资金会在一定程度上降低企业的偿债压力；第三，在一定程度上固化了企业与上下游企业的业务与财务联系，使其成为整体上的经济联盟体。

②以金融性负债资本为主的举债融资驱动型企业，其金融性负债在负债总规模中的占比通常比较高。这类企业要么处于快速扩张阶段，股东入资和经营性负债难以满足其巨额的资金需求；要么得到了政府的扶持而获得大量政策性贷款，电力、能源、交通、房地产等行业的企业通常都会表现出高负债率的特点。举债融资驱动型企业的战略内涵十分清晰：在一定的融资环境下，最大限度地利用企业的融资环境和融资能力，获得充足的资金来支持企业发展，在较短时间内快速壮大，或者尽可能使企业顺利维持下去而免于破产清算。

③以股东入资为主的股东驱动型企业，往往处于企业发展的初级阶段。例如，大量的创新创业企业和互联网企业，在初创期都是靠获得风险投资存活，即所谓的“烧钱”模式。在这个阶段，企业债务融资活动和经营活动还难以带来企业经营与发展所需的资金，在资产负债表上的表现是：股东权益中的实收资本（或者股本）和资本公积这两个项目的规模占企业负债与股东权益之和的比重较大。如果企业经营一段时间之后资本引入战略仍然表现为股东驱动型，则可能意味着企业的产品经营不能持续获得理想的利润，企业的债务融资能力较低，或者企业在债务融资方面没有作为。

④以留存资本为主的利润驱动型企业，其盈余公积和未分配利润的规模之和在企业负债和股东权益之和中的占比通常较高（至少其盈余公积和未分配利润之和要大于实收资本和资本公积之和）。这种情况通常是由于企业在行业中处于优势地位，盈利能力较强，在长期发展过程中积累了较大规模的留存收益。

⑤均衡利用各类资本的并重驱动型企业，是那些发展到了一定阶段并综合利用各种资本进一步发展的企业。

4.4 利润表的构成项目分析

我国多步式利润表的结构是按照企业收益形成的主要环节列示一些中间性利润指标，分步计算当期净损益，通过营业利润、利润总额、净利润和综合收益总额四个层次来分步披露企业的收益，并详细揭示企业收益的形成过程[①]。利润表中各项目之间的基本关系如下：

$$\text{营业利润}=\text{营业收入}-\text{营业成本}-\text{税金及附加}-\text{销售费用}-\text{管理费用}-\text{研发费用}-\text{财务费用}-\text{资产减值损失}-\text{信用减值损失}+\text{其他收益}+\text{公允价值变动收益}+\text{投资收益}+\text{资产处置收益}$$

① 参见本书第3章表3-8。

利润总额=营业利润+营业外收入–营业外支出

净利润=利润总额–所得税费用

综合收益总额=净利润+其他综合收益的税后净额

4.4.1 营业收入项目

1.营业收入、营业成本、期间费用等

营业收入是指企业在销售商品、提供劳务及他人使用本企业资产等日常活动中形成的经济利益的总流入。高质量的营业收入应该既表现为有充足的现金回款，又表现出持续的增长态势，以彰显企业在行业中的市场占有率和核心竞争力。张新民认为，可以从如下几个方面对营业收入项目进行分析：

①在从事多品种经营的情况下，掌握企业营业收入的具体构成情况对信息使用者来说十分重要：占总收入比重大的产品或劳务是企业目前业绩的主要增长点，而企业销售产品或提供劳务结构的变化往往传递出企业市场环境的变化、经营战略的调整、竞争优势的变化等信息。

②一般情况下，若其他条件相同，企业的销售客户越分散、集中率越低，说明企业产品销售（或劳务提供）的市场化程度越高，行业竞争力越强，营业收入的可持续性就会越好。同时，企业的销售客户越分散，销售回款因个别客户的坏账所引起的波动会越小，营业收入的回款质量也就越有保障。

③在集团化经营的情况下，集团内各企业之间有可能发生关联方交易。虽然关联方之间的交易也有企业间正常交易的成分，但由于关联方之间的特殊利益关系，他们有可能为“包装”某个企业的业绩而人为地制造一些业务。信息使用者必须关注关联方交易形成的营业收入在交易价格、交易的实现时间等方面是否存在非市场化因素，考察企业业绩的真实性和市场化能力。

④在我国现阶段市场经济的发展过程中，部门和地区行政手段对企业营业收入的影响不容忽视。一些新兴产业在发展的初期阶段，十分需要部门和地区的行政手段的支持；在企业步入稳定发展阶段以后，或者企业所属的行业已经发展成熟的情况下，部门和地区行政手段的影响应当逐步淡化。

2.营业成本

营业成本是指与营业收入相关的、已经确定了归属期和归属对象的成本。在不同类型的企业里，营业成本有不同的表现形式。在制造企业或工业企业，营业成本表现为已销售产品的生产成本；在商品流通企业，营业成本表现为已销售商品的采购成本；在服务类企业，营业成本则表现为所提供劳务的服务成本，包括与所提供劳务直接相关的人力、物力等方面的开支。

3.期间费用

期间费用是指不受企业产品产量或商品销量增减变动影响，不能直接或间接归属于某个特定对象的各种费用。这些费用容易确定其发生期间和归属期间，但很难判别其归属对象，因而在发生的当期应从损益中扣除。我国把期间费用分为管理费用、销售费用和财务费用。

张新民认为，分析期间费用时，不能只强调各项费用发生的规模，更应强调各项费用发生后所带来的效益。只要企业在发展，控制期间费用发生的绝对规模就不应成为期间费用预算管理的首要目标，相应地，成本费用率也不应该成为期间费用质量的唯一考核指标。

（1）销售费用

销售费用是指企业在销售商品和材料、提供劳务过程中发生的费用，一般包括由企业负担的运输费、装卸费、包装费、保险费、销售佣金、差旅费、展览费、广告费、租赁费（不包括融资租赁费用）、销售人员的职工薪酬以及专设销售机构的经常性费用等。

销售费用的质量分析可以结合销售费用与营业收入和核心利润的比率、销售费用的构成以及对企业长短期销售能力的改善、同行业比较以及有无异常波动等情况来进行。

（2）管理费用

管理费用是指企业行政管理部门为管理和组织企业生产经营活动而发生的各项费用支出，包括由企业统一负担的管理人员薪酬、差旅费、办公费、劳动保险费、业务招待费、董事会费、工会经费、商标注册费、技术转让费、排污费、审计费及其他管理费用等。

与销售费用类似，对管理费用的质量分析可以从支出的有效性、长期效应以及异常波动的合理性等几个方面来考察。

（3）研发费用

研发费用是指企业与研究开发相关、直接作为费用计入利润表的相关资源消耗，包括研发人员费用，研发过程中直接投入的各项费用，与研发有关的固定资产折旧费、无形资产摊销费，以及新产品设计费。

我国将研发费用作为一项单独的费用在利润表上列示，是从上市公司2018年度财务报告开始的。在此之前，研发费用是在管理费用中列示的。

研发费用的质量分析可以结合企业的营业收入规模、企业所处行业的技术进步特征、同行业主要竞争对手的研发投入状况以及企业营业收入和毛利率等方面来进行。

（4）财务费用

财务费用是指企业为筹集生产经营所需资金等而发生的费用，主要包括企业生产经营期间发生的利息净支出（减利息收入）、汇兑损失（减汇兑收益）、金融机构手续费以及筹资发生的其他财务费用等。

在利润表上，“财务费用”项目反映的是利息收入、利息支出以及汇兑损失的净额，因而其数额可能是正数，也可能是负数。如果是正数，则为利息、融资净支出；如果是负数，则为利息、融资净收入。一般情况下，经营期间所发生的利息支出会构成企业财务费用的主体，而企业贷款利息水平的高低主要取决于三个因素：

贷款规模、贷款利率和贷款期限。

4.资产减值损失、信用减值损失

资产减值损失是指企业计提各种资产减值准备所形成的损失。按照现行《企业会计准则》的要求，企业应遵循谨慎性原则，于每个会计期末对其资产进行减值测试，对出现减值迹象（即公允价值低于以历史成本为基础的账面价值）的资产要计提减值准备，并相应确认资产减值损失、信用减值损失。

5.公允价值变动收益

公允价值变动收益是指以公允价值计量且其变动计入当期损益的金融资产、投资性房地产等项目的公允价值变动所形成的计入当期损益的利得（或损失）。按照现行《企业会计准则》的要求，以公允价值计量且其变动计入当期损益的金融资产、投资性房地产等项目在资产负债表上应当按照公允价值（即市场价格）列示，当这些资产的期末公允价值高于（或低于）其账面价值时，差额需要确认为公允价值变动收益（或损失）。

6.投资收益

投资收益是指企业对外投资所取得的收益。一般而言，投资收益是由企业拥有或控制的投资性资产所带来的收益，主要包括两个部分：①投资性资产的持有收益，即在其持有期间从被投资企业获取的一定形式的利润分享；②投资性资产的处置收益，即在处置投资性资产时，售价与初始取得成本之间的差额。

以公允价值计量且其变动计入当期损益的金融资产，要求以公允价值计量，在资产负债表日，企业应将其因公允价值变动所带来的损益计入公允价值变动损益（即计入当期损益）。处置该项资产时，其售价与账面价值之间的差额确认为投资收益，同时，将以前确认的公允价值变动损益转入当期的投资收益。

以公允价值计量且其变动计入其他综合收益的金融资产在持有期间取得的利息和现金股利应当计入投资收益。在资产负债表日，上述资产应当以公允价值计量，但公允价值变动损益只能计入其他综合收益而不计入当期损益。处置该项资产时，应将其售价与账面价值之差计入投资收益，同时将以前计入其他综合收益的公允价值变动损益也转入投资收益。

以摊余成本计量的金融资产，企业在持有期间应采用实际利率法，按照摊余成本和实际利率计算确定利息收入，将利息收入计入投资收益。处置该项投资时，应将其售价与账面价值之间的差额计入投资收益。

投资企业对合营企业和联营企业的长期股权投资在持有期间需要采用权益法，将被投资企业所实现的净利润（或者发生的净亏损）的相应份额（按照其持股比例）确认为投资收益。对于采用权益法核算的投资收益，由于无论被投资企业将净利润的多大比例用于分红，投资企业都将被投资企业的全部净利润（或者净亏损）的相应份额确认为投资收益，这就可能造成投资企业“有利润而没有现金流”的情况。

投资企业对其子公司的长期股权投资在持有期间须采用成本法，将子公司所宣

告分派的现金股利按照其持股比例确认为投资收益。处置该项长期股权投资时，其售价与账面价值之间的差额确认为投资收益。

由于成本法将子公司宣告分派的现金股利按照其持股比例确认为投资收益，因此这种投资收益的“含金量”基本上是有保障的。

综上所述，在持有期间，公允价值变动损益并没有计入投资收益，而是分别计入公允价值变动损益和其他综合收益，只有在处置时才将公允价值变动损益转入投资收益。

7.资产处置收益

上市公司自2017年度财务报告开始，将原属于企业营业外收入的部分资产处置利得归入“资产处置收益”项目并“升格”为营业内收入（与企业经营相关的收入），作为营业利润的重要支柱进行披露。

对于企业的资产处置收益，需要注意的是：企业可能会由于处置非流动资产而获得利润（处置收益），从而“改善”营业利润的规模。

8.其他收益项目

上市公司自2017年度财务报告开始，将原属于企业营业外收入的部分政府补助归入“其他收益”项目并“升格”为营业内收入（与企业经营相关的收入），作为营业利润的重要支柱进行披露。

4.4.2 营业外收入与营业外支出项目

营业外收入是指企业发生的营业利润以外的收益，主要包括非流动资产毁损报废利得、债务重组利得、盘盈利得、捐赠利得等。

营业外支出是指企业发生的营业利润以外的支出，主要包括非流动资产毁损报废损失、债务重组损失、盘亏损失、公益性捐赠支出等。

由于营业外收入和营业外支出在通常情况下都具有“偶发性”或者说“一次性”的特点，因此，如果它们在企业利润中占比过大，就会影响企业利润的持续性。

4.4.3 所得税费用项目

所得税费用是指企业根据《企业会计准则》确认的应从利润总额中扣除的一个费用项目，它是用经过调整的本期利润总额乘以企业所适用的税率计算得到的，利润总额减去所得税费用后的差额，即为净利润。

在很多情况下，计算所得税费用的基数即经过调整的利润总额，不一定等于应纳税所得额。这是因为，计算所得税费用的基础是基于《企业会计准则》对利润总额进行调整后的结果（即调整后的会计利润），而计算应交所得税的基数是应纳税所得额（或应税利润），它是基于税法对利润总额进行调整后的结果。当《企业会计准则》与税法在确认应税项目和可抵扣项目上存在不一致的规定时，两者就会产生差异，有时这种差异还很大。

在现行《企业会计准则》和税法下，会计利润、应纳税所得额、所得税费用、应交所得税以及递延所得税资产（负债）之间的关系是：

所得税费用=调整后的会计利润×所得税税率

应交所得税=应纳税所得额（即应税利润）×所得税税率

递延所得税资产=应交所得税-所得税费用

在上式中，如果所得税费用大于应交税所得税，即计算结果为负数，则应确认为递延所得税负债。

4.5 利润质量分析

4.5.1 利润结构分析

1.毛利与毛利率

我国利润表中的毛利是由营业收入减营业成本得出来的，毛利率则是由毛利除以营业收入得出来的。企业拥有较高毛利率，可能是因为：

①企业所从事的产品经营活动具有垄断地位。在居于垄断地位的条件下，企业会长期拥有较高的毛利率。在这种情况下，我们应该关注企业的垄断地位能保持多久。

②企业所从事的产品经营活动由于各种原因具有较强的核心竞争力，企业的毛利率会比同类企业的高。在这种情况下，我们应该关注企业长期保持其核心竞争力的能力。

（3）企业所从事的产品经营活动由于行业周期性波动而使毛利率暂时走高。在这种情况下，我们应该关注企业所从事行业的周期变化规律。

（4）企业会计处理不当，故意选择调高毛利率的手段。在这种情况下，我们应该关注注册会计师出具的审计报告的意见类型与措辞。

企业毛利率较低所包含的质量信息有：

①企业产品的生命周期已到达衰退期。在这种情况下，通常会伴随着全行业的毛利率下滑。此时，我们应关注企业在产品转型、产品开发等方面的状况，分析企业未来盈利模式的变化情况。

②企业产品的品牌、质量、成本和价格等在市场上没有竞争力。在这种情况下，我们应该关注企业的核心竞争力到底体现在哪些方面，企业有无发展前景。

③企业会计处理不当，故意选择调低毛利率的手段。在这种情况下，我们应该关注注册会计师出具的审计报告的意见类型与措辞。

2.销售费用、销售费用率与管理费用、管理费用率的变化

一般来说，在企业的产品结构、销售规模、销售策略等方面变化不大的情况下，企业的销售费用规模的变化不会太大。这是因为变动性销售费用会随着业务量的增长而增长，但固定性销售费用再不会有较大变化。

销售费用率是指销售费用与营业收入的比率，反映了销售费用的有效性。在企业面临行业竞争时，对销售费用率进行行业比较，能够在一定程度上反映企业所面临的市场竞争的激烈程度和企业间的相对竞争优势。

管理费用与管理费用率的分析和销售费用、销售费用率类似。

3.财务费用与财务费用率的变化

财务费用规模的变化一般与企业的产品结构、销售规模、营销策略等的关系不大，而是更多地与贷款规模、贷款利率和贷款环境相关联。财务费用率的变化反映了企业的理财效率和理财质量，以及企业的经营活动对贷款使用的有效性。

4.5.2 利润含金量分析

从利润主要项目所对应的资产负债表项目来看，利润主要涉及货币资金、应收账款、应收票据、其他应收款（含应收股利、应收利息）、存货、长期股权投资、固定资产、无形资产等。一般认为，企业赚取的利润最终能够带来充足的可自由支配的现金，应该是最理想的状态，因此考察企业利润的质量时有必要分析利润的含金量。

1.核心利润的含金量分析

为了帮助分析，张新民提出了“同口径核心利润”的概念：

同口径核心利润=核心利润+固定资产折旧+其他长期资产摊销+财务费用-所得税费用

其中：

核心利润=毛利-税金及附加-期间费用（销售费用、管理费用、研发费用、财务费用）

毛利=营业收入-营业成本

张新民认为，采用上式计算可以使得同口径核心利润与现金流量表中的经营活动现金流量净额大体相当[①]。因为在计算利润表中的核心利润时减除了当期的固定资产折旧、其他长期资产摊销等非付现费用和属于筹资活动的财务费用，所以在计算同口径核心利润时需要再加回去，同时由于在计算利润表中的核心利润时没有减除所得税费用，因此在计算同口径核心利润时，要将其减除。

2.投资收益的含金量分析

一般而言，投资收益主要有两大来源渠道：投资性资产的持有收益，即在持有期间从被投资企业获取的一定形式的利润分享；投资性资产的处置收益，即在处置投资性资产时，售价与初始取得成本之间的差额。

（1）持有收益的含金量分析

如前所述，由于投资企业对合营企业和联营企业的长期股权投资采用权益法，将被投资企业所实现的净利润（或发生的净亏损）的相应份额确认为投资收益，因此，这种投资收益的含金量取决于被投资企业的分红政策。可以肯定的是，只要被投资企业不将净利润全部用于分红，投资企业所确认的投资收益就会存在不同程度

① 在企业收款不正常、回款不足等情况下，也可能出现较大的出入，读者可参考张新民、钱爱民编著的《财务报表分析》第5版（中国人民大学出版社2019年出版）了解具体情况。

的“泡沫”。

而投资企业对其子公司的长期股权投资采用成本法，将子公司所宣告分派的现金股利，按照其持股比例确认为投资收益。因此，投资企业（即母公司）的这种投资收益的含金量基本上都是有保障的。

其他投资性资产在持有期间所带来的投资收益，无论是股利还是利息，一般情况下都会带来相应的现金流入。

由于在被投资企业宣告发放股利和实际发放股利之间总有一定时间差，因此分析投资收益的“含金量”时，为准确起见，应使用与投资收益相对应的“现金回款”进行比较。在企业长期投资以长期股权投资和长期债权投资为主，且年内没有发生投资转让的情况下，与本期投资收益相对应的现金回款即“投资收益的现金回款”等于“现金流量表中的‘取得投资收益收到的现金’金额”加上“年末资产负债表中的‘应收股利’与‘应收利息’之和”减去“年初资产负债表中的‘应收股利’与’应收利息’之和”。

（2）处置收益的“含金量”分析

由于在利润表上通常是将投资性资产的售价与账面价值之间的差额确认为投资收益，而在现金流量表中“收回投资收到的现金”主要取决于各项投资性资产的售价高低，因此，虽然处置收益收回的现金流是确定的，但“利润率”的高低要具体分析。

4.5.3 企业对利润形成过程的操纵

企业对利润形成过程的操纵是指企业对利润实现时间、利润规模的人为调节。在企业的管理实践中，由于各种原因，企业的管理层有使其对外（股东和债权人）披露的报表利润低于或高于其实际利润的动力。在会计核算中，对收入和费用的确认均采用权责发生制，因而在会计处理方法的选择上，企业有可能对利润形成过程实施操纵。

一般来说，企业对利润形成过程的操纵有可能通过以下手段完成：

①调节资产转化为费用的时间。例如，推迟将企业已经完工的在建工程转为固定资产的时间，从而推迟开始计提折旧的时间；选择较为长久的固定资产折旧期；将本应作当期费用处理的项目计入长期待摊费用。

②通过与关联方交易，以高于市场价的价格将产成品出售给关联方，以低于市场价的价格从关联方购入所需的生产要素。

③将应计费用推迟入账。

④对收入的入账时间进行人为操纵等。

4.6 现金流量表分析

不论使用直接法还是用间接法编制现金流量表，均会确定当期内期末与期初的现金流量净变化量，即“现金流量净增加额”。对任何一个企业而言，其现金净流量净增加额不外乎三种情况：一是现金流量净增加额大于零，表现为期末现金流量大于期初现金流量；二是现金流量净增加额小于零，即期末现金流量小于期初现金流量；三是现金流量增加额等于零。

对上述结果，不论出现哪种情况，均不能简单地得出企业现金流量状况好转、恶化或维持不变的结论。期末与期初数量的简单对比，并不足以说明更多的财务状况问题。

4.6.1 经营活动产生的现金流量

1.经营活动产生的现金流量小于零

经营活动产生的现金流量小于零，意味着企业正常的商品购、产、销活动所带来的现金流入量，不足以支付因上述经营活动而引起的货币流出。企业开展正常经营活动所需支付的现金则通过以下几种方式解决：①消耗企业现存的货币积累；②挤占本来可以用于投资活动的现金，推迟投资活动的进行；③在不能挤占可用于投资活动的现金的条件下，进行额外贷款融资，以支持经营活动的现金需要；④在没有贷款融资渠道的条件下，只能通过拖延债务支付或加大经营活动引起的负债规模来解决。

从企业的成长过程来分析，在企业从事经营活动的初期，由于生产阶段的各个环节都处于磨合状态，设备、人力资源的利用率相对较低，材料的消耗量相对较高，企业的成本消耗较高。同时，为了开拓市场，企业有可能投入大量资金，采用各种手段将自己的产品推向市场（包括采用渗透法定价、加大广告支出、放宽收账期等），从而使企业在这一时期的经营活动现金流处于入不敷出的状态。

如果是以上原因导致经营活动现金流量小于零，我们应该认为这是企业在发展过程中不可避免的正常状态。但是，如果企业在正常生产经营期仍然出现这种状况，应当认为企业经营活动现金流量的质量不高。

2.经营活动产生的现金流量大于零，但不足以补偿当期的非现金消耗性成本

这意味着企业正常的商品购、产、销活动所带来的现金流入量，不但能够支付因经营活动所引起的货币流出，而且有余力补偿一部分当期的非现金消耗性成本。此时，企业虽然在现金流量的压力方面比前一种状态要好，但是从长期来看，如果这种状态持续，则对企业经营活动现金流量的质量仍然不能给予较高的评价。

4.6.2 投资活动产生的现金流量

企业的投资活动主要有三个目的：①为企业开展正常生产经营活动奠定基础，如购建固定资产、无形资产和其他长期资产等；②为实现企业对外扩张和其他发展性的目的进行权益性投资和债权性投资；③利用企业暂时不用的闲置货币资金进行短期投资，以求获得较高的投资收益。

因此，对投资活动现金流量的分析，主要应关注投资活动的现金流出量与企业发展战略之间的吻合程度及其效益。

4.6.3 筹资活动产生的现金流量

1.筹资活动产生的现金流量大于零

筹资活动产生的现金流量大于零，意味着企业在吸收权益性投资、发行债券以及借款等方面收到的现金之和大于企业在偿还债务、支付筹资费用、分配股利和利润、偿付利息、融资租赁所支付的现金以及减少注册资本等方面所支付的现金之和。

在企业发展处于起步阶段、需要大量资金，企业经营活动产生的现金流量小于零的情况下，企业对现金流量的需求主要通过筹资活动来解决。因此，分析企业筹资活动产生的现金流量大于零是否正常，关键要看企业的筹资活动是否已经纳入企业发展的规划，是企业管理层以扩大投资和维持经营活动为目标的主动筹资行为还是因投资活动和经营活动的现金流出失控而不得已采取的筹资行为。

2.筹资活动产生的现金流量小于零

筹资活动产生的现金流量小于零，意味着企业在吸收权益性投资、发行债券以及借款等方面所收到的现金之和小于企业在偿还债务、支付筹资费用、分配股利或利润、偿付利息、融资租赁所支付的现金以及减少注册资本等方面所支付的现金之和。这种情况的出现，或者是由于企业在本会计期间集中发生偿还债务、支付筹资费用、分配股利或利润、偿付利息、融资租赁等业务，或者是因为企业经营活动与投资活动在现金流量方面运转较好、有能力完成上述各项支付。但是，企业筹资活动产生的现金流量小于零，也可能是企业在投资和扩张方面没有更多作为的一种表现。

投资活动与筹资活动属于企业的理财活动。在任何期间，企业的现金流量均有可能因为这方面的活动而发生变化。不过，处于创业初期的企业，其理财活动引起的现金流量变化较大，占企业现金流量变化总量的比重也较大。另外，理财活动也意味着企业存在相应的财务风险。例如，企业对外发行债券就必须承担定期支付利息、到期还本的责任。

4.7 合并报表分析

4.7.1 个别报表与合并报表

个别报表与合并报表的主要区别如下：

①个别报表以独立的企业法人为单位编制，合并报表则以母公司与子公司所组成的企业集团中符合合并范围的企业为“单位”编制。这个合并范围所形成的“单位”不是其独立的企业法人，而仅是经济意义上的会计主体。

②由于个别报表出自各独立的企业法人，因而其生成过程大体经历从凭证到账

簿再到报表的会计循环过程。合并报表则没有这种形成机制，它是以合并范围内的企业个别报表为基础，再剔除各项集团内部交易后编制的。

③合并报表一般包括合并资产负债表、合并利润表、合并现金流量表以及合并所有者权益变动表。在进行合并报表的编制时，不再存在“凭证—账簿—报表”的程序，而只是由母公司根据集团中合并范围内的企业报送的报表及母公司自身的报表在账外完成。具体来说，是对母公司和子公司个别财务报表各项目的数据进行汇总和抵销处理，在此基础上计算得出合并财务报表各项目的合并金额。

4.7.2 合并报表的特征

1.合并报表主体仅是一个会计主体而非法律主体

合并报表是以组成企业集团的母公司和子公司的个别报表为基础，在抵销了集团各公司之间的内部交易事项之后编制的，体现企业集团整体财务状况的报表。也就是说，组成集团的母公司、子公司均是独立核算、各自具有独立的财务和经营体系、独立对其股东出具财务报告的经济实体（多数为法律主体）。集团内的母公司和子公司均有权支配各自报表中所列示的资源，并利用各自资源来取得相应的经营成果，而整个集团内的母公司与子公司虽然以股权关系为纽带有机地联系在一起，但是实际上并不存在一个能够有权支配合并报表所列示的全部资源，并通过这种资源的有效运用或支配来谋求现实经济利益的法律主体。

2.合并报表信息的决策有用性具有显著差异

合并报表信息可以综合反映通过产权纽带关系构成的企业集团某一期间的整体财务状况、经营成果和现金流转状况，揭示整个集团所控制的资产、承担的负债、实现的收入以及发生的费用等方面的信息，因此，合并报表信息的决策有用性毋庸置疑。但合并报表在编制基础、编制方法、处理程序等诸多方面相对于个别报表来说具有特殊性，这决定了合并报表信息的决策有用性可能存在显著差异。尤其是在子公司与母公司的经营性质和业务特征截然不同的情况下，合并报表信息的决策有用性更会受到不同程度的影响。

举例来说，在合并报表的编制过程中，要将内部交易相关的项目剔除，然而被剔除的项目对个别报表的主体——母、子公司——来说仍具有决策有用性，如债务企业的债务仍然需要偿还、内部交易实现的销售收入已经计入利润表作为计税的依据等。这种合并报表编制过程中的“项目在抵销基础上的直接相加”程序，使得对个别报表有意义的信息在合并报表分析中有可能消失或者失去意义，结果导致合并报表中的数字在很大程度上具有“汇总”的味道，而失去了其原有的“鲜活”性。因此，在通常情况下，当企业面对诸如分派股利、支付报酬、偿付债务、缴纳税金等一系列决策问题时，还是应该以母公司个别报表为基础。合并报表揭示的信息在很多情况下（尤其是针对母、子公司自身来说）并不能直接作为决策依据。一些用于决策的财务指标，如毛利率、存货周转率、资产周转率等，更会由于子公司和母公司的经营性质和业务特征有差异，而在合并报表分析中不同程度地失去意义。

4.7.3 合并报表分析中需注意的主要问题

1.企业集团偿债能力分析中存在的问题

从法学角度来看，企业集团只是一个经济实体，而不是一个独立的法律主体。企业集团成员有各自的利益趋向，因此集团资金不能任意划拨，特别是在母公司与非全资子公司之间以及各非全资子公司之间，虽然母公司控制着各子公司的财务决策权，但是它不可能不顾及子公司中少数股东的利益，而任意在企业集团内部无偿划拨资金。在对企业集团的偿债能力进行分析时，如果只是简单沿用流动比率、速动比率、资产负债率等指标，而不考虑合并报表的特殊性，就有可能得出错误的结论。例如，若合并报表中的流动比率大于2，速动比率大于1，从财务分析的角度看，企业的短期偿债能力应该不错，但事实是，母公司对子公司的债务只是就其投入资本部分承担有限责任，子公司债权人的求偿权也仅限于对子公司的资产，而不能追溯至合并报表中列示的全部资产，母公司债权人的求偿权也只能从母公司的资产中得到满足，而不能直接向子公司追偿。因此，母、子公司的偿债能力是相对独立的。

2.企业集团财务风险分析中存在的问题

企业集团中的非全资子公司可以通过以下两种方式从母公司融资：一是采用母公司提供担保的形式取得贷款；二是母公司从银行获得贷款后再转贷给子公司。编制合并报表抵销分录后，在这两种融资方式下企业集团的合并报表是完全相同的，但实际上企业集团所承担的财务风险实际上并不相同。在第一种融资方式下，当子公司面临财务危机不能到期还本付息时，母公司必须履行其担保责任以其资产为子公司偿还债务，实际上这使得整个企业集团为少数股东承担了一部分债务以及由此带来的财务风险。

3.企业集团营运能力分析中存在的问题

分析企业集团的营运能力时，由于存货周转率、应收账款周转率、流动资产周转率、总资产周转率等指标的计算分析都是以合并报表数据为基础的，抵销后的周转额（销售收入、销售成本）代表整个集团对外完成周转的存货或流动资产规模，因而与集团内各单一公司完成的周转额并不相同。有的单一公司的周转额可能会较大。因此，企业集团将不同地区、不同行业的企业个别报表加以合并时，不同地区、不同行业的企业之间的资金周转效率、经营风险水平的差异性有可能被掩盖，特别是各个行业的财务指标衡量标准不同，个别报表合并后，会使合并报表所具有的财务分析、财务预测的意义大大减弱。

因此，信息使用者必须进一步结合企业集团母、子公司的个别报表展开分析，以提高企业集团会计信息的相关性。

4.7.4 合并报表的分析意义

1.合并报表可以反映企业控制性投资的资产扩张效果

（1）控制性投资所占用的资源规模分析

首先，我们需要在母公司资产负债表的资产中找出可能“隐藏”控制性投资所占用资源的相关项目，除了直接反映控制性投资所占资源的长期股权投资项目之外，预付款项、其他应收款、其他流动资产和其他非流动资产等项目，都有可能间接反映出控制性投资所占用的资源。从目前的集团管理实践以及企业编制报表的实际情况来看，母公司除了通过支付现金和发行股票方式获得子公司的控制权之外，也可能直接通过其他应收款向子公司提供资金，甚至通过预付货款的方式向子公司提供资金，还有可能将支持子公司的资金“隐藏”在其他流动资产和其他非流动资产项目之中。

从合并报表的编制原理来看，如果上述项目中存在越合并金额越小的情况，则两者之间的差额基本上可以列入母公司对子公司投资（即企业的控制性投资）所占用的资源范围。

需要强调的是，我们仅是直接利用报表数据进行比较分析，受减值准备、母公司与子公司之间的债权债务往来等各种因素的影响，还不能十分精确地计算出母公司对子公司所投入资源的全部数额，但是这种分析可以基本满足我们衡量企业控制性投资效果的要求。

需要指出的是，除了母公司直接进行控制性投资之外，有的企业还通过其子公司进行控制性投资，即形成所谓的“孙公司”。在这种情况下，我们将其全部视同母公司所进行的控制性投资，统一衡量母公司控制性投资的扩张效果。

（2）控制性投资的资产扩展效果分析

从合并资产负债表的编制原理来看，我们可以通过合并资产负债表的资产总计与母公司资产负债表的资产总计之间的差额来分析控制性投资的资产扩张效果，即母公司控制性投资增量撬动的子公司的资产规模。

（3）影响母公司控制性投资的资产扩张效果的原因分析

前面曾指出，资产负债表中的资本结构实际上蕴含了企业发展的四大动力：经营性负债驱动、金融性负债驱动、股东入资驱动以及企业利润积累驱动。

同样，在企业对外进行控制性投资的情况下，影响企业控制性投资的资产扩张效果的主要因素为：子公司的经营性负债规模、子公司的债务融资状况、子公司吸纳少数股东（非控制性股东）入资状况以及子公司累积盈利状况等。因此，比较母公司报表与合并报表的相关项目，可以对子公司资产增长的四大动力进行如下分析：

①子公司经营性负债。比较合并报表与母公司报表中典型的经营性负债项目——应付票据、应付账款、预收款项、应付职工薪酬和应交税费等——之和的规模，如果差异非常明显，如合并报表的规模远大于母公司的规模，就说明子公司的

业务规模较大，正是子公司开展大规模的业务才使整个集团的资产规模得到了迅速的提升。

需要注意的是，母公司其他应付款的规模显著大于合并报表其他应付款的规模的情况并不是由业务引起的，而是母公司对其控制的子公司进行了一定程度的资金集权式管理。合并报表与母公司报表中其他应付款项目的这种越合并越小的规模差异，就是母公司集中集团内资金进行统筹管理的基本规模。

②子公司金融性负债。比较合并报表与母公司报表中典型的金融性负债项目——短期借款、一年内到期的非流动负债、长期借款等——之和的规模，如果差异非常明显，如合并报表的规模远远大于母公司的规模，就说明子公司的融资规模较大，正是子公司开展大规模的融资活动才使得整个集团的资产规模得到了迅速提升。

③子公司非控制性股东入资——少数股东对子公司的贡献。虽然从合并报表中不能看到子公司的其他股东对子公司的入资贡献，但可以借助合并资产负债表中的“少数股东权益”来进行基本的判断。

少数股东权益的规模既包括子公司的非控制性股东对子公司的入资贡献，也包括子公司资本公积、累计未分配利润与盈余公积等股东权益项目中子公司非控制性股东的权益部分，可以此判断子公司的非控制性股东在集团的发展过程中发挥的作用。

④子公司的利润积累。虽然在合并报表上不能看到子公司的利润积累对整个集团的资产增长的贡献，但仍然可以通过比较合并报表与母公司的盈余公积、未分配利润等项目的差异来了解子公司的利润积累对整个集团的资产贡献。

例如，如果报表显示母公司的盈余公积与合并盈余公积的差异并不大，但合并未分配利润的规模却远远大于母公司未分配利润的规模，就说明从整体上看，子公司是有一定盈利能力的，这种盈利能力所累积下来的资金也在一定程度上支持了整个集团的资产增长。

2.合并报表可以反映企业的资金管理模式

在企业实施集团化经营的过程中，有关资金的集权与分权管理模式，在母公司报表和合并报表的相关项目的规模特征上会有所体现。

资金的集权管理模式是指由母公司集中融资，然后再向控股子公司提供资金的一种资金运作模式。在这种情况下，企业母公司的财务报表上就会出现财务费用高、短期借款或者长期借款高、其他应收款高（但合并资产负债表中“其他应收款”的规模会远低于母公司资产负债表中“其他应收款”的规模）的“三高”现象。资金的分权管理模式则是指由母、子公司根据各自的资金需求分别进行融资的一种资金运作模式。在这种情况下，企业母公司的财务报表中一般不会出现上述“三高”现象，而是会表现出合并资产负债表的短期借款或者长期借款规模要远远大于母公司的短期借款或者长期借款规模、合并资产负债表的货币资金规模远远大于母公司的货币资金规模等特征，其结果往往会在合并资产负债表上表现出货币资金规模高、短期借款或者长期借款规模高和财务费用高的另一种“三高”现象。

从目前的情况来看，很多企业对集团内母、子公司的货币资金管理都采用集权管理模式。这种模式将大大降低整个集团的融资成本，提高整个集团的资金利用效率，从而有利于整个集团盈利水平的进一步提升。在母公司采用集权管理的情况下，子公司会将闲置资金汇集至母公司，这除了会引起母公司的货币资金等资产增加外，还会引起有关负债的增加。我们可以通过母公司对子公司负债的基本规模来大致判断集权管理模式下母公司所汇集的子公司资金规模，具体判断方法如下：

首先，我们可以在母公司资产负债表的负债中找到母公司对子公司负债可能“藏身”的项目：预收款项、其他应付款、其他流动负债和其他非流动负债等。当然，由于某些特殊情况，所汇集的资金不一定全部藏身于上述项目中，如果母公司资产负债表与合并资产负债表中相同的负债项目在数量上呈现越合并越小的情况，这两者之间的差额基本上可以确定为子公司向母公司汇交资金的基本规模。

3.合并报表可以反映母、子公司之间的业务联系

母、子公司之间的业务联系主要体现在母公司的利润表和合并利润表上，具体包括以下三个方面：

①母、子公司一致对外销售。如果母、子公司之间以及子公司之间选择无关多元化发展战略，或者母、子公司之间地域结构较为分散，则母、子公司通常会各自直接面向市场、一致对外销售。合并利润表与母公司利润表的主要项目如营业收入、营业成本、销售费用、管理费用之间的关系一般会呈现越合并越大的情况。在这种情况下，可以判断母、子公司的基本获利能力的差异及其变化趋势。

②母公司将主要产品销往子公司，子公司负责对外销售。在某些情况下，母公司将全部或者主要的产品销往子公司，设立子公司就是为了将母公司的产品销往市场。此时，合并利润表与母公司利润表之间的一个重大差异是，相对于子公司，母公司基本没有或者仅有少量的销售费用。在这种情况下，母公司的销售费用数据会远远小于合并报表数据，因此子公司才是对外销售的主体。

贵州茅台的组织结构是国内酒类企业普遍采用的一种组织结构，即销售部门单独成立子公司。之所以采用这种结构，是因为我国对白酒生产企业征收高额的消费税，对流通企业则采取另外的税收征管方式。

③相当一部分子公司主要为母公司提供配套零部件或者劳务，而只向集团外销售少量商品或者劳务。在这种情况下，合并利润表中的营业收入与母公司利润表中的营业收入不一定有显著差异，但合并营业成本有可能小于母公司的营业成本，母公司的销售费用占合并销售费用的比重较大。

4.8 财务报告的其他重要信息

4.8.1 会计政策、会计估计变更和前期差错更正

1. 会计政策变更

会计政策变更是指企业对相同交易或事项由原来采用的会计政策改用另一会计政策的行为。为保证会计信息的可比性，使会计报表使用者在比较企业一个以上期间的会计报表时能够正确判断企业的财务状况、经营成果和现金流量的趋势，在一般情况下，企业应在每期采用相同的会计政策，不应也不能随意变更会计政策；否则，势必会削弱会计信息的可比性，使会计报表使用者在比较企业的经营业绩时发生困难。但是，也不能认为会计政策绝对不能变更。企业出现下列情况时，应改变原来采用的会计政策：①法律、行政法规或者国家统一的会计制度等要求变更；②会计政策变更能够提供更可靠、更相关的会计信息。

2. 会计估计变更

会计估计是指企业对其结果不确定的交易或事项以最近可利用的信息为基础所做的判断。下列各项属于常见的需要进行估计的项目：

①坏账；

②存货遭受损毁、全部或部分陈旧过时；

③固定资产的耐用年限与净残值；

④无形资产的受益期；

⑤收入确认中的估计。

企业据以进行估计的基础发生了变化，或者由于取得新信息、积累更多经验以及后来的发展变化，可能需要对会计估计进行修订。会计估计变更的依据应当真实、可靠。

企业应当根据《企业会计准则》的规定，结合本企业的实际情况，确定会计估计，经股东大会或董事会、经理（厂长）会议或类似机构批准，按照法律、行政法规等的规定报送有关各方备案。企业的会计估计一经确定，不得随意变更。如需变更，应重新履行上述程序，并按《企业会计准则》的规定处理。

如果以前期间的会计估计是错误的，则属于差错，按前期差错更正的规定进行会计处理。

3. 前期差错更正

前期差错是指由于没有运用或错误运用以下两种信息，而对前期财务报表造成省略或错报：①编制前期财务报表时预期能够取得并加以考虑的可靠信息；②前期财务报告批准报出时能够取得的可靠信息。

前期差错通常包括计算错误、运用会计政策错误、疏忽或曲解事实以及舞弊产生的影响，以及固定资产盘盈等。

4.8.2 关联方关系及其交易的披露

企业必须在报表附注中披露关联方关系及其交易。

1.与关联方关系及其交易有关的概念

一方控制、共同控制另一方或对另一方施加重大影响，以及两方或两方以上同受一方控制、共同控制和重大影响的，构成关联方。

①控制，是指有权决定一个企业的财务和经营政策，并能据以从该企业的经营活动中获利。

②共同控制，是指按照合同约定对某项经济活动所共有的控制，仅在与该项经济活动相关的重要财务和经营决策需要分享控制权的投资方一致同意时存在。

③重大影响，是指对一个企业的财务和经营决策有参与决策的权利，但并不能够控制或者与其他方一起共同控制这些政策的制定。

以下企业通常是关联方：

①该企业的母公司。

②该企业的子公司。

③与该企业受到同一母公司控制的其他企业。

④对该企业实施共同控制的投资方。

⑤对该企业实施重大影响的投资方。

⑥该企业的合营企业。

⑦该企业的联营企业。

⑧该企业的主要投资者个人及与其关系密切的家庭成员。主要投资者个人是指能够控制、共同控制一个企业或者对一个企业施加重大影响的个人投资者。

以下企业（或机构）通常不构成关联方：

①与该企业发生日常往来的资金提供者、公用事业部门、政府部门和机构，以及因与该企业发生大量交易而存在经济依存关系的单个客户、供应商、特许商或代理商之间；

②与该企业共同控制合营企业的合营者之间；

③仅仅同受国家控制而不存在控制、共同控制或重大影响关系的企业；

④受同一方重大影响的企业之间。

2.关联方交易

关联方交易是指关联方之间转移资源、劳务或义务的行为，而不论是否收取价款。企业关联方交易的主要形式有：

①购买或销售商品。

②购买或销售除商品以外的其他资产。

③提供或接受劳务。

④担保。

⑤提供资金（包括以现金或实物形式提供的贷款和权益性资金）。

⑥租赁（通常包括经营租赁和融资租赁等）。

⑦代理。

⑧研究与开发项目的转移。

⑨许可协议。

⑩代表另一方进行债务结算。

⑪企业支付给关键管理人员的薪酬。

3.对关联方交易的披露

企业无论是否发生关联方交易，都应该在附注中披露与母公司和子公司有关的下列信息：

①母公司和子公司的名称：母公司不是该企业最终控制方的，还应当披露最终控制方名称；母公司和最终控制方均不对外提供财务报表的，还应当披露母公司“之上”与其最相近的对外提供财务报表的母公司的名称。

②母公司和子公司的业务性质、注册地、注册资本（或实收资本、股本）及其变化。

③母公司对该企业或者该企业对子公司的持股比例和表决权比例。

④企业与关联方发生关联交易时，应当在附注中披露该关联方关系的性质、交易类型、交易要素。

4.8.3 资产负债表日后事项

按照《企业会计准则》的表述，资产负债表日后事项是指资产负债表日至财务报告批准报出日之间发生的有利或不利事项。其中，财务报告批准报出日是指董事会或类似机构批准财务报告报出的日期。资产负债表日后项目一般分为调整事项和非调整事项。

1.调整事项

调整事项是指资产负债表日后获得新的或进一步的证据，有助于对资产负债表日存在状况的有关金额作出重新估计的事项。企业应据此对资产负债表日所反映的收入、费用、资产、负债及所有者权益进行调整。调整事项的表现形式主要有：

①资产负债表日后诉讼案件结案，法院判决证实了企业在资产负债表日已经存在现时义务，需要调整原先确认的与该诉讼案件有关的预计负债，或确认一项新负债。

②资产负债表日后取得确凿证据，表明某项资产在资产负债表日发生了减值或者需要调整该项资产原先确认的减值金额。

③资产负债表日后进一步确定了资产负债表日前购入资产的成本或售出资本的收入。

④资产负债表日发现了财务报表舞弊或差错。

2.非调整事项

非调整事项是资产负债表日后才发生或存在的事项，这类事项不影响资产负债表日存在的状况，但如不加以说明，将会影响财务报告使用者作出正确估计和决策，因此需要在会计报表附注中予以披露。

4.8.4 审计报告所包含的质量信息

现代企业普遍采用经营权与所有权相分离的形式。企业的所有者向企业注入资本后，由经营者经营企业，使企业的资产增值并获利，向所有者分配股利。大多数所有者不参与企业的经营活动，他们只能通过阅读其投资企业的财务报表来了解企业的经营状况，作出自己的决策（持有或转让投资）。受各种因素制约，企业的经营者往往在报表的编制中粉饰企业的财务状况与经营成果，对所有者的投资决策造成误导。因此，企业的所有者只能聘请公正的第三方——注册会计师——对企业编制的财务报表进行审计，并对报表是否恰当地反映了企业的财务状况和经营成果出具报告。

按照《中国注册会计师独立审计准则》的规定，注册会计师在完成其报表审计任务后，可以视实际情况形成不同的审计意见，出具四种基本类型审计意见的审计报告，即无保留意见的审计报告、保留意见的审计报告、否定意见的审计报告和无法表示意见的审计报告。

如果认为财务报表在所有重大方面按照适用的财务报告编制基础的规定编制并实现公允反映，注册会计师应当发表无保留意见。如果注册会计师对财务报表发表无保留意见，除非法律法规另有规定，审计意见应当使用“我们认为，后附的财务报表在所有重大方面按照［适用的财务报告编制基础（如《企业会计准则》等）］的规定编制，公允反映了［……］”的措辞。

当存在下列情形之一时，注册会计师应当按照《中国注册会计师审计准则第1502号——在审计报告中发表非无保留意见》的规定，在审计报告中发表非无保留意见：①根据获取的审计证据，得出财务报表整体存在重大错报的结论；②无法获取充分、适当的审计证据，不能得出财务报表整体不存在重大错报的结论。

当由于财务报表存在重大错报而发表保留意见时，注册会计师应当在审计意见部分说明：注册会计师认为，除形成保留意见的基础部分所述事项产生的影响外，后附的财务报表在所有重大方面按照适用的财务报告编制基础的规定编制，公允反映了［……］。

当由于无法获取充分、适当的审计证据而导致发表保留意见时，注册会计师应当在审计意见部分使用“除……可能产生的影响外”等措辞。

当发表否定意见时，注册会计师应当在审计意见部分说明：注册会计师认为，由于形成否定意见的基础部分所述事项的重要性，后附的财务报表没有在所有重大方面按照适用的财务报告编制基础的规定编制，未能公允反映［……］。

当由于无法获取充分、适当的审计证据而发表无法表示意见时，注册会计师应当：①说明注册会计师不对后附的财务报表发表审计意见；②说明由于形成无法表示意见的基础部分所述事项的重要性，注册会计师无法获取充分、适当的审计证据以作为对财务报表发表审计意见的基础；③修改《中国注册会计师审计准则第1501号——对财务报表形成审计意见和出具审计报告》第二十六条第（二）项中规定的财务报表已经审计的说明，改为注册会计师接受委托审计财务报表。

否定意见的审计报告和无法表示意见的审计报告，在实践中均不多见。

在审计报告中普遍存在若干重要术语，如“注册会计师认为”“在所有重大方面”“公允”等。每一份审计报告均由多位注册会计师签字，这意味着这些签字的注册会计师对审计报告负责。

术语“注册会计师认为”告诉读者，之所以签署具体的审计意见是因为存在签字者的主观认为或者主观判断。换句话说，就某个企业的财务报表来说，某些注册会计师认为应该签署标准无保留意见的审计报告，而另外的注册会计师可能认为应当签署否定意见的审计报告。

关于术语“在所有重大方面”，请读者注意两点：第一，“在所有非重大方面”存在的问题，并不影响注册会计师对审计意见的基本态度；第二，是否重大完全取决于注册会计师的主观判断，因为对于“重大”的认识不同，不同的注册会计师之间存在重大差异很正常。

关于术语“公允”，读者需要注意：尽管有《会计法》《企业会计准则》，以及中国证监会发布的针对上市公司会计处理与披露信息的各种规定，但是对什么是“公允的”，还是由注册会计师来判断的。注册会计师有可能把不公允的判断为公允的，也有可能把公允的判断为不公允的。

2016年12月23日发布的《中国注册会计师审计准则第1504号——在审计报告中沟通关键审计事项》要求在上市公司的审计报告中增设关键审计事项部分，披露审计工作的重点、难点等审计项目的个性化信息。其中，要求注册会计师说明某事项被认定为关键审计事项的原因、针对该事项是如何实施审计工作的。这样，由注册会计师提示的关键审计事项说明，将更有助于信息使用者判断在分析中需要关注的重点项目。

第4章要点回顾

复习思考题

1.如何进行流动资产的质量分析？

2.长期股权投资质量分析的要点是什么？

3.怎样分析固定资产分布和配置的合理性？如何进行固定资产的规模和盈利性分析？

4.外购商誉的来源通常是哪里？

5.流动负债分析的要点是什么？

6.非流动负债的构成是什么？如何进行分析？

7.实收资本和资本溢价包含哪些有用的信息？

8.进行“其他综合收益”分析时需注意哪些问题？

9.所有者权益变动表包含哪些财务状况质量信息？

10.如何进行“营业收入”和“营业成本”项目分析？

11.“投资收益”项目分析的要点是什么？如何分析投资收益的“含金量”？

12.简述如何进行利润质量分析。

第5章

税务筹划

学习要点

◇ 税收制度与企业财务会计制度
◇ 税务会计与财务会计
◇ 增值税税务筹划的常见思路
◇ 消费税税务筹划的主要思路
◇ 所得税税务筹划的主要思路
◇ 企业设立、扩张与筹资的税务筹划
◇ 企业日常经营与利润分配的税务筹划
◇ 国际税务筹划

税收法规与会计准则存在某些区别，其中最主要的差别在于收益实现的时间和费用的可扣减性不同。税收制度是收付实现制与权责发生制的结合，因为计算应税所得就是要确定纳税人立即支付货币资金的能力、管理上的方便性和征收当期收入的必要性，这与财务会计所依据的持续经营假定是有矛盾的。财务会计只是按照会计准则处理各种经济业务，会计人员对某些相同的经济业务可能有不同的表述，因而出现不同的会计结果也是正常情况。而税务会计不仅要遵循一般会计原则，更要严格按照税收法规的要求进行会计处理，具有强制性、客观性、统一性。各国都在力图缩小财务会计与税务会计的差异，但两者的差异不可能完全消失。

在会计记录环节，我国采用财务会计与税务会计“混合模式”，即税务会计所用会计账户名称基本上与会计准则相同，但税务会计的会计记录一般只需要设置一个一级账户，即“应交税金”或“应交税费”，并在一级账户下分税种设置二级账户。

若税法与会计准则规定的涉税事项处理无差异，则会计记录同时符合两者的要求。若税法与会计准则规定的涉税事项处理有差异，则按照各自的规范进行处理：税务会计根据税法规定，在确认计量税金负债的基础上，进行会计记录；财务会计根据会计准则规定，在确认计量涉税事项影响资产、成本、费用的基础上，进行会计记录；借贷方的差额以“递延税款”或“递延所得税资产（负债）”等反映。

5.1 流转税的税务筹划

流转税是以商品和劳务的流转额为课税对象的税种的统称，国际上一般将其称为商品和劳务税。我国现行的流转税制由增值税和消费税组成。流转税的一般计税公式为：

$$T = S \cdot t_s - P \cdot t_p$$

式中：T为应纳税额；S为销售货物或者应税劳务的收入；t_s为销售的货物或者提供的应税劳务所适用的税率；P为购进货物或接受应税劳务的支付额；t_p为购进的货物或者应税劳务所适用的税率。

在不同的税种中，上式的含义不同：

在增值税一般纳税人的计税公式中，S为不含税（指不含增值税，下同）销售收入，t_s为销售货物或者应税劳务适用的税率（如13%、9%等），$S \cdot t_s$为销项税额，P为增值税专用发票上注明的购进货物或者应税劳务的不含税价，t_p为增值税专用发票上注明的税率，$P \cdot t_p$为进项税额。

在增值税小规模纳税人的计税公式中，S为不含税销售收入，t_s为销售货物或者应税劳务适用的征收率（3%）。因为增值税小规模纳税人不实行税款抵扣制度，所以$P \cdot t_p$为0。

在消费税的计税公式中，在从价定率方法下，S为应税消费品的销售额，t_s为应税消费品适用的消费税税率；在从量定额的方法下，S为应税消费品的销售数量，t_s为单位税额，P为当期准予扣除的外购应税消费品买价，t_p为外购应税消费品适用的消费税税率。

5.1.1 增值税的会计处理

1.购进商品的进项税额的会计处理

【例5-1】某批发企业从本地服装厂购进女衬衣1 000件，88元/件，增值税专用发票注明：价款88 000元，税额为11 440元（88 000×13%）。以转账支票付款，作会计分录如下：

借：在途物资——某服装厂　　88 000

　　应交税费——应交增值税（进项税额）　　11 440

贷：银行存款　　99 440

2.销售产品的销项税额的会计处理

【例5-2】天华厂采用汇兑结算方式向光明厂销售甲产品360件，600元/件，计价款216 000元、税额28 080元（360×600×13%），代垫运杂费1 000元，作会计分录如下：

借：应收账款——光明厂	245 080
贷：主营业务收入	216 000
应交税费——应交增值税（销项税额）	28 080
银行存款	1 000

从以上会计处理可以看到，进项税额记录在“应交税费”科目的借方，而销项税额记录在“应交税费”科目的贷方。该账户期末贷方余额反映企业尚未缴纳的增值税额，借方余额反映企业尚未抵扣的、多缴的增值税额。

5.1.2 增值税的税务筹划

（1）一般纳税人企业在采购货物（或服务，下同）的时候，可以选择不同纳税身份的供应商。选择不同的供应商，企业的税负则不同。在货物不含税价格一样的情况下，取得13%、9%和6%的增值税专用发票和不能取得专用发票的纳税总额是依次递增的。当然，上述假设只是一种想象的情况，因为如果货物不含税价格相同，小规模纳税人和个体工商户将无法生存；若要在市场中生存，他们必然要降低销售价格，这样才能与一般纳税人竞争。

（2）一般纳税人和小规模纳税人身份选择的可能性。增值税法对一般纳税人和小规模纳税人的划分采用的是经营规模大小及会计核算健全与否的标准。增值税小规模纳税人的标准为年应征增值税销售额在500万元及以下。因此，经营规模在标准以上的一般纳税人，可以将自己分立为几个经营规模在标准以下的小规模纳税人，几个经营规模在标准以下的小规模纳税人也可以合并为经营规模在标准以上的一般纳税人。

（3）增值税纳税人销售货物、加工修理修配劳务、服务、无形资产或者不动产适用不同税率或者征收率的，应当分别核算适用不同税率或者征收率的销售额。此外，纳税人兼营免税、减税项目的，应当单独核算免税、减税项目的营业额；未单独核算营业额的，不得减税、免税。

5.1.3 消费税的税务筹划

1.合理选择纳税环节的税务筹划

消费税的纳税行为发生在生产领域而非流通领域或终极的消费环节，因此，关联企业中生产（委托加工、进口）应税消费品的企业，如果以较低的合理价格将应税消费品销售给其他独立核算的销售部门（企业），则可以降低销售额，从而减少应纳税销售额。

【例5-3】某汽车集团下属的汽车制造公司所生产的汽车的出厂价为150 000元/辆，适用的消费税税率为9%。向集团的汽车销售公司供货时的价格定为120 000元/辆，当月制造小汽车500辆。

若由汽车制造公司直接对外销售，应纳消费税税额为：

150 000×500×9%=6 750 000（元）

若集团先销售给下属的汽车销售公司，再由汽车销售公司对外销售，应纳消费税税额为：

120 000×500×9%=5 400 000（元）

需要指出的是，汽车制造公司向汽车销售公司出售应税消费品时，只能适度压低价格。根据《中华人民共和国企业所得税法》（简称《企业所得税法》）的规定，如果价格不合理，税务机关可以行使对价格的调整权。

2.兼营不同税率的应税消费品的税务筹划

纳税人兼营不同税率的应税消费品，应当分别核算适用不同税率的应税消费品的销售额、销售数量；未分别核算销售额、销售数量，或者将不同税率的应税消费品组成成套消费品销售的，应从高适用税率。因此，企业在会计核算过程中应该对不同税率商品分别核算，以免蒙受不必要的损失。

5.2 所得税的税务筹划

5.2.1 所得税概述

所得税是以自然人或法人的法定所得为课税对象的税种的统称。按照纳税人的属性不同，所得税大致可分为个人所得税和企业所得税。

企业所得税的计税公式为：

应纳税额=应纳税所得额×税率

应纳税所得额 = 企业每一纳税年度的收入总额 − 不征税收入 − 免税收入 − 各项扣除 − 允许弥补的以前年度亏损

5.2.2 所得税筹划

1.所得税筹划的原则[①]

（1）所得税在季度终了后预缴，在年度终了后汇算清缴；而流转税一般以一个月为纳税期限，同样数额的所得税如果可以推迟缴纳，会比推迟缴纳同样数额的流转税有更高的时间价值。考虑到时间价值，我们应该选择使所得税税金支出现值最小的税务筹划方案。

（2）选择会计政策。会计政策是指企业在会计核算时所遵循的具体原则，以及企业所采纳的具体会计处理方法。企业所得税的应税利润就是在会计利润的基础上，通过调整差异项目金额计算出来的，对税法没有明确规定的事项，都按照财务会计处理结果计算应纳税所得。因此，选择不同的会计政策核算出来的结果会有不同，不同的结果会对纳税人的税负产生影响，甚至有较大的影响。主要的会计政策

① 有关税收筹划的细节内容，读者可参考盖地主编的《企业税务筹划》第6版（东北财经大学出版社2019年出版）。

选择包括固定资产折旧方法等。

（3）利用税收优惠政策。所得税的税收优惠形式分为税基式、税率式、税额式三种。税基式优惠是对不同的征税对象减少计税的基数，如加速折旧。税率式优惠是对国家鼓励或者照顾的地区、行业或者规模的企业适用较低的税率。税额式优惠是对某些特殊行业或者对象按规定先计算出税额后再返还或者减征一定的数额或者比例，如对企业购置并实际使用符合规定的环境保护、节能节水、安全生产等专用设备，该专用设备投资额的10%可以从企业当年的应纳税额中抵免。在税务筹划的时候，首先要根据企业的自身情况，充分利用可以适用的税收优惠；其次要注意不同税收优惠之间的合理搭配，如在税收减免期可能就不适合采取加速折旧。

（4）具有合理商业目的。《企业所得税法》规定，企业与其关联方之间的业务往来不符合独立交易原则，或者企业实施不具有合理商业目的的安排的，税务机关有权在该业务发生的纳税年度起10年内进行纳税调整。不具有合理商业目的，是指以减少、免除或者推迟缴纳税款为主要目的。因此，税务筹划必须包含在合理的商业活动之中，而不能仅出于税务动机而进行筹划。

2.纳税人身份的所得税筹划

《企业所得税法》将企业所得税的纳税人分为居民企业和非居民企业。

居民企业是指依法在中国境内成立，或者依照外国（地区）法律成立但实际管理机构在中国境内的企业。非居民企业是指依照外国（地区）法律成立且实际管理机构不在中国境内，但在中国境内设立机构、场所的，或者在中国境内未设立机构、场所但有来源于中国境内所得的企业。

居民企业应当就其来源于中国境内、境外的所得缴纳企业所得税。非居民企业在中国境内设立机构、场所的，应当就其所设机构、场所取得的、来源于中国境内的所得，以及发生在中国境内，但与其所设机构、场所有实际联系的所得缴纳企业所得税。非居民企业在中国境内未设立机构、场所的，或者虽设立机构、场所，但取得的所得与其所设机构、场所没有实际联系的，应当就其来源于中国境内的所得缴纳企业所得税。

对于外国企业，特别是在国外交易所上市但实际在中国境内运营的“红筹股”企业，返程投资的特殊目的公司，以及直接受设立在中国的跨国公司地区总部管理的亚洲子公司而言，是否构成居民企业会有重大的税务影响。

境外中资企业同时符合以下条件的，为实际管理机构在中国境内的居民企业：

（1）企业负责实施日常生产经营管理运作的高层管理人员及其高层管理部门履行职责的场所主要位于中国境内；

（2）企业的财务决策，如借款、放款、融资、财务风险管理等，以及人事决策，如任命、解聘和薪酬等，由位于中国境内的机构和人员决定，或需要得到位于中国境内的机构和人员批准；

（3）企业的主要财产、会计账簿、公司印章、董事会和股东会议纪要档案等，位于和存放于中国境内；

（4）企业1/2以上（含1/2）有投票权的董事和高层管理人员经常居住于中国境内。

3.收入的所得税筹划

（1）收入确认的基本规定。

收入总额包括：

①销售货物收入；

②提供劳务收入；

③转让财产收入；

④股息、红利等权益性投资收益；

⑤利息收入；

⑥租金收入；

⑦特许权使用费收入；

⑧接受捐赠收入；

⑨其他收入。

（2）免税收入。

企业的下列收入为免税收入：

①国债利息收入，是指企业只持有国务院财政部门发行的国债取得的利息收入。

②符合条件的居民企业之间的股息、红利等权益性投资收益，是指居民企业直接投资于其他居民企业取得的投资收益，不包括连续持有居民企业公开发行并上市流通的股票不足12个月取得的投资收益。

③在中国境内设立机构、场所的非居民企业从居民企业取得与该机构、场所有实际联系的股息、红利等权益性投资收益。

④符合条件的非营利组织的收入。

4.所得税前扣除项目的筹划

所得税前扣除项目是指企业实际发生的与取得收入有关的、合理的支出，包括：

（1）成本，是指企业在生产经营活动中发生的销售成本、业务支出及其他耗费。

（2）费用，是指企业在生产经营活动中发生的销售费用、管理费用和财务费用。已经计入成本的有关费用除外。

（3）税金，是指企业发生的除企业所得税和增值税以外的各项税金及附加。

（4）损失，是指企业在生产经营活动中发生的固定资产和存货的盘亏、毁损、报废损失，转让财产损失，呆账损失，坏账损失，自然灾害等不可抗力因素造成的损失，以及其他损失。

（5）其他支出，指除成本、费用、税金、损失外，企业经营活动中发生的与取得收入有关的、合理的支出。

纳税人申报的扣除项目要真实、合法。真实，是指能够提供证明有关支出确属已经实际发生的适当凭据；合法，是指符合国家税收规定，其他法规规定与税收法规规定不一致的，以税收法规规定为准。

企业可以进行如下项目的税前扣除筹划：

（1）固定资产加速折旧的税务筹划。

（2）固定资产大修的税务筹划。

（3）开（筹）办费的筹划。

（4）研究开发费用加计扣除的税务筹划。企业为开发新技术、新产品、新工艺发生的研究开发费用，未形成无形资产计入当期损益的，在按照规定据实扣除的基础上，按照研究开发费用的50%加计扣除。例如，某企业某年的研究开发费用为800万元，则可以享受加计扣除，少缴纳所得税100万元（800×50%×25%）。研究开发费用形成无形资产的，按照无形资产成本的150%摊销。

（5）广告费和业务宣传费的税务筹划。企业发生的符合条件的广告费和业务宣传费支出，除国务院、税务主管部门另有规定外，不超过当年销售（营业）收入的15%的部分，准予扣除；超过部分，准予在以后纳税年度结转扣除。

例如，某公司2018年度实现销售收入10 000万元，"销售费用"中列支广告费和业务宣传费2 500万元，税前会计利润总额为1 000万元。按照税法规定的扣除比例，其广告费和业务宣传费超支额为1 000万元。因此，该公司应纳所得税额总计为2 000万元，应纳所得税为500万元，税后净利润为500万元。

若该公司将自己的销售部门独立出去，成立一个销售公司，将产品以8 000万元的价格销售给销售公司，销售公司再以10 000万元的价格对外销售。母公司与销售公司发生的广告费和业务宣传费分别为1 000万元和1 500万元。母公司的税前利润为800万元，销售公司的税前利润为200万元，两公司分别缴纳企业所得税，各项费用均不超过税法规定的标准，整个集团应纳所得税税额为250万元，税后净利润为750万元。

5.所得税税率的筹划

（1）对符合条件的小型微利企业，减按20%的税率征收企业所得税。符合条件的小型微利企业，是指从事国家非限制和禁止行业，并符合下列条件的企业：

①年度应纳税所得额不超过300万元；

②从业人数不超过300人；

③资产总额不超过5 000万元。

（2）对国家需要重点扶持的高新技术企业，减按15%的税率征收企业所得税。国家需要重点扶持的高新技术企业，是指拥有核心自主知识产权，并同时符合下列条件的企业：

①在《国家重点支持的高新技术领域》内，持续进行研究开发与技术成果转化，形成企业核心自主知识产权，并以此为基础开展经营活动，在中国境内（不包括港、澳、台地区）注册的居民企业。

②经过各省（自治区、直辖市、计划单列市）科技行政管理部门同本级财政、税务部门组成的高新技术企业认定管理机构的认定。

③企业申请认定时须注册成立一年以上。

④企业通过自主研发、受让、受赠、并购等方式，获得对其主要产品（服务）在技术上发挥核心支持作用的知识产权的所有权。

⑤企业主要产品（服务）发挥核心支持作用的技术属于《国家重点支持的高新技术领域》规定的范围。

⑥企业从事研发和相关技术创新活动的科技人员占企业当年职工总数的比例不低于10%。

⑦企业近三个会计年度（实际经营期不满三年的按实际经营时间计算）的研究开发费用总额占同期销售收入总额的比例符合相应要求。

⑧近一年高新技术产品（服务）收入占企业同期总收入的比例不低于60%。

⑨企业创新能力评价应达到相应要求。

⑩企业申请认定前一年内未发生重大安全、重大质量事故或严重环境违法行为。

6.所得税税额的筹划

（1）农、林、牧、渔业项目的减免税税收优惠政策的运用。

（2）国家重点扶持的公共基础设施项目的减免税收优惠政策的运用。

（3）符合条件的环境保护、节能节水项目的减免税收优惠政策的运用。

（4）地区的减免税收优惠政策的运用，含：

①民族自治地方的减免税收政策；

②经济特区企业的减免税收政策。

（5）符合条件的技术转让所得可以免征、减征企业所得税。

（6）符合条件的软件企业和集成电路设计企业的减免税收优惠政策的运用。

（7）境外所得已纳税额抵免的税务筹划。

（8）专用设备投资额抵免企业所得税的税务筹划。

（9）创业投资企业采取股权投资方式投资于未上市的中小高新技术企业2年以上的，可以按照其投资额的70%在股权持有满2年的当年抵扣该创业投资企业的应纳税所得额；当年不足抵扣的，可以在以后纳税年度结转抵扣。创业投资企业应该在实施投资计划时准确把握投资的时期以有效利用这项税收抵免政策。

7.转让定价的所得税筹划

税收法规对不同地区、不同行业的企业往往规定不同的企业所得税税率与应纳税所得额的确定方法，造成企业适用的实际所得税税率存在差异。关联企业可以根据税收上的这种差异，利用转让定价来减少集团整体的所得税纳税总额。例如，在向所得税税率高的地区的关联企业提供产品或劳务时，抬高转让价格，增加关联企业公司的进货成本，减少关联企业的税前利润；反之，在向所得税税率低的地区的关联企业提供产品或劳务时，则降低转让价格，降低进货成本，增加关联企业的税前利润。当然，这些安排要考虑到流转税的影响和税务机关的监管。

（1）关联企业。

关联企业是转让定价制度中的一个重要概念。如果税务机关对两个企业之间的交易定价不予认可，欲采用其他定价方法另行予以调整，那么其必须首先证明或确定这两个企业是关联企业。

税法对"关联企业"有明确的认定标准。《中华人民共和国企业所得税法实施条例》第一百零九条及《中华人民共和国税收征收管理法实施细则》第五十一条规定，企业所得税法第四十一条所称关联方，是指与企业有下列关联关系之一的企业、其他组织或者个人：（一）在资金、经营、购销等方面存在直接或者间接的控制关系；（二）直接或者间接地同为第三者控制；（三）在利益上具有相关联的其他关系。

《国家税务总局关于完善关联申报和同期资料管理有关事项的公告》（国家税务总局公告2016年第42号）规定，企业与其他企业、组织或者个人具有下列关系之一的，构成本公告所称关联关系：

①一方直接或者间接持有另一方的股份总和达到25%以上；双方直接或者间接同为第三方所持有的股份达到25%以上。

如果一方通过中间方对另一方间接持有股份，只要其对中间方持股比例达到25%以上，则其对另一方的持股比例按照中间方对另一方的持股比例计算。

两个以上具有夫妻、直系血亲、兄弟姐妹以及其他抚养、赡养关系的自然人共同持股同一企业，在判定关联关系时持股比例合并计算。

②双方存在持股关系或者同为第三方持股，虽持股比例未达到第①项规定，但双方之间借贷资金总额占任一方实收资本比例达到50%以上，或者一方全部借贷资金总额的10%以上由另一方担保（与独立金融机构之间的借贷或者担保除外）。

③双方存在持股关系或者同为第三方持股，虽持股比例未达到第①项规定，但一方的生产经营活动必须由另一方提供专利权、非专利技术、商标权、著作权等特许权才能正常进行。

④双方存在持股关系或者同为第三方持股，虽持股比例未达到第①项规定，但一方的购买、销售、接受劳务、提供劳务等经营活动由另一方控制。

上述控制是指一方有权决定另一方的财务和经营政策，并能据以从另一方的经营活动中获取利益。

⑤一方半数以上董事或者半数以上高级管理人员（包括上市公司董事会秘书、经理、副经理、财务负责人和公司章程规定的其他人员）由另一方任命或者委派，或者同时担任另一方的董事或者高级管理人员；或者双方各自半数以上董事或者半数以上高级管理人员同为第三方任命或者委派。

⑥具有夫妻、直系血亲、兄弟姐妹以及其他抚养、赡养关系的两个自然人分别与双方具有第①至⑤项关系之一。

⑦双方在实质上具有其他共同利益。

（2）关联交易的类型。

关联交易主要包括：

①有形资产使用权或者所有权的转让。有形资产包括商品、产品、房屋建筑物、交通工具、机器设备、工具器具等。

②金融资产的转让。金融资产包括应收账款、应收票据、其他应收款项、股权投资、债权投资和衍生金融工具形成的资产等。

③无形资产使用权或者所有权的转让。无形资产包括专利权、非专利技术、商业秘密、商标权、品牌、客户名单、销售渠道、特许经营权、政府许可、著作权等。

④资金融通。资金包括各类长短期借贷资金（含集团资金池）、担保费、各类应计息预付款和延期收付款等。

⑤劳务交易。劳务包括市场调查、营销策划、代理、设计、咨询、行政管理、技术服务、合约研发、维修、法律服务、财务管理、审计、招聘、培训、集中采购等。

（3）转让定价的税务风险防范。

企业与其关联方之间的业务往来，不符合独立交易原则而减少企业或者其关联方应纳税收入或者所得额的，税务机关有权按照合理方法调整。转让定价调查重点选择以下企业：

①关联交易金额较大或类型较多的企业；

②存在长期亏损、微利或跳跃性盈利的企业；

③低于同行业利润水平的企业；

④利润水平与其所承担的功能风险明显不相匹配，或者分享的收益与分摊的成本不相配比的企业；

⑤与低税国家（地区）关联方发生关联交易的企业；

⑥未按规定进行关联申报或准备同期资料的企业；

⑦从其关联方接受的债权性投资与权益性投资的比例超过规定标准的企业；

⑧由居民企业，或者由居民企业和中国居民控制的设立在实际税负低于12.5%的国家（地区）的企业，并非由于合理的经营需要而对利润不作分配或者减少分配；

⑨实施其他不具有合理商业目的的税收筹划或者安排的企业。

关联企业在面对转让定价税务审计时，可能由于自身或外在的原因面临各种税务风险，特别是审计后被调整应纳税所得额的风险。为了降低转让定价的税务风险，关联企业应该按纳税年度准备、保存，并按税务机关要求提供其关联交易的同期资料。

5.3 企业设立、扩张与筹资的税务筹划

5.3.1 企业设立和扩张的税务筹划

1. 个人独资企业、合伙企业与公司企业的选择

个人独资企业是指依照法律在我国境内设立的，由一个自然人投资，财产为投资人个人所有，投资人以其个人财产对企业债务承担无限责任的经营实体。按照这一限定，我国的个人独资企业包括自然人独资的私营企业和个体工商户中部分一人投资、有固定经营场所且常年经营的个体经营单位。我国对个人独资企业从2000年1月1日起，比照个体工商户的生产、经营所得只征收个人所得税，适用五级超额累进税率。

《公司法》规定，在我国境内设立的公司为有限责任公司和股份有限公司。无论是有限责任公司还是股份有限公司，作为企业法人，它们要在作了相应扣除和调整后的应纳税所得额的基础上计算、缴纳企业所得税。同时，如果向自然人投资者分配股利或红利，还要代扣这些投资者的个人所得税（投资者个人分回的股息、红利，税法规定适用20%的比例税率）。也就是说，公司企业要负担企业所得税和投资者的个人所得税。

《合伙企业法》规定的合伙企业分为普通合伙企业、有限合伙企业，在其名称中不得使用“有限”或“有限责任”的字样。我国对合伙企业不征收企业所得税，而是分别对各合伙人从合伙企业分得的利润征收个人所得税。

一般来说，企业在设立公司企业、合伙企业和个人独资企业等不同组织形式之间进行筹划和选择时，还应考虑以下问题：

（1）在比较不同企业组织形式税负的大小时，不能仅看名义上的差别，更重要的是看实际的差别。要比较合伙制和公司制的税基、税率结构，以及企业盈利水平、股利分配政策、合伙人数多少、税收征管方式和税收优惠待遇等多种因素，因为综合税负是多种因素起作用的结果，不能只考虑一种因素。例如，公司制企业在某些地区和行业中会享有个人独资企业及合伙企业所不能享有的税收优惠政策，在进行具体税务筹划操作时，必须把这些因素考虑进去，然后从总额上考虑实际税收负担的大小。

（2）在合伙企业构成中，如果既有本国居民，也有外国居民，则出现合伙制跨国现象。在这种情况下，合伙人由于居民身份国别的不同，税负将出现差异。

2. 企业扩张时的组织形式——子公司与分公司的选择

当一个公司拥有另一个公司一定比例以上的股份并足以控制另一个公司时，该公司即为母公司，受控制的公司即为子公司。就法律地位而言，子公司与母公司均为独立法人，各自以其名义独立对外进行经营活动。

在财产责任上，母公司与子公司各自以其独立的财产承担责任，互不连带。母

公司在控制权或控股权基础上对子公司行使权利，享有对子公司重大事务的决定权，实际上控制子公司的运营。由于母、子公司分别是两个资产相互独立的法人，一般情况下，子公司各项税收的计算、缴纳均独立于母公司，这样子公司的亏损是不能冲抵母公司利润的。在进行税务筹划时，这一点是设立子公司的不利之处。

按照公司分支机构的设置和管辖关系，可将公司分为总公司和分公司。分公司可以有自己的名称，但没有法人资格，没有独立的财产，其经营活动所有后果由总公司承担。设立分公司在税务筹划中有如下优点：

（1）分公司交付给总公司的利润通常不必缴纳预提税。

（2）在经营初期，企业往往出现亏损，分公司的亏损可以冲抵总公司的利润，减轻税务负担。

（3）分公司与总公司之间的资本转移，因不涉及所有权变动，不必缴纳税款。

5.3.2 银行借款的税务筹划

借款筹资方式主要是向金融机构（银行）融资，其成本主要是利息。银行借款利息一般可以在税前列支，从而减少企业的应纳税所得额。

【例5-4】某公司计划用历年积累的留存收益3 000万元新建一座冷库进行出租，预计每年的租金收入为500万元，预计该冷库的使用寿命为20年，企业所得税税率为25%，则该冷库建成后每年获得的租金应纳所得税税额为：

500×25%=125（万元）

20年应纳所得税总额为：

125×20=2 500（万元）

若该厂不是利用自我积累资金新建该冷库，而是改从银行贷款3 000万元兴建出租，假定租金不变，仍为每年500万元，银行贷款利率为10%，扣除银行贷款利息，企业每年的收益为：

500-3 000×10%=200（万元）

企业每年应纳所得税税额为：

200×25%=50（万元）

20年应纳所得税总额为：

50×20=1 000（万元）

5.3.3 企业间资金拆借的税务筹划

按照法律法规的规定，企业之间不允许相互拆借资金，但实际情况是关联企业之间的资金往来和拆借现象比比皆是，两者之间也难以严格区分。企业间的资金拆借可以为企业税务筹划提供便利的条件，主要表现在：其一，资金拆借的双方一般是关联企业，而关联企业之间存在密切的供产销、资产重组、融资往来以及担保、租赁等事项。关联双方通过明确产销关系，可以优化资本结构和内部资源配置，提高资产盈利能力，保证生产经营的正常进行和快速发展。其二，通过相互拆借资金、相互担保，及时筹措资金，可以有效地把握投资机会，降低机会成本，提高资金运营效率。其三，通过充分利用集团内部的生产资源，可以降低交易成本，提高企业的运营效率，有利于实现集团公司的资产运营目标。由此可见，正是这种“亲缘”关系为企业在税务筹划方面提供了可操作的空间。

【例5-5】A企业与B企业以相互融资的形式提供投资资金。A企业为B企业提供150万元的资金，B企业为A企业提供100万元的资金。为计算简便，假设A、B企业的投资收益率都是100%，相互提供资金的利率都是20%，两个企业适用的所得税税率为40%，利息收入适用的所得税税率为20%，则A、B两个企业的税收负担变化分析如下：

A企业：

在付息前的应纳所得税税额为：100×40%=40（万元）

在支付利息后的应纳所得税税额为：（100-20）×40%=32（万元）

减少的纳税额为：40-32=8（万元）

从B企业获得的利息收入的应纳所得税税额为：150×20%×20%=6（万元）

纳税总额为：32+6=38（万元）

B企业：

在付息前的应纳所得税税额为：150×40%=60（万元）

在支付利息后的应纳所得税税额为：（150-30）×40%=48（万元）

减少的纳税额为：60-48=12（万元）

从A企业获得的利息收入的应纳所得税税额为：100×20%×20%=4（万元）

纳税总额为：48+4=52（万元）

通过以上计算可以看出，相对于全部投资都由自己筹集，A、B两个企业的税收负担降低了许多。当然，两个企业相互提供资金时，要符合税法关于关联企业利息费用扣除的有关规定：企业必须能够证明相关交易活动符合独立交易原则；或者该企业的实际税负不高于境内关联方。

5.3.4 债务融资与股权融资的比较

从融资企业的角度看，企业在有权益资金和债务资金两种筹集方式可供选择的情况下，因为筹集债务资金所支付的利息可以在税前扣除，一般倾向于选择债务资金。从投资企业的角度看，股权投资获取的收益一般属于免税收入，债权投资获取的收益一般属于应税收入，因此企业倾向于选择股权投资。如果投融资双方属于同一企业集团，从集团整体角度看，在双方企业所得税税率相同以及没有受到税法其他例外原则影响的情况下，总体税负不变，只是税负发生了转移。

5.4 企业日常经营与利润分配的税务筹划

5.4.1 企业采购的税务筹划

1. 供应商选择的税务筹划

我国增值税法依据企业经营规模和企业财务会计制度是否健全等标准，将纳税人分为一般纳税人和小规模纳税人两类。一般纳税人销售货物、提供应税劳务和应税服务，可以按照13%、9%或者6%开具增值税专用发票，而小规模纳税人增值税征收率为3%，只能开具普通发票，不得由税务机关代开增值税专用发票。

2. 采购结算方式的税务筹划

企业在采购货物时所采用的结算方式主要有两种，即现金采购和赊购。无论采用何种结算方式，采购方税务筹划的基本思路就是要在税法允许的范围内，尽量采取有利于本企业的结算方式，延迟付款，为企业赢得一笔无息贷款。

5.4.2 企业销售的税务筹划

1. 销售收入确认的税务筹划

销售收入的实现时间与销售方式有关，同时也与结算方式和结算工具密切相关。在销售活动中，企业可以通过销售方式、结算方式以及结算工具的选择来进行税务筹划。销售方式、结算方式和结算工具不同，则确认销售收入实现的时间不同，而销售收入确认时间上的差异造成企业纳税义务发生时间上的差异，从而为企业利用时间上的差异进行税务筹划创造了条件。

例如，依据收到货款时间的不同，可将销售方式划分为现销和赊销两种，而采用赊销方式往往会导致企业销售收入实际流入的时间滞后于纳税义务的确认时间。企业可以通过合理选择销售方式和结算方式，采取没有收到货款不开发票的方式来实现延期纳税的目的。企业应尽可能采用支票、银行本票和汇兑结算方式销售货物，避免采用托收承付和委托收款结算方式销售货物，若不能及时收到货款，则要采取分期收款结算方式。

企业也可以采用转移定价的方式，通过关联方交易来转移收入。这种税务筹划的方法尤其适用于企业集团。由于企业集团内部各个企业之间税收课征的范围和税种存在差异，税收高低不一，还可能存在减免优惠的企业，因而通过集团的整体规划，进行业务的分割和转移，可以实现税负在集团内部各纳税企业之间的转移，进而降低集团整体税负。

2. 不同促销方式的税务筹划

在企业销售活动中，企业为达到促销的目的，可以采用多种促销方式。在不同促销方式下，企业获取的销售额会有所不同，与之相关的税负也有差异，这就为企业通过促销方式的选择进行税务筹划提供了可能。纳税人可以根据本企业的实际状况，选用适当的促销方式进行税务筹划，以降低企业税负，实现企业经济效益的最大化。

5.4.3 企业亏损弥补的税务筹划

按《企业所得税法》的规定，纳税人发生年度亏损的，可以在以后5年内逐年延续弥补。纳税人当年实现利润，可以先弥补不超过法定弥补期的以前年度亏损，按弥补亏损后的利润（为应纳税所得额）乘以适用的税率计算年度应纳所得税税额。

企业在进行税前利润弥补亏损的税务筹划时，在条件允许的情况下，可以提前确认收入或延迟确认费用，例如将列入当期费用的项目予以资本化或将某些可控费用（如广告费、展销费）延后支付。例如，某企业年度亏损800万元，假设企业以后5年应纳税所得总额为750万元，则企业可以在不违反法律规定的情形下，将第6年的50万利润放到第5年实现。

5.4.4 利润分配的税务筹划

利润分配是企业财务管理活动的最后一个环节。合理的利润分配政策对企业筹资、投资有很大影响。在企业利润分配过程中，税收是最重要的影响因素。在现代企业中，利润分配主要表现为股利分配。股利分配的税务筹划是指企业在遵守相关税收法规的前提下，确定恰当的股利政策，尽可能减轻股东的税负，以实现企业股东财富最大化的财务管理目标。这关系到企业能否长期稳定的发展，关系到投资者的权益能否得到保障。对我国上市公司而言，股利分配的形式主要包括现金股利和股票股利。有关股票股利的税务处理，将在第9章介绍。

现金股利是最主要的股利支付方式。按照《企业所得税法》的规定：

（1）居民企业从直接投资的居民企业取得股利，免税。

（2）居民企业连续持有居民企业公开发行并上市流通的股票超过12月取得的股息、红利所得，免税。

（3）居民企业从境外非居民企业取得的股息、红利所得，应当按照基本税率（25%）计算缴纳企业所得税，若其在境外已纳企业所得税，允许按照税法规定计算抵免。

按照《中华人民共和国个人所得税法》（简称《个人所得税法》）的规定，个人持有沪深上市公司股票取得的股利，实行差别化股息政策：

（1）持股期限超过1年的，股息、红利所得暂免征个人所得税。

（2）持股期在1个月以内（含）的，股息、红利所得全额计入应纳税所得额。

（3）持股期限在1个月以上至1年（含1年）的，暂减按50%计入应纳税所得额。

居民个人从非居民企业取得的股息、红利，按利息、股息、红利所得计征个人所得税，境外已纳个人所得税的，可以按照税法规定的办法予以抵免。

合伙企业投资于公司制企业取得的股息、红利所得，视同合伙人直接投资于公司制企业取得的股息、红利所得。也就是说，合伙人为自然人的，按照利息、股息、红利所得征收个人所得税；合伙人为居民企业的，其从直接投资的其他居民企业取得的股息、红利所得免征所得税；合伙人为非居民企业的，其从居民企业取得的与其设立机构、场所有实际联系的股息、红利所得免征所得税。

5.5 国际税务筹划

5.5.1 税收管辖权与国际双重征税

跨国纳税人会与两个或两个以上国家（地区）发生税收征缴关系，而各国（地区）的税收管辖权是不尽相同的，这决定了跨国纳税人在不同国家（地区）的纳税义务。当各国税收管辖权同时发挥作用时，国际双重征税就成为不可回避的事实。

5.5.2 消除国际双重征税的基本方法

国际税收协定明确规定：对已由非居住国优先征收的税款，居住国应采取避免双重征税的方法。跨国纳税人进行税务筹划时，必须要考虑各国所采用的消除国际双重征税的基本方法，以便作出正确的判断和决策。目前由居住国政府采用的避免国际双重征税的方法主要有：免税法、扣除法和抵免法。

（1）免税法

免税法又称豁免法，是指居住国政府对本国居民来源于来源国的跨国所得或一般财产价值，在一定条件下，单方面放弃行使居民税收管辖权。它是以承认来源国地域管辖权的独占性为前提的。免税法又分为全额免税法和累进免税法。

在免税法下，当居住国的税率高于来源国时，其实际豁免的税额会大于国外已缴税款，给居住国带来少征部分税款的损失。因此，采用免税法的国家为数不多。

（2）扣除法

扣除法是指居住国政府允许本国居民将已在境外缴纳的所得税或一般财产税税额，作为一个扣除项目从应纳税所得总额中扣除。

（3）抵免法

抵免法是指居住国政府允许本国居民在本国税法规定的限度内，用已缴非居住国的所得税或财产税税款，来抵免一部分应汇总缴纳给居住国的税款。

5.5.3 跨国公司组织形式的税务筹划

1.利用常设机构的税收筹划

在确定对非居民（公民）的所得是否课税的问题上，一些欧洲国家一直沿用“常设机构”的概念，即对构成常设机构的经营组织征税，否则就不征。因此，避免成为常设机构是跨国公司进行国际避税的一个重要方法，具体筹划如下：

（1）尽可能成为非常设机构

例如，对于建筑工程项目或安装工程项目，许多税收协定分别按照持续时间12个月以上或6个月以上来判定其已构成常设机构。

（2）寻求不在常设机构之列的经营形式

2.在避税地组建各种类型的基地公司

避税地是指对收入和财产免税或按很低的税率课税的国家或地区。避税地可以是一个国家，也可以是一个国家的某个地区。

（1）贸易公司

跨国纳税人往往通过设在避税地的贸易公司进行虚假营业，其主要作用是为购买、销售和其他交易活动开具发票，从而将高税负国公司的利润转移到避税地贸易公司。典型模式是：贸易公司从关联企业或第三方低价或平价购买货物，然后高价卖给本集团另一外国子公司，以此将利润汇集在贸易公司名下。对于大多数中国企业而言，香港特别行政区是设立国际贸易公司的首选之地。香港特别行政区一贯实行单一收入来源地税收管辖权，可以使企业的许多收益免予缴纳所得税。

（2）服务公司

服务公司从事的业务包括：①跨国公司内部企业的管理；②工艺技术、建筑、科学研究、管理和金融领域的咨询服务；③法律和税收问题的咨询服务；④营销和广告。由于服务是一种非物质性的活动，其价格难以确定，所以对服务贸易的管理较之商品贸易要困难得多，但这恰恰为国际税务筹划提供了机会。

跨国公司通过向设在避税地的服务公司支付劳务费等手段，可以将高税负国的利润转移到避税地的服务公司，从而避免较高的公司所得税，而从高级管理人员角度讲，避税地服务公司又可以帮助他们逃避高税负国的个人所得税。

第5章要点回顾

复习思考题

1.税收法规与会计准则存在哪些区别？

2.如果税法与会计准则规定的涉税事项处理有差异，一般如何处理？

3.增值税的会计处理是怎样的？

4.增值税的税务筹划手段有哪些？

5.简述所得税税务筹划的常见方法。

6.简述企业间资金拆借的税务筹划。

7.简述消除国际双重征税的基本方法。

第3篇　创业企业上市、投资与并购

第6章

金融、期货、期权和衍生品市场

学习要点

◇ 金融市场的分类
◇ 货币市场
◇ 股票的一级市场与二级市场
◇ 债券的概念、种类
◇ 债券与股票的区别
◇ 现货交易、远期交易与期货交易
◇ 期货合约与期货市场基本制度
◇ 套期保值及其具体操作方法
◇ 基差风险
◇ 期权与期权交易
◇ 金融衍生品市场

6.1 金融市场概述

金融市场是以金融资产为交易对象而形成的供求关系及其机制的总和。它包括三层含义：一是对金融资产进行交易的一个有形或无形的场所；二是反映了金融资产的供应者和需求者之间所形成的供求关系；三是包含了金融资产交易过程中所产生的运行机制，其中最主要的是价格（包括利率、汇率及各种证券的价格）机制。

金融资产是指一切代表未来收益或资产合法要求权的凭证，亦称为金融工具或证券。金融资产可以划分为基础性金融资产与衍生性金融资产两大类。前者主要包括债务性资产和权益性资产，后者主要包括远期合约、期货合约、期权合约和互换合约等衍生金融工具。

6.1.1 按标的物划分的金融市场类型

1.货币市场

货币市场是指以期限在一年及一年以下的金融资产为交易标的物的短期金融市场，它的主要功能是保持金融资产的流动性。它一方面满足了借款者的短期资金需求，另一方面也为暂时闲置的资金找到了出路。

现在，货币市场一般指国库券、商业票据、银行承兑汇票、可转让定期存单、回购协议等短期信用工具买卖的市场。一般来说，货币市场上的资金借贷期限以三到六个月最为普遍，而国库券等则以六到九个月的期限为多。由于该类市场信用工具随时可以在发达的二级市场变现，具有很强的流动性，功能近似于货币，故称货币市场。该市场主要经营短期资金的借贷，故亦称短期资金市场。

2.资本市场

资本市场是指期限在一年以上的金融资产交易的市场，主要指的是债券市场和股票市场。

资本市场与货币市场之间的区别为：①期限的差别。资本市场上交易的金融工具期限均为一年以上，最长的可达数十年，有些甚至无期限如股票等，而在货币市场上，一般交易的是期限在一年以内的金融工具，期限最短的只有几日甚至几小时。②作用不同。在货币市场上融通的资金大多用于工商企业的短期周转资金，而企业在资本市场上融通的资金大多用于创建、更新、扩充设备，政府在资本市场上筹集的长期资金，主要用于新办公共事业和保持财政收支平衡。③风险程度不同。货币市场的信用工具由于期限短，所以流动性高，价格不会发生剧烈变化，风险较小；资本市场的信用工具，由于期限长，所以流动性较低，价格变动幅度较大，风险也较大。

3.外汇市场

同货币市场一样，外汇市场也是各种短期金融资产交易的市场，二者不同的是，货币市场交易的是同一种货币或以同一种货币计值的票据，而外汇市场上的交易则是以不同种货币计值的两种票据之间的交换。在货币市场上所有的金融资产的交易都受政府法令条例管制，但在外汇市场上，一国政府只能干预或管制本国的货币汇率。

外汇市场按其含义有狭义和广义之分。狭义的外汇市场指的是银行间的外汇交易市场，包括同一市场各银行间、中央银行与外汇银行间以及各国中央银行之间的外汇交易市场，通常被称为批发市场。广义的外汇市场是指由各国中央银行、外汇银行、外汇经纪人及客户组成的进行外汇买卖、经营活动的市场，包括上述的批发市场以及银行同企业、个人间进行外汇买卖的零售市场。

外汇市场的主要功能在于：①外汇市场的外汇储备买卖和货币兑换业务，使各国间债权债务关系的货币清偿和资本的国际流动得以形成，实现购买力的国际转移；②外汇市场集中了各国政府、企业等单位的闲置资金，并对国际贸易中的进出口商品进行借贷融资，从而加速了国际资金周转，调剂了国际资金余缺；③外汇市场拥有发达的通信设施及手段，将世界各地的外汇交易主体连成一个网络，缩短了世界各地间的远程货币收付时间，提高了资金的使用效率；④进出口商应用外汇市场中的远期外汇买卖业务，可有效地避免或减少汇率变动带来的风险，从而促进国际贸易的发展。

4.大宗商品市场

大宗商品市场一般包括四个类别，即能源商品、基础原材料、大宗农产品和贵金属。商品交易所是相关的大宗商品交易的场所，即各类大宗商品市场。著名的有纽约商品交易所、芝加哥商品交易所等。由于期货、期权等工具的存在，大宗商品交易所成为一个重要的金融市场。

5.衍生工具市场

衍生工具市场是各种衍生金融工具交易的市场。所谓衍生金融工具，是指由原生性金融商品或基础性金融工具创造出的新型金融工具。它一般表现为一些合约，这些合约的价值由其交易的金融资产的价格决定。衍生金融工具包括远期合约、期货合约、期权合约、互换协议等。由于衍生金融工具在金融交易中具有套期保值、防范风险的作用，因而其种类仍在不断增多。衍生金融工具同时也是一种投机的对象，其交易所带来的风险也应引起注意。

6.1.2 按发行和流通特征划分的金融市场类型

按金融资产的发行和流通特征，可将金融市场分为初级市场、二级市场、第三市场和第四市场。资金需求者将金融资产首次出售给公众时所形成的交易市场称为初级市场、发行市场或一级市场。金融资产的发行方式主要有两种：一是将金融资产销售给特定的机构；二是将金融资产广泛地发售给社会公众。前者称为私募发行，其发行对象一般为机构投资者；后者称为公募发行，其发行对象为社会公众。

证券发行后，各种证券在不同的投资者之间买卖流通所形成的市场即为二级市场，又称流通市场或次级市场。它又可分为两种：一是场内市场，即证券交易所；二是场外交易市场。证券交易所是依照国家有关法律规定，经政府主管机关批准设立的证券集中竞价的有形场所。场外交易市场又称柜台交易市场或店头交易市场，它是在证券交易所之外进行证券买卖的市场。原则上在场外交易的证券以未上市的证券为主。然而现在情况发生了很大的变化，为数不少的上市证券，尤其是地方政府债券和公司债券也都纷纷涌入场外交易市场进行交易。

初级市场是二级市场的基础和前提，没有初级市场就没有二级市场；二级市场是初级市场存在与发展的重要条件之一，无论是在流动性上还是在价格的确定上，初级市场都要受到二级市场的影响。

此外，一些国家还存在第三市场和第四市场，实际上它们都是场外市场的一部分。第三市场是原来在交易所上市的证券移到场外进行交易所形成的市场。第三市场交易相对于交易所交易来说具有限制更少、成本更低的优点。第四市场是投资者和证券的出卖者直接交易形成的市场，其形成的主要原因是机构投资者在证券交易中所占的比例越来越大，他们之间的买卖数额很大，因此希望避开经纪人直接交易以降低成本。

6.2 货币市场

6.2.1 有关概念

1.票据的概念和特征

根据《中华人民共和国票据法》的规定，票据是指出票人依法签发的，约定自己或委托付款人在见票时或指定的日期向收款人或持票人无条件支付一定金额并可以转让的有价证券，包括汇票、本票和支票。票据作为一种有价证券，具有以下几个明显的特征：

（1）票据是一种无因证券

无因证券是指证券上的权利只由证券上的文义确定，持有人在行使权利时无须负证明责任。票据的持有人只要持有票据，就能享受票据拥有的权利，而不必说明票据取得及票据行为发生的原因。票据债务人也不能以票据所有权发生变化为理由而拒绝履其因票据行为而负担的付款义务。正是由于这种无因性，票据的流通和转让成为可能。

（2）票据是一种要式证券

要式证券是指证券的制成必须遵照法律规定。票据的制成和记载事项必须严格依据法律规定进行，并且票据的签发、转让、承兑、付款、追索等行为的程序和方式也都必须依法进行，如果违反了法律规定，将会导致票据行为的无效或对票据权利产生影响。

（3）票据是一种文义证券

这是指票据上的所有权利义务关系均以票据上的文字记载为准，不受任何外来因素的干扰。在票据流通过程中，若发现文字内容有错误，也不得用票据以外的证据方法予以变更或补充，这样做是为了保证流通信用和交易安全，保护流通过程中善意持票人的权利。例如，票据上记载的出票日与实际出票日不符时，以票载日期为准。

（4）票据是一种流通证券

票据权利可以通过一定方式转让，一般包括背书和交付两种。票据债权债务关系的转让必须依照民法中有关债权转让的规定进行。这使票据具有高度的流通性。一般来说，无记名票据通过交付就能转让，而记名票据转让时则需经过背书。

（5）票据是一种返还证券

票据权利人实现了自己的权利，收领了票据上的金额之后，应将票据归还给付款人。若债权人不交还票据，债务人可以拒付票款。而在其他债权中，债务人履行债务后，即使债权人不同时交换有关债权证书，也可以用其他的凭证如收据来证明债务的履行。

2.票据的种类

票据的基本形式有三类：汇票、本票和支票。

（1）汇票

汇票是由出票人签发，委托付款人在见票时或者在指定日期无条件支付一定金额给收款人或持票人的一种票据。汇票有三方当事人，即出票人、付款人和收款人。汇票按记载权利人方式的不同可分为记名汇票、不记名汇票和指定式汇票。在汇票上记载收款人名称的为记名汇票，记载特定人或其指定人的为指定式汇票，没有记载收款人名称或只记“来人”的为不记名汇票。

汇票按记载付款期限的长短，可分为即期汇票和远期汇票。前者指见票即付的汇票，后者指必须约定一个出票日之外的日期才能请求付款的汇票。汇票还能分为银行汇票和商业汇票。商业汇票又可分为银行承兑的商业汇票和工商企业承兑的商业汇票。以银行承兑票据作为交易对象的市场即为银行承兑票据市场。

（2）本票

本票是由出票人签发，承诺自己在见票时无条件支付确定的金额给收款人或持票人的票据。本票具有以下三个特征：一是本票的基本当事人只有两个，即出票人和收款人；二是本票的付款人为出票人自己；三是本票的出票人自己承担无条件付款的责任，故没有承兑制度。

以出票人的不同为依据，本票分为银行本票和商业本票；以到期日的不同为依据，本票分为定期付款和见票即付两种。在中国，本票仅指银行本票，不包括商业本票，本票只能由商业银行签发。此外，中国还规定本票的到期日只有见票即付一种。

（3）支票

支票是由出票人签发的，委托办理支票存款业务的银行或其他金融机构在见票时无条件支付确定金额给收款人或持票人的票据。支票的主要职能是代替现金作为支付工具。支票主要有以下几个特点：

①支票的付款人只限银行或法定金融机构。

②支票的付款日期只有见票即付一种。

③支票的付款提示期间和票据时效期间都比汇票、本票短。在中国，支票的付款提示期间为出票日期十天内。

④支票无承兑制度。为保证支付的确定性，许多国家的票据法规定了支票的划线制度、保付制度、转账制度以及对签发空头支票予以制裁的制度。

在中国，支票按照支付方式的不同可分为普通支票、现金支票和转账支票。普通支票不限定支付方式，可以支取现金，也可以转账，用于转账时应当在支票上注明，以示该支票只能转账付款；转账支票是专门用于转账的支票；现金支票是专门用于支取现金的支票。

6.2.2 同业拆借市场

同业拆借市场是指金融机构之间以货币借贷方式进行短期资金融通活动的市场。同业拆借的资金主要用于弥补短期资金的不足、票据清算的差额以及解决临时性的资金短缺问题。同业拆借市场交易量大，能敏感地反映资金供求关系和货币政策意图，影响货币市场利率，因此它是货币市场体系的重要组成部分。

由于同业拆借市场的参与者主要是金融机构，因此本书不拟详细讨论，感兴趣的读者可自行参考其他书籍。

6.2.3 银行承兑汇票市场

1.银行承兑汇票

银行承兑汇票是由出票人开立的一种远期汇票，以银行为付款人，在未来某一约定的日期支付给持票人一定数量的金额。当银行允诺负责支付，并在汇票上盖上"承兑"字样后，这种汇票就成了承兑汇票。由于银行承担最后的付款责任，实际上是银行将其信用出借给企业，以便于其进行交易，因而银行要收取一定的手续费。这里，银行是第一责任人，而出票人只负第二手责任。

银行承兑汇票是为了方便商业上的交易活动而产生的一种信用工具，尤其在对外贸易中使用较多。交易之初，进口商和出口商对对方的信用都缺乏了解，双方又没有可以确保信用的凭证，进口商担心货款支付后收不到货物，出口商又担心货物离岸后拿不到货款，这样在彼此不信任的情况下，交易就很难再进行下去了。银行承兑汇票的出现解决了这些问题，因为汇票所代表的是银行的信用，要比企业信用更令人信赖，一旦企业出现问题，货款仍有银行担保。

银行承兑汇票市场主要由初级市场和二级市场构成。初级市场相当于发行市场，主要涉及出票和承兑。经过出票、承兑环节之后，银行承兑汇票就成为商业信用的产物，但尚未发挥在货币市场的功能和作用。在实务中，汇票持有人为避免资金积压，不会将银行承兑汇票持有至到期时再收款，大多数情况下会立即将银行承兑汇票予以转让以融通短期资金，这个过程即为贴现。而汇票经过银行承兑，信用程度显著提高，从而作为市场交易对象进入流通。银行承兑汇票的二级市场就是一个银行承兑汇票不断流通转让的市场。它由票据交易商、商业银行、中央银行、保险公司以及其他金融机构等一系列的参与者和贴现、转贴现与再贴现等一系列的交易行为组成。

2.银行承兑汇票的价值

从借款人的角度看，银行承兑汇票的价值体现在：首先，使用银行承兑汇票的成本要低于使用传统的银行贷款的成本。其次，对于一些规模和信誉不足以发行商业票据的小企业而言，银行承兑汇票在一定程度上解决了资金困难；即便是少数能发行商业票据的企业，其发行费用和手续费加上利息成本即总的筹资成本也高于使用银行承兑汇票的成本。

从银行的角度看，银行承兑汇票的价值体现在：首先，提供这类服务既可以收取手续费，又不用提供任何自己的资金，从而增加了银行的经济效益；其次，银行承兑汇票拥有较大的二级市场，而且在市场上很容易变现，从而可以提供单靠传统的银行贷款无法实现的多样化投资组合。最后，银行运用其承兑汇票可以增强其信用能力，一般各国银行法都规定了银行对单个客户提供信用的最高额度，通过使用银行承兑汇票，银行对单个客户的信用额度可在原有的基础上增加10%。

从投资者的角度看，银行承兑汇票也符合其对收益性、安全性和流动性的需求。汇票的投资收益率要高于短期国库券的投资收益率，与货币市场的其他信用工具如商业票据等的投资收益率不相上下。票据的承兑银行对票据的持有者负有不可撤销的第一手责任，票据的出票人又对持有者承担第二手责任，这相当于有两家机构将对票据的兑现负责。因此，投资于银行承兑汇票的安全性非常高。此外，质量好的银行承兑汇票其投资者也较多，在公开市场上随时可以出售，因而流动性也很强。

6.2.4 大额可转让存单市场

存单可分为可转让和不可转让两种。不可转让存单相当于定额定期储蓄存款，到期才能由原存款人支取，如果提前支取，要交罚金。在中国，如提前支取定期存款，利率立即降到活期存款利率。可转让的存单则可以在到期日之前拿到货币市场上出售。

大额可转让存单的发行人通常是资金实力雄厚、信誉卓著的大银行。虽然也有一些小银行发行存单，但其发行量远小于大银行。大额可转让存单虽然是银行定期存款的一种，但与传统的定期存款相比又具有以下几点不同：

①定期存款记名、不可流通转让，而大额可转让存单是不记名的、可以流通转让；

②定期存款金额不固定，而大额可转让存单金额较大，在美国最少为10万美元，在二级市场的交易单位为100万美元，在中国香港最小面额为10万港元；

③定期存款利率固定，大额可转让存单利率既有固定的，也有浮动的，且一般来说，比同期限的定期存款利率高；

④定期存款可以提前支取，支取时要损失一部分贴现的利息，大额可转让存单不能提前支取，但是可以在二级市场流通转让。

存单的投资者绝大多数是大企业。对于企业而言，在确保其资金安全性和流动性的前提下，追求资金效用的最大化是其目标，因而投资于大额可转让存单是利用闲置资金的一个好出路。企业可以将存单的到期日与自己的定期支出日（如缴税、发工资日）联系起来，用存单的本息支付定期的支出，假如有临时的资金需求，也可以将存单在二级市场上出售。金融机构也是存单的积极投资者。银行可以购买其他银行发行的存单，但不能购买自己发行的存单，而且多数银行购买存单不是为了自己持有，而是银行信托部为其受托基金做的投资。此外，我国的政府机构、外国政府及个人也是存单的投资者。

6.2.5 商业票据市场

广义的商业票据包括以商品为基础的商业汇票、商业抵押票据以及一般意义上的无抵押商业票据等。我们这里讲的商业票据是指以大型企业为出票人、到期按票面金额向持票人付现而发行的无抵押担保的承诺凭证。

由于商业票据是一种无担保的借款，投资者全凭对企业的信心进行投资，因而在一般情况下，能发行商业票据的企业都是资金雄厚、运作良好、信誉卓著的大公司。也有一些实力较弱的企业希望以发行商业票据的方式筹措资金，它们往往通过争取大公司的支持发行信用支持商业票据，或用高质量的资产抵押发行资产支持商业票据以吸引投资者。

商业票据之所以得到迅速发展，主要缘于其不同于其他融资工具的一些特点。对于发行者来说，用商业票据融资主要有以下几个特点：

①成本较低。由于商业票据一般是由大型企业发行的，有些大型企业的信用要比中小型企业更好，因而发行者可以获得成本较低的资金，再加上从市场直接融资省去了银行从中赚取的一笔利润，因此一般来说，商业票据的融资成本要低于银行的短期贷款成本。

②具有灵活性。根据发行机构与经销商的协议，在约定的一段时间内，发行机构可以根据自身对资金的需要情况，不定期、不限次数地发行商业票据。

③提高发行企业的声誉。由于商业票据的发行者多为信用卓著的大型企业，票据在市场上就像一种信用的标志，企业发行票据的行动本身也是对企业信用和形象的免费宣传，有助于提高企业的声誉。

对于投资者来说，选择商业票据既可以获得高于银行利息的收益，又具有比定期存款更好的流动性。虽然面临的风险要大一些，但在通常情况下，其风险的绝对值还是很小的，因而商业票据成为一种受欢迎的投资工具。

商业票据具有一定的风险是由于投资人可能面临票据发行人到期无法偿还借款的局面，因而货币市场对发行企业的信用等级有很严格的要求，只有信用等级达到一定程度的企业才有资格在市场上发行商业票据。

美国对企业信用评级的机构主要有三家，分别是穆迪、标准普尔和惠誉。发行商业票据至少需要获得一个机构的评级，大部分都是获得两个机构的评级。等级低的票据在发行成本和融资成本上都相对较高，货币市场基金对其投资也会受到限制。

对企业的信用评级包括两方面的内容：一是对企业经营状况主要是财务状况的分析，看它在偿债期间的现金流量是否符合偿债的要求；二是对企业管理层的管理水平的稳定性作出判断。

6.2.6 回购市场

回购市场是指通过回购协议进行短期资金融通交易的市场。回购协议指的是在出售证券的同时与证券的购买商签订协议，约定在一定期限后按原定价格或约定价格购回所卖证券，从而获取即时可用资金的一种交易行为。从本质上说，回购协议是一种抵押贷款，其抵押品为证券。

回购协议的期限从一日至数月不等。回购协议签订后，资金获得者同意向资金供应者出售政府债券和政府代理机构债券以及其他债券以换取即时可用的资金。一般来说，回购协议中所交易的证券主要是政府债券。回购协议期满时，双方再用即时可用资金做相反的交易。从表面上看，资金需求者通过出售债券获得资金，而实际上，资金需求者是从短期金融市场上借入一笔资金。对于资金借出者来说，他获得了一笔短期内有权支配的债券，但这笔债券到时候要按约定的数量如数交回。所以，出售债券的人实际上是借入资金的人，购入债券的人实际上是借出资金的人。出售一方必须在约定的日期，以原来买卖的价格再加若干利息，购回该证券。这时，不论该证券的价格是升是降，均要按约定的价格购回。在回购交易中，若卖出和购回证券相隔的时间为一天，则称为隔夜回购，如果时间长于一天，则称为期限回购。

金融机构之间的短期资金融通，一般可以通过同业拆借的形式解决，不一定要用回购协议的方法。但是，一些资金盈余部门不是金融机构，而是非金融行业企业、政府机构和证券公司等，它们采用回购协议的办法可以避免对放款的管制。此外，回购协议的期限可长可短，比较灵活，也满足了部分参与者的需要。期限较长的回购协议还可以套利，即在分别得到资金和证券后利用再一次换回之前的间隔期进行借出或投资，以获取短期利润。

尽管回购协议中使用的是高质量的抵押品，但是交易的双方当事人也会面临信用风险。回购协议交易中的信用风险来源如下：如果在约定的期限后交易商无力回购政府债券等证券，客户只有保留这些抵押品。如果适逢债券利率上升，则客户手中持有的证券价格就会下跌，客户所拥有的证券价值就有可能小于其借出的资金价值。减少信用风险的方法有如下两种：一是设置保证金；二是根据证券抵押品的市值随时调整，既可以重新调整回购协议的定价，也可以变动保证金的数额。

回购协议中证券的交付一般不采用实物交付的方式，特别是在期限较短的回购协议中，但为了防范资金需求者在回购协议期间将证券卖出或与第三方做回购所带来的风险，一般要求资金需求方将抵押证券交到贷款人的清算银行的保管账户中，或保留在借款人专用的证券保管账户中，以备随时查询，当然也有不做这些规定的。

6.3 股票市场

6.3.1 股票的概念

股票是投资者向公司提供资本的权益合同，是公司的所有者凭证。股票持有者（即股东）的权益在利润和资产分配上表现为索取公司对债务还本付息后的剩余收益，即剩余索取权。在公司破产的情况下，股票持有者通常将一无所有，但是，当公司资本不足以清偿全部债务时，股东个人财产也不受追究，即只负有限责任。同时，股东有权投票决定公司的重大经营决策，如董事会的构成、重大投资项目的确定、兼并与反兼并等，对于日常经营活动则由经理作出决策。换言之。股东对公司的控制表现为合同所规定的经理职责范围之外的决策权，这称为剩余控制权，但是如果公司破产，股东将丧失其控制权。概括而言，在公司正常经营状态下，股东拥有剩余索取权和剩余控制权，这两者构成了公司的所有权。

股票本身并不是一般等价物，但它作为股本所有权的证书，代表获得一定收入的权利，具有价值，可以作为商品转让，但是股票的转让并不直接影响真实资本的运动。股票一经认购，持有者就不能要求退股，但可到二级市场上交易。

6.3.2 股票的种类

将剩余索取权和剩余控制权进一步划分成不同层次并组合，可以设计出不同种类的股票。

1.普通股

普通股是在优先股要求权得到满足之后，才参与公司利润和资产分配的股票，它代表最终的剩余索取权，其股息收益上不封顶，下不保底，每一阶段的红利数额也是不确定的；普通股股东一般有出席股东大会的会议权、表决权、选举权和被选举权等，他们通过投票来行使剩余控制权。

在有的国家，普通股可以划分为不同的等级，如A级和B级。A级普通股是对公众发行的，可参与利润分红，但没有投票权或只有部分投票权；B级普通股是由公司创办人持有的，具有完全投票权。在老股东想要筹集权益资本，又不愿过多地放弃对公司的控制权时，常常采取发行另一等级普通股的方法。例如老股东的B级股票每股含1个投票权，发行A级新股则规定每股只含1/3的投票权。应注意的是，中国的A、B股的含义与上述不同。

普通股股东还具有优先认股权，即当公司增发新的普通股时，现有股东按其原来的持股比例认购新股，以保持对公司所有权的现有比例。现有股东也可以在市场上出售优先认股权，其价值取决于市场价格、新股出售价和购买一股所需要的权数。当然，如果股东认为新发行的普通股无利可图，也可放弃这种权利。

2.优先股

优先股是指在剩余索取权方面较普通股优先的股票，这种优先性表现在分得固定股息并且在普通股之前收取股息，但是，优先股在剩余控制权方面劣于普通股。优先股股东通常没有投票权，只是在某些特殊情况下才具有临时投票权。例如，当公司发生财务困难而无法在规定时间内支付优先股股息时，优先股股东就具有投票权而且一直延续到支付股息为止。又如，当公司变更支付股息的次数、发行新的优先股等从而影响优先股股东的投资利益时，优先股股东就有权投票表决，当然这种投票权是有限的。

由于优先股股息是固定的，因此优先股的价格与公司的经营状况的关系不如普通股的密切，而主要取决于市场利息率，其风险小于普通股，预期收益率也低于普通股。

6.3.3 股票的一级市场

一级市场也称为发行市场，它是指公司直接或通过中介机构向投资者出售新发行的股票所形成的市场。新发行的股票包括初次发行和再发行的股票，前者是公司第一次向投资者出售的原始股，后者是在原始股的基础上增加新的份额。一级市场的整个运作通常由咨询与管理、认购与销售两个阶段构成。

1.咨询与管理

(1) 选择发行方式

股票的发行方式一般可分为公募和私募两类。公募是指面向市场上大量的非特定的投资者公开发行股票，其优点是：可以提高股票的发行价，筹资潜力大；无须提供优厚的条件，发行者具有较大的经营管理的独立性；股票可以在二级市场上流通，从而提高发行者的知名度和股票的流动性。其缺点则表现为：工作量大，难度也大，通常需要承销者的协助；发行者必须向证券管理机关办理注册手续；必须在招股说明书中如实公布有关情况以供投资者作出正确决策。

私募是指只向少数特定的投资者发行股票，其对象主要有个人投资者和机构投资者两类，前者如本公司的职工，后者如大的金融机构或与发行者有密切业务往来关系的公司。私募具有节省发行费、通常不必向证券管理机关办理注册手续、有确定的投资者从而不必担心发行失败等优点，但也有需向投资者提供高于市场平均条件的特殊优厚条件等缺点。

对于再发行的股票还可以采取优先认股权方式，也称配股，它给予现有股东以低于市场价值的价格优先购买一部分新发行的股票的权利，其优点是发行费用低并可维持现有股东在公司的权益比例不变。在认股权发行期间，公司设置一个除权日，在这一天之前，股票带权交易，即购得股票者同时也取得认股权，而除权日之后股票不再附有认股权。

(2) 选定作为承销商的投资银行

公开发行股票一般都通过投资银行来进行，投资银行的这一角色称为承销商。

许多公司都与某一特定承销商建立起牢固的关系，承销商为这些公司发行股票，而且提供其他必要的金融服务。在某些场合，公司通过竞争性招标的方式来选择承销商，这种方式有利于降低发行费用，但不利于与承销商建立持久牢固的关系。承销商的作用除了销售股票外，事实上还为股票的信誉做担保，这是公司试图与承销商建立良好关系的根本原因。

当发行数量很大时，常由多家投资银行组成承销辛迪加或承销银团来处理整个发行业务，其中一家投资银行作为牵头主承销商起主导作用。

在私募的情况下，发行条件通常由发行公司和投资者直接商定，从而绕过了承销环节，因此投资银行的中介职能减弱许多，通常是寻找可能的投资者，帮助其准备各项文件、进行尽职调查和制定发行日程表等。

（3）准备招股说明书

招股说明书是公司公开发行股票的书面计划说明，并且是投资者准备购买股票的依据。招股说明书必须包括财务信息和对公司经营历史的陈述、高级管理人员的状况、筹资目的和使用计划、公司内部悬而未决的问题如诉讼等。

在招股说明书的准备过程中，一般要组建专家工作团并有较明确的专业分工：发行公司的管理层在其律师的协助下，负责招股说明书的非财务部分；作为承销商的投资银行负责股票承销合约部分；发行公司内部的会计师准备所有的财务数据；独立的注册会计师对财务报表的适当性提供咨询和审计服务。招股说明书各部分起草完成后，发行公司还必须进行多遍修改以寻求最完善的定稿，该稿称为预备说明书，它包括发行股票的大部分主要事实，但不包括价格。然后，将预备说明书送交证券管理机关审查，后者要确认这些信息是否完整与准确，并可以要求发行公司做一些修改或举行听证会。在认定没有虚假陈述和遗漏后，证券管理机关才批准注册，此时的招股说明书称为法定说明书，它应标明发行价格并送予可能的投资者。应该指出的是，证券管理机关批准新股票的发行，仅表明法定说明书内有充分公正的信息披露，能使投资者对这只股票的价值作出判断，但并不保证股票发行的投资价值。

在私募的情况下，注册豁免并不意味着发行公司不必向潜在的投资者披露信息，发行公司通常会雇用一家投资银行代理起草一份类似于招股说明书的文件——招股备忘录，其与招股说明书的区别在于招股备忘录不包括证券管理机构认为是实质的信息，而且不需要送交证券管理机构审查。

（4）发行定价

发行定价是一级市场的关键环节。如果定价过高，则会使股票的发行数量减少，进而使发行公司不能筹到所需资金，股票承销商也会遭受损失；如果定价过低，则股票承销商的工作容易，但发行公司会蒙受损失，对于再发行的股票而言，价格过低还会使老股东的利益受损。发行价格主要有平价、溢价和折价三种。平价发行就是以股票票面所标明的价格发行；溢价发行就是按超过票面金额的价格发行；折价发行就是按低于票面金额的价格发行。其中，溢价发行又可分为时价发行和中间价发行，前者即按发行时的市场供求状况决定发行价格，后者的价格则介于时价和平价之间。

首次公开发行（initial public offering，IPO）的股票通常要进行三次定价。第一次定价是在发行公司选定（牵头）投资银行的时候，发行公司会要求几家竞争承销业务的投资银行给出它们各自的发行价格估计数，在其他条件相同的情况下，发行公司倾向于选择估价较高的投资银行作为它的主承销商。第二次定价是在编制招股说明书的时候，（牵头）投资银行完成了绝大部分的尽职调查工作后，对发行公司业务和经营状况有了一个全面的了解，再与发行公司谈判协商，确定一个合适的价格区域。第三次定价是在证券管理机构批准注册之后，（牵头）投资银行与发行公司商讨并确定发行定价，对招股说明书做最后的修正。与前两次定价相比，最后一次定价尤为重要，因为价格一旦确定就具备法律约束力，承销商须按此价发售新股，故（牵头）投资银行不得不慎重行事，与发行公司进行激烈谈判并通常在公开发行的前一天确定最后的发行价格。

2.认购与销售

发行公司着手完成准备工作之后，即可按预定的方案发售股票，承销商则执行承销合同批发认购股票，然后售给投资者。具体方式通常有以下几种：

（1）包销

包销是指承销商以低于发行定价的价格把公司发行的股票全部买进，再转卖给投资者，这样承销商就承担了在销售过程中股票价格下跌的全部风险。承销商所得到的买卖差价是对承销商所提供的咨询服务以及承担包销风险的报偿，也称为承销折扣。

在包销发行时，发行公司与承销商正式签订合同，规定成交的期限和到期承销商应支付的款项。如到截止期股票销售任务尚未完成，承销商必须按合同规定如数付清合同确定的价款。若承销商财力不足又不能申请延期，则可能不得不向银行借款支付。

在销售过程中，如果股票的市场价格跌到发行价格之下，主承销商可能会根据承销协议在市场上按市场价购买股票以支持发行价格。如果市场价已显著低于发行价，导致预定的发行额难以完成，则承销银团只好解散，各个成员尽力去处理自己承诺完成的部分，最终损失也各自承担。

（2）代销

代销，即“尽力销售”，指承销商许诺尽可能多地销售股票，但不保证能够完成预定销售额，任何没有出售的股票都可退给发行公司。这样，承销商不承担风险。

6.3.4 股票的二级市场

二级市场也称交易市场，是投资者之间买卖已发行股票的场所。这一市场为股票创造流动性，使股票能够迅速脱手换取现值。在流动的过程中，投资者将自己获得的有关信息反映在交易价格中，而一旦形成公认的价格，投资者凭此价格就能了解公司的经营状况，公司则知道投资者对其股票价值即经营业绩的判断。同时，流动也意味着控制权的重新配置。当公司经营状况不佳时大股东通过卖出股票放弃其控制权，这实际上是一个“用脚投票”的机制。它使股票价格下跌，进而导致股东大会的直接干预或外部接管，这是“用手投票”行使控制权。由此可见，二级市场的一个重要作用是优化控制权的配置，从而保证权益合同的有效性。

二级市场通常可分为有组织的证券交易所和场外交易市场。

6.4 债券市场

债券市场是资本市场的另一基本形态，其发行和交易的债务工具与权益工具有着本质的区别，因而债券市场也有与股票市场不同的特点。

6.4.1 债券的概念

债券是投资者向政府、公司或金融机构提供资金的债权债务合同，该合同载明发行者在指定日期支付利息，并在到期日偿还本金的承诺，其要素包括期限、面值与票面利率、税前支付利息、求偿等级、限制性条款、抵押与担保及选择权（如赎回与转换条款）。这些要素使得债券具有与股票不同的特征。

①股票一般是永久性的，因而是无须偿还的，而债券是有期限的，到期日必须偿还本金，且每半年或一年支付一次利息，因而对于公司来说，若发行过多的债券就可能因资不抵债而破产，而发行越多的股票，其破产的可能性就越小。

②股东从公司税后利润中分享股利，而且股票本身增值或贬值的可能性较大；债券持有者则从公司税前利润中得到固定利息收入，而且债券面值本身增值或贬值的可能性不大。

③在求偿等级上，股东的排列次序在债权人之后，当公司由于经营不善等原因破产时，债权人有优先取得公司财产的权利，其次是优先股股东，最后才是普通股股东。但是，通常破产意味着债权人要蒙受损失，因为剩余资产不足以清偿所有债务，这时债权人实际上成了剩余索取者。尽管如此，债权人无权追究股东个人资产。同时，债券按索取权的排列次序也区分不同等级，高级债券是指具有优先索取权的债券，而低级或次级债券是指索取权排名于一般债权人之后的债券，一旦公司破产清算时先偿还高级债券，然后再偿还次级债券。

④限制性条款涉及控制权问题，如6.1节所说，一方面，股东可以通过投票来行使剩余控制权，而债权人一般没有投票权，但他可能要求对大的投资决策有一定的发言权，这主要表现在债务合同中常常包括限制经理及股东职责的条款，如在公司进行重大的资产调整时要征求大债权人的意见；另一方面，在公司破产的情况下，剩余控制权将由股东转移到债权人手中，债权人有权决定是清算公司还是重组公司。

⑤权益资本是一种风险资本，不涉及抵押担保问题，而债务资本可要求以某一或者某些特定资产作为保证偿还的抵押品，以提供超出发行人通常信用地位之外的担保，这实际上降低了债务人无法按期还本付息的风险，即违约风险或称信用风险。

⑥在选择权方面，股票主要表现为可转换优先股和可赎回优先股，而债券则更为普遍。一方面，公司在公开发行债券时都附有赎回条款，即在某一预定条件下，由公司决定是否按预定价格（一般比债券面值高）提前从债券持有者手中购回债券；另一方面，许多债券附有可转换性，这些可转换债券在到期日或到期日之前的某一期限内可以按预先确定的比例（称为转换比率）或预先确定的价格（称为转换价格）转换成股票。

6.4.2 债券的种类

债券的种类繁多，按发行主体不同可分为政府债券、公司债券和金融债券三大类，而各类债券根据其要素组合的不同，又可细分为不同的种类。

1.政府债券

政府债券是指中央政府、政府机构和地方政府发行的债券，它以政府的信誉做保证，因而通常无须抵押品，其风险在各种投资工具中是最小的。

2.公司债券

公司债券是公司为筹措营运资本而发行的债券，这类债券要求不管公司业绩如何都应优先偿还其固定收益，否则将在相应破产法的裁决下寻求解决，因而其风险小于股票，但大于政府债券。公司债券的种类很多，按不同的标准可分为不同的种类：

（1）按抵押担保状况分为信用债券、抵押债券、担保信托债券

信用债券是完全凭公司信誉，不提供任何抵押品而发行的债券。其持有者的求偿权排在有抵押债权人对抵押物的求偿权之后，对未抵押的公司资产有一般求偿权，即和其他债权人排名相同。发行这种债券的公司必须有较好的声誉，一般只有大公司才能发行，而且期限较短，利率较高。

抵押债券是以土地、房屋等不动产为抵押品而发行的一种公司债，也称固定抵押公司债。如果公司不能按期还本付息，债权人有权处理抵押品以资抵偿。公司在以同一不动产为抵押品多次发行债券时，应按发行顺序分为第一抵押债券和第二抵押债券，前者对抵押品有第一留置权，首先得到清偿，后者只有第二留置权，只有待前者清偿后，再用抵押品的剩余款获得清偿。

担保信托债券是以公司特有的各种动产或有价证券为抵押品而发行的公司债券，也称流动抵押公司债。用作抵押品的证券必须交由受托人保管，但公司仍保留股票表决及接受股息的权利。

（2）按利率可分为固定利率债券、浮动利率债券、指数债券和零息债券

固定利率债券是事先确定利率，每半年或一年付息一次或一次还本付息的公司债券，这种公司债券最为常见。

浮动利率债券是指在某一基础利率（例如同期限的政府债券收益率、优惠利率）之上增加一个固定的溢价，如100个基点即1%，以防止未来市场利率变动可能造成的价值损失。对某些中小型公司或经营状况不太稳定的大公司来说，发行固定利率债券发生困难或成本过高时，可考虑选择浮动利率债券。

指数债券是指通过利率与通货膨胀率挂钩来保证债权人不至于因物价上涨而遭受损失的公司债券。挂钩办法通常为：债券利率=固定利率+通货膨胀率+固定利率×通货膨胀率。有时，用来计算利息的指数并不与通货膨胀率相联系，而与某一特定的商品价格（油价、金价等）挂钩，这种债券又称为商品相关债券。

零息债券即以低于面值的贴现方式发行，到期按面值兑现，不再另付利息的债券，它与短期国库券相似，可以省去利息再投资的麻烦，但该债券价格对利率变动极为敏感。

（3）按内含选择权可分为可赎回债券、偿还基金债券、可转换债券和带认股权证的债券

可赎回债券是指公司债券附加早赎和以新偿旧条款，允许发行公司选择于到期日之前购回全部或部分债券。当市场利率降至债券利率之下时，赎回债券或代之以新发行的低利率债券对债券持有人不利，因而通常规定在债券发行后至少五年内不允许赎回。

偿还基金债券是要求发行公司每年从盈利中提存一定比例存入信托基金，定期偿还本金，即从债券持有人手中购回一定量的债券。这种债券与可赎回债券相反，其选择权在债券持有人一方。

可转换债券是指公司债券附加可转换条款，赋予债券持有人按预先确定的比例（转换比率）将债券转换为该公司普通股的选择权。大部分可转换债券都是没有抵押的低等级债券，并且由风险较大的小型公司所发行。这类公司筹措债务资本的能力较低，使用可转换债券的方式一方面可增强对投资者的吸引力，另一方面可提前赎回可转换债券。

带认股权证的债券是指把认股权证作为公司债券合同的一部分附带发行。与可转换债券一样，认股权证允许债券持有人购买发行人的普通股，但对于公司来说，认股权证是不能赎回的。

3.金融债券

金融债券是银行等金融机构为筹集信贷资金而发行的债券。在西方国家，由于金融机构大多属于股份公司组织，故金融债券可纳入公司债券的范围。

发行金融债券，表面看来和银行吸收存款一样，但由于债券有明确的期限规定，而且不能提前兑现，所以筹集的资金要比存款稳定得多。更重要的是，金融机构可以根据经营管理的需要，主动选择适当时机发行必要数量的债券以吸引低利率资金，故金融债券的发行通常被看作银行资产负债管理的重要手段，而且由于银行的资信度比一般公司要高，金融债券的信用风险也较公司债券低。

6.4.3 债券的一级市场

债券的发行与股票类似，不同之处主要在发行合同书和债券评级两个方面。同时，由于债券是有期限的，因而其一级市场多了一个偿还环节。

1.发行合同书

发行合同书也称信托契据，是说明公司债券持有人和债券发行公司双方权益的法律文件，由受托管理人代表债券持有人利益监督合同书中各条款的履行。

债券发行合同书一般很长，其中各种限制性条款占很大篇幅。对于有限责任公司来说，一旦发行公司资不抵债而发生违约，债权人的利益就会受到损害，这些限制性条款就是用来保护债权人利益的，它一般可分为否定性条款和肯定性条款。

（1）否定性条款

否定性条款是指不允许或限制股东做某些事情的规定。最一般的限制性条款是有关债券清偿的条款，例如利息和偿债基金的支付，只要公司不能按期支付利息或偿债基金，债券持有人就有权要求公司立即偿还全部债务。

典型的限制性条款对追加债务、分红派息、营运资金水平与财务比率、使用固定资产抵押、变卖或购置固定资产、租赁、工资以及投资方向等都作出不同程度的限制。这些实际上是对公司设置的某些最高限制。

有些债券还包括所谓“交叉违约”条款，该条款规定，有多笔债务的公司，只要对其中一笔违约，则认为公司对全部债务违约。

（2）肯定性条款

肯定性条款是指对公司应该履行某些责任的规定，如要求营运资金、权益资本达到一定水平以上。这些肯定性条款可以理解为对公司设置的某些最低限制。

无论是肯定性条款还是否定性条款，公司都必须严格遵守，否则可能导致“违约”。在公司违约的情况下，债权人并不总是急于追回全部债务，而是会设法由债券受托管理人找出变通方法，要求公司改善经营管理。迫使公司破产清算一般是债权人的最后手段，因为破产清算对于债权人来说通常并不是最有利的办法。

2.债券评级

债券违约风险的大小与投资者的利益密切相关，也直接影响发行者的筹资能力和成本。为了较客观地估计不同债券的违约风险，通常需要由中介机构对债券进行评级，但评级是否具有权威性，则取决于评级机构。目前最著名的三大评级机构是标准普尔、穆迪和惠誉。

3.债券的偿还

债券的偿还一般可分为定期偿还和任意偿还两种方式。

（1）定期偿还

定期偿还是在经过一定“宽限期”后，每过半年或一年偿还一定金额的本金，到期时还清余额。这一般适用于发行量巨大、偿还期限长的债券，但国债和金融债券一般不使用该方法。

定期偿还具体有两种方法：一是以定期按债券号码抽签方式确定偿还一定比例的债券并按票面价格偿还；二是从二级市场上以市场价格购回债券。为增加债券的信用和吸引力，有的公司还建立偿债基金用于债券的定期偿还。

（2）任意偿还

任意偿还是债券发行一段时间（称为保护期）以后，发行人可以任意偿还债券的一部分或全部，具体可根据早赎或以新偿旧条款操作，也可在二级市场上买回予以注销。

投资银行往往是具体偿还方式的设计者和操作者，在债券偿还的过程中，投资银行有时也会为发行者代理本金返还。

6.4.4 债券的二级市场

债券的二级市场与股票类似，也可分为证券交易所、场外交易市场以及第三市场和第四市场几个层次。证券交易所是债券二级市场的重要组成部分。在证券交易所申请上市的债券主要是公司债券，但国债一般不用申请即可上市，享有上市豁免权。然而，上市债券与非上市债券相比，在债券总量中所占的比重很小，大多数债券的交易是在场外交易市场进行的，场外交易市场是债券二级市场的主要形态。

债券二级市场的交易机制，与股票并无差别，只是由于债券的风险小于股票，其交易价格的波动幅度也小于股票。

6.5 期货市场

6.5.1 概述

期货交易是指在期货交易所内集中买卖期货合约的交易活动。它的交易对象是标准化的期货合约。期货合约是指由期货交易所统一制定的、规定在将来某一特定的时间和地点交割一定数量和质量商品的标准化合约。期货市场是专门买卖标准化期货合约的市场。

1.期货交易与现货交易的区别

（1）交易对象不同

现货交易的对象主要是实物商品，期货交易的对象是标准化合约。从这个意义上来说，期货不是货，而是关于某种商品的合同。

（2）交易目的不同

现货交易的目的是获得或让渡商品的所有权，是满足买卖双方需求的直接手段。期货交易一般不是为了获得实物商品，套期保值者的目的是通过期货交易转移现货市场的价格风险，投机者的目的是从期货市场的价格波动中获得风险利润。

（3）交易的场所与方式不同

现货交易一般不受交易时间、地点、对象的限制，交易灵活方便，随机性强，可以在任何场所与对方交易。期货交易必须在高度组织化的期货交易所内以公开竞价的方式进行。

(4) 结算方式不同

现货交易主要采用到期一次性结清的结算方式，同时也有货到付款方式和信用交易中的分期付款方式等。期货交易中，交易双方必须缴纳一定数额的保证金，并且在交易过程中始终要维持一定的保证金水平。

2.期货交易与远期交易的区别

(1) 交易对象不同

期货交易的对象是交易所统一制定的标准化期货合约，可以说期货不是货，而是一种合同，是一种可以反复交易的标准化合约，在期货交易中很少涉及具体的实物商品（实物交割只是极少的一部分）。远期交易的对象是交易双方私下协商达成的非标准化合同，所涉及的商品没有任何限制。远期合同代表两个交易主体的意愿，交易双方通过一对一的谈判，就交易条件达成一致意见而签订远期合同。

(2) 功能作用不同

期货交易的主要功能是规避风险和发现价格。期货交易是众多的买主和卖主根据期货市场的规则，通过公开、公平、公正、集中竞价的方式进行的期货合约的买卖，易于形成一种真实而权威的期货价格，指导企业的生产经营活动，同时又为套期保值者提供规避、转移价格波动风险的机会。远期交易尽管在一定程度上也能起到调节供求关系、减少价格波动的作用，但由于远期合同缺乏流动性，所以其价格的权威性、分散风险的作用大打折扣。

(3) 履约方式不同

期货交易有实物交割与对冲平仓两种履约方式，其中绝大多数期货合约都通过对冲平仓的方式了结。远期交易的履约方式主要是实物交收，虽然也可以采用背书转让方式，但最终的履约方式是实物交收。

(4) 信用风险不同

在期货交易中，以保证金制度为基础，每日进行结算，信用风险小。远期交易从交易达成到最终完成实物交割有相当长的一段时间，此间市场会发生各种变化，各种不利于履约的因素都有可能出现，如：买方资金不足，不能如期付款；卖方生产不足，不能保证供应；市场价格趋涨，卖方不愿按原定价格交货；市场价格趋跌，买方不愿按原定价格付款等。这些都会使远期交易不能最终完成，加之远期合同不易转让，所以远期交易具有较高的信用风险。

(5) 保证金制度不同

期货交易有特定的保证金制度，按照成交合约价值的一定比例（通常是合约价值的5%～10%）向买卖双方收取保证金，而远期交易是否收取或收取多少保证金由交易双方商定。

6.5.2 期货合约

期货合约是期货交易的对象。期货合约是在现货合同和现货远期合约的基础上发展起来的，它们最本质的区别在于期货合约条款的标准化。

期货合约是标准化合约，加之其转让无须背书，便于连续买卖，因而具有很强的市场流动性，极大地简化了交易过程，降低了交易成本，提高了交易效率。

期货合约的主要条款如下：

（1）合约名称

以上海期货交易所铜期货合约为例，合约名称为阴极铜，在实际交易中简称铜。

（2）交易单位

交易单位是指在期货交易所交易的每张期货合约代表的商品的数量。例如，上海期货交易所规定，一张铜期货合约的交易单位为5吨，交易时只考虑交易单位的整数倍进行买卖。

（3）报价单位

报价单位是指在公开竞价过程中对期货合约报价所使用的单位，即每计量单位的货币价格。例如，上海期货交易所阴极铜的报价单位用“元（人民币）/吨”来表示。

（4）最小变动价位

最小变动价位是指在期货交易所的公开竞价过程中，对合约商品每计量单位报价的最小变动数值。最小变动价位乘以交易单位就是该合约的最小变动值。例如，上海期货交易所铜合约的最小变动价位是10元/吨，即每张合约的最小变动值是50元。

（5）每日价格波动幅度限制

在实际交易中，每日价格波动幅度限制简称为涨跌停板幅度，是指当天相对前一交易日结算价上下波动最大幅度限制，国内以百分比表示。例如，上海期货交易所铜的涨跌停板幅度为上一交易日结算价的±3%。设计涨停板幅度是为了限制当天的价格波动，控制期货交易风险。如果连续出现涨跌停板，交易所要扩大涨跌停板的幅度。上海期货交易所铜的第二天的涨跌停板幅度为±4%，第三天为±5%，如果连续3天出现单边连续涨停板或连续跌停板，交易所实行强制平仓。

（6）交割月份

合约交割月份是指某种期货合约到期要交割的月份。期货合约到期，实物交割的比例很小。期货合约的交割月份由期货交易所规定，期货交易者可自由选择不同交割月份的期货合约。

（7）交易时间

期货合约的交易时间是固定的，每个交易所对交易时间都有严格规定，一般每周营业5天，周六、周日及国家法定节假日休息。一般每个交易日分为两盘，即上午盘和下午盘。各交易品种的交易时间安排由交易所公告。

(8) 最后交易日

最后交易日是指某种期货合约在合约交割月份中进行交易的最后一个交易日，过了这个期限的未平仓期货合约（买进的合约还未卖出或卖出的合约还未买进）必须进行实物交割。根据不同期货合约标的商品的生产、消费和交易特点，期货交易所为其确定不同的最后交易日，如上海期货交易所铜的最后交易日为合约交割月份的第15日（遇法定假日顺延）。

(9) 交割日期

交割日期是指合约商品所有权进行转移，以实物交割方式了结未平仓合约的时间，如上海期货交易所铜的交割日期为交割月份的第16到20日（遇法定节假日顺延）。

(10) 交割等级

交割等级是指由期货交易所统一规定的、准许在交易所上市交易的合约商品的质量等级。在进行期货交易时，交易双方无须对商品的质量等级进行协商，发生实物交割时按交易所期货合约规定的标准质量等级进行交割。期货交易所在制定合约商品的等级时，常常采用国内或国际贸易中最常用和交易量较大的标准品的质量等级作为标准交割等级。例如，上海期货交易所铜的交割等级为符合GB/T467-2010中1号标准铜规定的阴极铜，其中主成分铜加银含量不小于99.95%。

(11) 交割地点

交割地点是由期货交易所统一规定的进行实物交割的指定交割仓库。

(12) 保证金

保证金是期货交易所规定的、交易者按合约价值一定比例缴纳的履约金。

(13) 交易手续费

交易手续费是期货交易所按成交合约金额的一定比例或按成交合约张数收取的费用。例如，上海期货交易所铜的交易手续费为不高于成交金额的2‰。

(14) 交割方式

期货交易的交割方式有实物交割和现金交割两种。在最后交易日结束后，手中还有未平仓合约的买方必须买进相应合约的商品，卖方必须卖出相应合约的商品，这是实物交割方式。在现金交割方式下，如果投资者在最后交易日还持有未平仓合约，不必买入和卖出相应合约的“商品”，如利率期货中的国债期货，不必买卖对应的国债现货，而是按其现货价格折算成现金进行盈亏结算。商品期货通常采用实物交割方式，金融期货大多采用现金交割方式。

(15) 交易代码

为便于交易，每一期货品种都有交易代码，如我国期货市场中，黄大豆1号合约的交易代码为A，阴极铜合约的交易代码为Cu。

6.5.3 期货市场基本制度

1.保证金制度

期货交易实行保证金制度，这是与其他交易方式不同的特点。保证金制度就是在期货交易中，任何交易者必须按照其所买卖期货合约价值的一定比例缴纳资金，作为其履行期货合约的财力保证，然后才能参与期货合约的买卖，所交的资金就是保证金，这个比例通常是合约价值的5%~10%。保证金制度既体现了期货交易特有的“杠杆效应”，同时也成为交易所控制期货交易风险的一种重要手段。

保证金可分为期货交易所向会员收取的保证金和期货经纪公司向客户收取的保证金，即分为会员保证金和客户保证金。

（1）会员保证金

会员保证金分为结算准备金和交易保证金。结算准备金是指会员为了交易结算在交易所专用结算账户中预先准备的资金，是未被占用的保证金。结算准备金的最低余额由交易所决定，目前我国交易所的结算准备金均为200万元。交易保证金是会员在交易所专用结算账户中确保合约履行的资金，是已被合约占用的保证金。在实际交易中，交易保证金、最低保证金、初始保证金及保证金四者含义是一样的。当买卖双方成交后，交易所按持仓合约价值的一定比例向双方收取交易保证金。

一般意义上的保证金是最低保证金，不同的持仓数量，交易保证金不同。对上海期货交易所的铜而言，最低保证金为合约价值的5%；如持仓量大于16万张，保证金为合约价值的10%；如持仓量大于14万张、小于等于16万张，保证金为合约价值的8%。以上保证金指的是一般期货月份的交易保证金，临近交割月时，会提高保证金。交割月前一个月的第一个交易日起，保证金为合约价值的10%，第十个交易日起，保证金为合约价值的15%；交割月份的第一个交易日起，保证金为合约价值的20%；最后交易日前两个交易日起，保证金为合约价值的30%。在交割月，套期保值者的保证金仍为合约价值的5%。一般投资者和套利者的持仓量不大，而且持仓不会留到交割月份。

（2）客户保证金

客户保证金的收取比例可由期货经纪公司规定，但不得低于交易所对经纪公司收取的保证金。经纪公司对客户保证金进行内部管理时也分为结算保证金和交易保证金，但对客户而言，结算保证金和交易保证金二者归为一体，只有保证金一项。

（3）国际期货交易保证金

国际上各期货交易所的保证金分为初始保证金和维持保证金。初始保证金是初次合约成交时应缴纳的保证金，相当于交易保证金或保证金；维持保证金是在期货价格朝不利方向变化，初始保证金不足时需追加的保证金。

对于投机头寸和套期保值头寸，美国收取的保证金比例不同。目前我国交易所实施套期保值与投机交易差异化收取保证金政策，对套期保值、套利保证金采取优惠措施，期货经纪公司对套利保证金的收取比例比投机保证金稍低，各期货经纪公司对套利保证金的收取比例没有统一标准。

2.平仓制度

平仓指在交割期之前，卖出（或买进）与已买进（卖出）相同交割月份、相同数量、同种商品的期货合约的交易行为。

期货合约的平仓原则如下：

①原持有的期货合约允许被平仓的时间是该合约的交割月份的最后交易日以前任何一个交易日；

②拟被平仓的原持仓合约与申报的平仓合约的品名和交割月份应该相同；

③两者的买卖方向应该相反，两者的数量不一定相等，亦即允许部分平仓；

④平仓合约申报单应注明是平仓，有的交易所的电子交易系统要求输入拟被平仓合约的原成交单号码，有的则由交易系统自动在交易者的持仓合约中查找相应的合约予以平仓或部分平仓。

在申报交易单上注明平仓或开仓的必要性在于：首先，若是平仓，则在成交中要找到拟被平仓合约，予以平仓，了结这份持仓合约，计算机交易系统应该将这份刚被平仓的持仓合约所占有的保证金退还，这样就增加了客户可用于交易的资金，而且刚成交的这份平仓合约也不用缴纳保证金，但手续费仍要收取。其次，若是平仓，则可优先成交，因为平仓的目的一般是了结原有的某份持仓合约，或是防止其亏损，或是它获利的关键时机出现了，平仓比新买和新卖一份合约更紧迫，因此交易所的计算机交易系统采用了这种优先原则。

3.持仓限额制度

持仓限额制度是指期货交易所为了防范操纵市场价格的行为和防止期货市场风险过度集中于少数投资者，对会员及投资者的持仓数量进行限制的制度。超过限额，交易所可按规定强行平仓或提高保证金比例。

交易所根据不同的期货合约、不同的交易阶段制定持仓限额，从而减少市场风险产生的可能性。交易所按照“一般月份”“交割前一个月”“交割月份”三个阶段依次对持仓数额进行限制。比如，交易所一般规定，在一般月份，一个会员对某种合约的单边持仓量不得超过交易所该合约持仓总量的15%。距离交割月越近，会员或投资者的规定持仓量越小，以防止合约到期日实物交割数量过大而引起大面积交割违约风险。

以上海期货交易所的铜为例：一般月份，经纪会员持仓限额为该合约持仓总量的15%，非经纪会员持仓限额为该合约持仓总量的10%，投资者持仓限额为该合约持仓总量的5%；合约交割月前一个月，持仓会员持仓限额为8 000张，非经纪会员持仓限额为1 200张，投资者持仓限额为800张；合约交割月份，经纪会员持仓限额为3 000张，非经纪会员持仓限额为500张，投资者持仓限额为300张。

以上指的都是投机和套利头寸的限额，对于套期保值头寸，交易所实行审批制，其持仓不受限制。中小投资者一般很少达到或超过持仓限额。

4.大户报告制度

大户报告制度是与持仓限额制度紧密相关的又一个防范大户操纵市场价格、控制市场风险的制度。上海期货交易所规定，当会员或投资者某品种持仓合约的投机和套利头寸达到交易所对其规定的头寸持仓限量的80%以上时，会员或投资者应向交易所报告其资金情况、头寸情况等，投资者通过经纪会员报告。通过实施大户报告制度，交易所可以对持仓量较大的会员和投资者进行重点监控，了解其持仓动向、意图，对于有效防范市场风险有积极作用。

5.强行平仓制度

强行平仓制度是指交易所按照有关规定对会员或投资者的持仓实行平仓的一种强制措施。当会员或投资者出现下列情况之一时，交易所会对其持仓实行强行平仓：

①会员交易保证金不足并未能在规定时限内补足的；

②持仓量超出其限仓规定的；

③相关品种持仓没有在规定时间内按要求调整为相应整数倍的；

④因违规受到交易所强行平仓处罚的；

⑤根据交易所的紧急措施应予强行平仓的；

⑥其他应当予以强行平仓的。

6.5.4 套期保值和基差

1.套期保值的概念与原则

套期保值就是通过买卖期货合约来避免现货市场上相应实物商品交易的价格风险。具体操作方法是：在期货市场上买进（卖出）与现货市场品种相同、数量相同、方向相反的期货合约，以期在未来某一时间在现货市场上卖出（买进）商品时，能够通过期货市场上持有的期货合约的平仓盈利来冲抵因现货市场上价格变动所带来的风险。

套期保值需遵循的原则：

（1）品种相同原则

该原则是指期货合约代表的标的资产与需保值的现货资产的品种、质量相同，例如铜期货合约对现货铜进行保值。由于期货交易品种有限，有的现货商品没有相应的期货合约，则选用价格走势相近的期货合约来保值，如铜精矿可用铜的期货合约来保值。

（2）数量相等原则

该原则是指期货合约代表的标的资产数量与需保值的现货资产数量相等，如2 000吨铜在上海期货交易所需用400张铜期货合约来保值（5吨/张）。

（3）时间相同原则

该原则是指期货交易应与现货交易同步，在现货交易开始时买入（卖出）期货合约，在现货交易结束时将期货合约平仓。

按首先在期货市场买卖方向的不同，套期保值可以分为买入套期保值和卖出套期保值。买入套期保值又称多头套期保值，卖出套期保值又称空头套期保值。

2.买入套期保值的操作过程与利弊分析

买入套期保值是指套期保值者由于将来需要买入现货，首先在期货市场买入相应期货合约，在实际需要买入现货时，将期货合约平仓的交易行为。

【例6-1】某一铝型材厂的主要原料是铝锭，20×1年3月铝锭的现货价格为13 000元/吨，该厂根据市场的供求关系变化，认为两个月后铝锭的现货价格将要上涨，为了回避两个月后购进600吨铝锭时价格上涨的风险，该厂决定进行买入套期保值。3月初以13 200元/吨的价格买入600吨6月份到期的铝锭期货合约，到5月初该厂在现货市场上实际购买铝锭时，价格已上涨到15 000元/吨，而此时期货价格亦已上涨至15 200元/吨，这样，该铝型材厂的经营状况见表6-1。

表6-1 **铝型材厂的经营状况（一）**

时间	现货市场	期货市场
3月	现货铝锭13 000元/吨	买进20×1年6月份到期的铝锭期货合约，13 200元/吨
5月	现货铝锭15 000元/吨	卖出20×1年6月份到期的铝锭期货合约，15 200元/吨
盈亏	损失2 000元/吨	盈利2 000元/吨

由此可见，该铝型材厂在过了两个月后，以15 000元每吨的价格购进铝锭，比3月初买入多支付了2 000元/吨的成本，但由于在期货市场上做了买入套期保值，在期货交易中获得了2 000元/吨的利润，可用于弥补现货市场购进铝锭时多付出的成本，其实际购进铝锭的价格仍然是13 000元/吨，即实物购进价15 000元/吨减去期货盈利的2 000元/吨，回避了铝锭价格上涨的风险。

假如5月初铝锭的价格不涨反跌，现货、期货都下跌了500元/吨，铝型材厂的经营状况见表6-2。

表6-2 **铝型材厂的经营状况（二）**

时间	现货市场	期货市场
3月	现货铝锭13 000元/吨	买进20×1年6月份到期的铝锭期货合约，13 200元/吨
5月	现货铝锭12 500元/吨	卖出20×1年6月份到期的铝锭期货合约，12 700元/吨
盈亏	盈利500元/吨	损失500元/吨

由此可见，该铝型材厂在两个月后买入铝锭时比3月初买入少支付500元/吨，但由于在期货市场上做了买入套期保值，在期货交易中亏损了500元/吨，因此该铝型材厂铝锭的实际进价仍然为13 000元/吨，即用现货市场上少支付的500元/吨弥补了期货市场上亏损的500元/吨，实际购进价为12 500+500=13 000（元/吨）。

由上面的例子可知，该铝型材厂通过做买入套期保值，无论未来一段时间内价格如何涨跌，都能使铝锭的进价维持在原来3月初认可的13 000元/吨的价位上。该厂在成功地回避价格上涨的风险的同时，也放弃了价格下跌时获取更低的生产成本的机会。

买入套期保值的好处：

①能够规避原材料价格上涨所带来的风险。

②提高企业资金的使用效率。由于期货交易是一种保证金交易，因此只用少量的资金就可以控制大批货物，加快了资金的周转速度。

③对需要库存的商品来说，节约了仓储费用、保险费用和损耗费用。

④能够促使现货合同早日签订。面对商品价格上涨的趋势，卖方势必不会同意按照当前的现货价格签订未来的供货合同，如果买方一味坚持自己的意见，势必造成谈判破裂。如果买方做了买入套期保值，就很可能同意按照卖方的意见成交，因为如果价格真的上涨了，买方可以用期货交易的盈利弥补购买现货多支付的成本。

买入套期保值的不足：一旦采用了买入套期保值操作，就失去了由于价格下跌而可能获得的低价买进商品的好处。

3.卖出套期保值的操作过程与利弊分析

卖出套期保值是指交易者先在期货市场上卖出期货合约，其卖出的品种、数量、交割月份都与将来要在现货市场卖出的现货商品大致相同，如果以后现货市场真的出现价格下跌，投资者在现货市场上以较低的价格卖出手中的现货商品，同时在期货市场上买入原来卖出的期货合约进行对冲平仓，用对冲的盈利弥补因现货价格下跌所发生的亏损，从而实现保值的目的。

【例6-2】东北某农垦公司主要种植大豆，20×1年9月因饲料需求大增，大豆现货价格一直在3 300元/吨的高价位上下波动，此时20×2年1月到期的期货合约的价格也在3 400元/吨的高价位上徘徊。该农垦公司经过充分的市场调查，认为日后的大豆价格将要大跌。为了回避日后价格大跌的风险，该农垦公司决定为其即将收获的50 000吨大豆进行保值，于是在20×1年9月初在大连商品交易所卖出50 000吨20×2年1月到期的大豆期货合约，价格为3 400元/吨。到了20×1年底，大豆现货价格果然下跌，该农垦公司50 000吨大豆平均的现货价格只能卖到2 700元/吨，同时20×2年1月到期的大豆期货合约价格也跌至2 800元/吨，大豆的期货和现货价格都下跌了600元/吨，该农垦公司的经营状况见表6-3。

表6-3 **农垦公司的经营状况（一）**

时间	现货市场	期货市场
20×1年9月	大豆3 300元/吨	卖出20×2年1月份到期的大豆期货合约，3 400元/吨
20×2年1月	大豆2 700元/吨	买入20×2年1月份到期的大豆期货合约，2 800元/吨
盈亏	损失600元/吨	盈利600元/吨

由此可见，该农垦公司通过期货市场进行卖出套期保值，用期货市场上盈利的600元/吨弥补了因现货市场价格下跌而损失的600元/吨，成功地实现了原先制订的3 300元/吨的销售计划，也就是用现货市场上平均卖出的价格2 700元/吨加上期货市场盈利的600元/吨。

假如20×1年底、20×2年初的大豆价格不跌反涨，平均起来，现货和期货的价格都上涨了200元/吨，则该农垦公司的经营状况见表6-4。

表6-4 农垦公司的经营状况（二）

时间	现货市场	期货市场
20×1年9月	大豆3 300元/吨	卖出2020年1月份到期的大豆期货合约，3 400元/吨
20×2年1月	大豆3 500元/吨	买入2020年1月份到期的大豆期货合约，3 600元/吨
盈亏	盈利200元/吨	损失200元/吨

由表6-4可见，20×2年1月初农垦公司虽然在期货市场上亏损了200元/吨，但在现货市场上卖出的价格比20×1年9月底卖出的价格要高200元/吨，其实际的销售价格仍然是3 300元/吨，即在现货市场上平均卖出的价格3 500元/吨减去期货市场亏损的200元/吨。

卖出套期保值的好处：

①能够回避未来现货市场价格下跌的风险；

②可以使保值者按照原先的经营计划强化管理，顺利完成销售计划；

③有利于现货合约的顺利签订。

卖出套期保值的不足：保值者放弃了日后因价格上涨而获得更高利润的机会。

4.套期保值实现的条件

套期保值要达到回避价格风险的目的，需要满足以下两个条件：

（1）期货价格与现货价格走势一致（价格平行性）

价格平行性是指期货价格与现货价格的变动方向相同，变动的幅度也大致相同。这是因为同一种商品的期货价格与现货价格受相同经济因素的影响和制约，其价格变动趋势和方向有一致性，波动幅度大致相同。

（2）期货价格与现货价格到期聚合（价格收敛性）

价格收敛性是指随着期货合约交割月份的临近，期货价格收敛于标的资产的现货价格。当到达交割期限时，期货价格等于或非常接近于现货价格。假定交割期间期货价格高于现货价格，交易者就会买入现货、卖出期货合约并进行交割来获利，从而促使现货价格上升，期货价格下跌；反之，如果在此期间现货价格高于期货价格，交易者就会买进期货合约进行实物交割，而现货商则会更多地抛出现货，从而促使期货价格上升，现货价格下跌，这样使得期货价格与现货价格在交割时趋于一致。

5.基差

基差是套期保值中的一个相当重要的概念，它是指在某一时间、同一地点、同一品种的现货与期货价格之差。

基差=现货价格-期货价格

基差来源于保证金、手续费、佣金等持有成本，但还不止于此。期货市场与现货市场是两个不同的市场，两个市场的供求关系不一定完全一致，市场波幅也不一致，这也是导致基差的重要原因。在前面介绍套期保值时，我们都假设基差不变，则在排除持有成本之后，期货市场的盈利完全能弥补现货市场的亏损，实现套期保值。

由于存在基差风险，套期保值交易并不能完全抵消价格风险，但一般来说，基差变动的风险比单纯价格变动的风险要小得多。在实际操作中，可以通过复杂的操作来规避基差风险，感兴趣的读者可自行参考相关资料。

6.5.5 期货投机交易

1.期货投机的作用

期货投机的作用可概括为以下几个方面：

（1）投机者是期货风险的承担者，是套期保值者的交易对手

期货交易最重要的功能是为套期保值者转移现货市场价格波动所带来的风险。在期货市场上，价格风险的承担者主要是投机者，因为如果期货市场上只有套期保值者参与期货交易，那么只有在买入套期保值者和卖出套期保值者的交易数量完全相符时，交易才能成立，风险才能转移出去，但实际上，买入套期保值和卖出套期保值之间实现完全平衡的可能性是很小的，不平衡却是经常的现象，投机交易恰好能抵消这种不平衡。如果没有投机者的参与，套期保值将难以实现，期货市场规避价格风险的功能就难以发挥。

（2）促进价格发现

期货市场把各式各样的投机者集中在交易所内进行公开竞价，买卖双方彼此竞价所产生的互动作用，使得价格趋于合理。期货市场的价格发现机制正是由所有市场参与者对未来市场价格走向预测的综合反映体现的。

（3）提高市场流动性

投机者频繁地建立头寸，对冲手中的合约，增加了期货市场的交易量，这既能促进套期保值交易的达成，又能减少交易者进出市场可能引起的价格波动。流动性对于期货市场来说是非常重要的，对套期保值者来说，缺乏流动性的期货市场可能不仅达不到转移风险的目的，还会使风险大大提高。

（4）保持价格体系稳定

同一期货市场不同商品的价格具有相关性，不同期货市场同一标的商品的价格具有高度相关性。投机者的参与促进了相关市场和相关商品的价格调整，有利于改善不同地区商品价格的不合理状况和不同时期的商品供求结构，使商品价格趋于合理，并且有利于调整某一商品对相关商品的价格比值，使其趋于合理，从而保持价格体系的稳定。

期货投机除了有以上积极作用以外，也有其消极的一面。比如，市场上投机成分过重，可能会造成过高的市场流动性，形成经济虚假繁荣的“泡沫”，从而可能引发现货市场的波动甚至金融危机和经济危机。

2.期货交易中的多头（bull position）投机

多头投机也称为买空交易，是指投机者预测某种期货合约的价格将会上涨，于是先买进某一月份的期货合约，一旦预测成为现实，价格果然上涨，就将先前买进的合约卖出，从中赚取差价。

【例6-3】20×1年8月，某投机者预测国际铜价上涨将带动国内铜价走高，因此决定做多头投机，在上海期货交易所以55 000元/吨的期货价格买入10手Cu×111（该年11月份交割的阴极铜）合约，单位为每手5吨，则合约总值为2 750 000元，缴纳10%的保证金，金额为275 000元。8月30日，Cu×111合约涨至59 500元/吨，卖出合约平仓获利225 000元，收益率高达81.8%。

（59 500−55 000）×5×10=225 000（元）

225 000÷275 000×100%=81.8%

如果铜价并未如期上涨，而是持续下跌，将会使投机者亏损。假设到8月30日，铜价下跌至49 500元/吨，则会亏损275 000元。

（49 500−55 000）×5×10=−275 000（元）

此时若卖出平仓，则保证金会亏损殆尽，若继续持仓须再增加保证金，若市场行情仍不反转，亏损会进一步扩大，如图6-1所示。

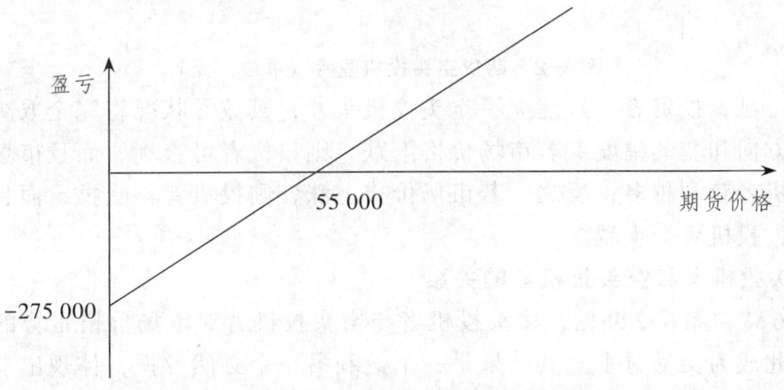

图6-1 期货多头投机盈亏（单位：元）

由此可见，投资者一旦建立了多头投机头寸，其盈亏状况将完全取决于市场价格的变动方向和变动幅度。若市场价格上涨，则投机者可获利，而且市场价格上涨越多，投机者获利也越多；反之，若市场价格下跌，则投机者将受损，而且市场价格下跌越多，投机者受损也越多。

3.期货交易中的空头（bear position）投机

空头投机也称为卖空交易，是指与多头投机相反的过程，即当投机者预测某种商品期货价格将下跌时，先售出该种产品的期货合约，一旦该种商品的期货价格果真下跌，就将以前卖出的合约再买进，从中赚取差价。

【例6-4】20×1年8月，某投机者预测国际铜价下跌将带动国内铜价走低，因此决定做空头投机，在上海期货交易所以55 000元/吨的期货价格卖出10手Cu×111（该年11月份交割的阴极铜）合约，单位为每手5吨，则合约总值为2 750 000元，缴纳10%的保证金，金额为275 000元。到8月30日，预测失误，合约涨至59 500元/吨，亏损高达225 000元。此时若卖出平仓，则保证金会所剩无几，若继续持仓须再增加保证金，若市场行情仍不反转，则亏损会进一步扩大。

（55 000–59 500）×5×10=–225 000（元）

如果铜价按其预测那样持续下跌，则会使投机者获利。假设到8月30日，铜价下跌至49 500元/吨，此时若买进平仓则会盈利275 000元，收益率高达100%，如图6–2所示。

（55 000–49 500）×5×10=275 000（元）

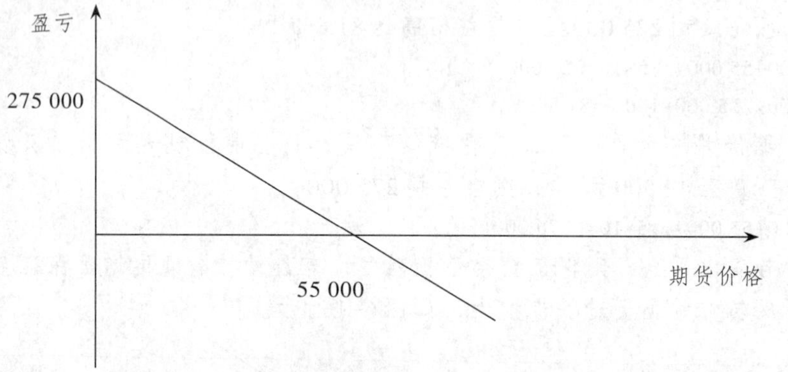

图6–2 期货空头投机盈亏（单位：元）

由此可见，投资者一旦建立了空头投机头寸，其盈亏状况将完全取决于市场价格的变动方向和变动幅度。若市场价格下跌，则投机者可获利，而且市场价格下跌越多，投机者获利越多；反之，若市场价格上涨，则投机者将受损，而且市场价格上涨越多，投机者受损越多。

4.多头投机者和空头投机者的关系

由图6–1和图6–2可见，多头投机者与空头投机者对市场价格走势的预测完全相反，因此成为交易对手。其结果是一个盈利另一个必然亏损，体现出期货交易零和博弈的特征。价格就是多空双方的投机标的物，期货价格走势可以反映多空双方力量的强弱，逼仓则是多空双方博弈中的极端行为。

逼仓是指交易方利用资金优势或仓单优势，主导市场行情向单边运动，导致另一方不断亏损，最终不得不斩仓的交易行为，一般分为空逼多和多逼空两种形式。逼仓是一种市场操纵行为，它主要通过操纵两个市场即现货市场和期货市场，逼对手就范，达到牟取暴利的目的。

空逼多：操纵市场者利用资金和实物优势，在期货市场上大量卖出某种期货合约，使其拥有的空头持仓大大超过多方能够承接实物的能力，从而使期货市场的价格急剧下跌，迫使投机多头以低价位卖出持有的合约认赔出局，或出于资金实力不能接货而受到违约罚款，从中牟取暴利。

多逼空：在一些小品种的期货交易中，当操纵市场者预期可供交割的现货商品不足时，即凭借资金优势在期货市场建立足够的多头持仓以拉高期货价格，同时大量收集和囤积可用于交割的实物，于是现货市场的价格同时升高，这样在合约临近交割时，迫使空方要么以高价买回期货合约认赔出局，要么以高价买入现货进行实物交割，甚至因无法交出实物而受到违约罚款，这样多头头寸持有者即可从中牟取暴利。

6.5.6 期货套利交易

套利交易指的是在买入（卖出）某种期货合约的同时，卖出（买入）相关的数量相同的另一种期货合约，并在某个时间同时将两种期货合约平仓的交易。

从操作方式上可以将套利交易分为期现套利、跨市套利、跨商品套利和跨期套利四种类型。

下面用一个例子说明跨期套利交易的思路：

【例6-5】某年5月30日，9月份铜期货合约价格为17 550元/吨，11月份铜期货合约价格为18 050元/吨，9月份期货合约价格比11月份期货合约价格低500元/吨。套利者根据历年5月底9月份期货合约和11月份期货合约的价差分析，认为9月份期货合约的价格较低，或者11月份期货合约的价格较高，价差大于正常年份的水平。如果市场运行正常，这两者之间的价差会恢复正常。于是，套利者决定在买入9月份铜期货合约的同时卖出11月份铜期货合约，期望在某个有利时机同时平仓两个合约获取利润，见表6-5。

表6-5　**跨期套利交易思路**

时间	9月份铜期货合约	11月份铜期货合约	价差
5月30日	买入9月份铜期货合约，17 550元/吨	卖出11月份铜期货合约，18 050元/吨	-500元/吨
7月30日	卖出9月份铜期货合约，17 850元/吨	买入11月份铜期货合约，18 150元/吨	-300元/吨
盈亏	+300元/吨	-100元/吨	

该跨期套利者的盈利=300-100=200（元/吨）

套利者只需买入9月份铜期货合约，到时平仓即可以获得净利300元/吨，为什么他还要卖出11月份期货合约以致遭受损失使得最后盈利只有200元/吨呢？这是因为如果预测正确，那么只买入9月份铜期货合约当然可以获得300元/吨的利润，然而一旦预测错误，将损失300元/吨。如果做跨期套利，同时买入、卖出同种商品不同交割月份的期货合约，由于期货合约价格间有同升同降的一般规律，加上交易行为相反，在11月份期货交易中的亏损可以由9月份的盈利完全弥补并总体盈利。

套利交易的盈利与价格的变动关系比较复杂，感兴趣的读者可自行参考有关资料。套利交易的基本特点是：

①两种期货合约的价格大体上受相同的因素影响，因而在正常情况下价格变动虽存在波幅差异，但应有相同的变化趋势。

②两种期货合约间应存在合理的价差范围，但外界非正常因素会使价格变化超过该范围。在非正常因素影响消除后，期货价格最终会回到原来的合理价差范围。

③一般情况下，期货合约间价差的变化比单一期货合约的价格变化要小得多，且获利大小和风险大小都易于控制。

6.6 期权市场

6.6.1 概述

期权是指在某一限定时间内按照事先约定的价格买进或卖出某一特定金融产品或期货合约（统称标的资产）的权利。标的资产可以是现货，也可以是期货。如果是现货期权，“现货”二字经常省略，如将股票、外汇、利率的现货期权直接称为股票期权、外汇期权、利率期权；如果是期货期权，“期货”二字予以保留，如小麦期货期权、股指期货期权等。

在期权交易中，买卖双方的权利义务是不对等的，期权买方被赋予买进或卖出标的资产的权利，但并不负有必须买进或卖出标的资产的义务，而期权卖方则只有履约的义务，没有不履约的权利。而在期货交易中，买卖双方的权利与义务是对等的，双方都负有必须履约的义务。

1.期权的交易双方

（1）期权买方

期权买方（options buyer）是指买进期权合约的一方，是支付一定数额的权利金而持有期权合约者，故期权买方也称为期权持有者。买进期权即为期权的多头。相关概念如看涨期权、看跌期权、实值期权与虚值期权等，都是从买方角度来定义的。买进看涨期权意味着，期权买方有买进相应数量的标的资产的权利；而买进看跌期权意味着，期权买方有卖出一定数量的标的资产的权利。因此，期权买方只是买进期权合约的一方，而不一定是买进标的资产的一方。

当投资者支付权利金建立多头头寸后，就享有了买进或卖出标的资产的权利。因为他并不负有义务，所以他仅以投入的权利金承担有限的风险，但是掌握了巨大的获利能力。

（2）期权卖方

期权卖方（options seller）是指卖出期权合约的一方，从期权买方那里收取权利金，在买方执行期权时承担履约的义务。期权卖方也称期权出售者。卖出期权即为期权的空头。

同样，期权卖方只是卖出期权合约的一方，而不一定是卖出标的资产的一方。买方执行看涨期权，卖方就必须卖出相应数量的标的资产，而买方执行看跌期权，卖方就必须买进一定数量的标的资产。

如果期权买方在事先约定好的期限内没有执行他的权利，那么该期权就会自动失效，卖方不必承担任何责任。对于现货期权来说，执行合约就是买卖相应的金融产品；而对于期货期权来说，执行合约就是按相应的执行价格买入或卖出相应的期货合约。

(3) 权利金

权利金即期权的价格，是期权买方为了获取权利而必须向期权卖方支付的费用，是期权卖方承担相应义务的报酬。

在实际的交易中，权利金是买卖双方竞价的结果。权利金的大小取决于期权的价值，而期权的价值取决于期权到期月份、所选择的执行价格、标的资产价格的波动性以及利率等因素。期权价值的确定是整个期权理论的核心。

权利金的重要意义在于：对于期权的买方来说，可以把可能会遭受的损失控制在权利金金额的限度内；对于卖方来说，卖出一份期权利基可以获得一笔权利金收入，而并不需要马上进行标的物的买卖。

(4) 执行价格

执行价格又称为敲定价格、履约价格、行权价格，是期权合约中事先确定的买卖标的资产的价格，也即期权买方在执行期权时进行标的资产买卖所依据的价格。

执行价格在期权合约中都有明确的规定，通常是由交易所按照一定标准以渐增的形式给出，故同一标的的期权有若干个不同的执行价格。例如，芝加哥期货交易所的标准型小麦期货期权的合约月份为3月、5月、7月、9月和12月，其规定前2个合约月份的执行价格间距为5美分/蒲式耳，其余月份为10美分/蒲式耳。每一种期权有几个不同的执行价格，投资者在投资期权时必须对执行价格进行选择。一般原则是，选择在标的资产交易价格附近交易活跃的执行价格。期权比期货复杂，这从执行价格中可见一斑。

2.看涨期权和看跌期权

(1) 看涨期权

看涨期权又称买入选择权（或买权）、认购期权、多头期权，它是指期权的买方在交付一定的权利金后，拥有在未来规定时间内以期权合约上规定的执行价格向期权卖方购买一定数量标的资产的权利。看涨期权的买方之所以要购买这一权利，是因为期权的买方对标的资产的价格看涨，故向期权的卖方支付一定的权利金，以获得按执行价格买入该种标的资产的权利。如果有关标的资产市场价格的变化与预测一致，即标的资产的市场价格高于执行价格，看涨期权的买方就可以用期权合约上约定的执行价格购买标的资产获得收益，这种收益可能是无限的。如果市场价格的变化与其预测相反，即标的资产的市场价格小于或等于其执行价格，看涨期权的买方也可以放弃购买权利，最大损失为其支付的权利金。买进看涨期权的盈亏状况将在6.6.2中详细介绍。

值得注意的是，看涨期权有买方，也有卖方。对任何一种标的资产的价格，有看涨的，也会有看跌的。卖出看涨期权的盈亏状况将在6.2.2中详细介绍。如果投资者一致看涨，权利金也将上涨，在较高权利金下，买入看涨期权的数量和卖出看涨期权的数量最终会处于均衡。

（2）看跌期权

看跌期权又称卖出选择权（卖权）、认沽期权、空头期权，它指买方在交付一定的权利金后，拥有在未来规定时间内以期权合约规定的执行价格向期权的卖方卖出一定数量的标的资产的权利。

看跌期权的买方一般对相关标的资产的市场价格看跌（看跌期权的名称来源于此），所以买入看跌期权。如果在未来一定时间内市场价格与其预测一致，即标的资产的市场价格低于执行价格，他就可以按期权合约约定的执行价格出售标的资产，而期权的卖方必须买入标的资产。如果标的资产的市场价格与其预测方向相反时，即标的资产的市场价格上涨，看跌期权的买方有不卖出标的资产的权利。买进看跌期权的盈亏状况将在本书6.2.3小节中详细介绍，卖出看跌期权的盈亏状况将在6.2.4中详细介绍。

3.实值期权、平值期权和虚值期权

（1）实值期权

当看涨期权的标的资产的市场价格大于执行价格，或看跌期权的标的资产的市场价格小于执行价格时，买方执行期权均会获利，此时的期权为实值期权。

（2）平值期权

当看涨期权或看跌期权的执行价格与标的资产的市场价格相等时，该期权表现为平值期权。

（3）虚值期权

当看涨期权的标的资产的市场价格小于执行价格或看跌期权的标的资产的市场价格大于执行价格，买方选择执行期权会发生亏损，此时的期权为虚值期权。

实值期权、平值期权与虚值期权的比较见表6-6。

表6-6 **实值期权、平值期权与虚值期权的比较**

期权种类	看涨期权	看跌期权
实值期权	市场价格>执行价格	市场价格<执行价格
平值期权	市场价格=执行价格	市场价格=执行价格
虚值期权	市场价格<执行价格	市场价格>执行价格

实值、平值、虚值描述的是期权在有效期内某个时点的状态，随着时间的变化，标的资产价格会不断变化，同一期权的状态也会不断变化，有时是实值期权，有时是平值期权，有时会变成虚值期权。

4.欧式期权、美式期权和其他期权

期权按照交易执行日期划分，又分为欧式期权、美式期权。欧式期权的购买方只能在期权合约期满日（即到期日）执行其权利，不能提前。美式期权的购买方可于合约有效期内任何一天执行其权利。由此可见，美式期权与欧式期权相比在权利的执行日期上有较高的弹性，因此美式期权的价格也较欧式期权高。

欧式期权和美式期权并没有任何地理位置上的含义，在欧洲国家的期权市场也交易美式期权，而在美国的期权市场同样交易欧式期权。目前，在世界各主要的期权市场上，美式期权的交易量远大于欧式期权的交易量。不难看出，相对于欧式期权来说，美式期权的持有者可在期权有效期内根据市场行情的变动和自己的实际需要比较灵活而主动地选择有利的履约时间；相反，美式期权的出售者要承担更大的风险，他必须随时为履约做好准备。就目前来说，美式期权具有更大的灵活性，故发展相对迅速。

美式期权权利的行使时间不确定，而欧式期权权利的行使时间又过于严格，为满足某些中间地带交易者的需要，产生了“百慕大式期权”，即可以在期权有效期内某些规定的日期（多为到期日前若干天）行使权利。百慕大式期权至今仍只限于小范围的交易，基本属于场外交易，交易量有限。

除了大量正式的期权外，还有一些期权主要满足局部地域的需要，被称为外来期权。外来期权多采用场外交易的形式。几种较为重要的外来期权包括：

①亚洲买方期权。亚洲买方期权的内在价值不是以期权执行时标的资产的市场价格减去执行价格计算的，而是等于标的资产在期权全部有效期内截至期权执行时的平均市场价格减去执行价格。

②或有期权。或有期权如果在到期时处于实值状态，其持有者还可以得到退还的权利金。

③障碍期权。障碍期权是指事先规定一种期权有效或失效的标准（障碍），期权是否起作用不仅仅取决于标的资产的市场价格与执行价格的对比情况，还取决于是否达到了有效或失效的标准。一旦达到了有效的标准，期权就开始有效，成为有效障碍期权。

5.交易所交易期权和柜台交易期权

根据交易场所的不同，期权可分为交易所交易期权和柜台交易期权。

交易所交易期权也叫场内交易期权、上市期权，一般在交易所的交易大厅内以固定的程序和方式进行公开交易，所交易的是标准化期权合约，即由交易所预先制定每一份合约的交易单位、执行价格、到期日、交易时间等。

交易所交易期权采用做市商制度，某一确定的期权由指定的做市商负责，做市商大都是实力较雄厚的机构。做市商对投资者同时报出买入价和卖出价，并从买入价与卖出价之间的差价中获利。为了限制做市商的利润，交易所规定了买卖价差的上限。例如，芝加哥期权交易所规定若权利金低于5美元，期权买卖价差不得超过0.25美元。做市商的存在能够确保买卖指令可以在某一价格被立即执行，因此做事商增强了期权市场的流动性。

柜台交易期权又称场外期权、零售期权，是指不在交易所上市交易的期权。柜台交易期权与交易所交易期权有很大的不同，具体表现在以下几个方面：

①非标准化的合约。柜台交易期权的合约是非标准化的，而推出非标准化合约是有其内在原因的。因为交易所的标准合约的标的一般是单只股票或股票指数，而该指数与基金所选定股票的结构及权重很难一致，而且其到期日与基金管理者所需要的避险时间不吻合，所以基金根据自己所持有的资产（主要对股票而言）进行套期保值而设计一些与自己的股票组合一致的合约。非标准化合约能满足基金的特定要求，并且给投资者提供多种期权选择渠道。

②缺乏流动性。交易所内的期权交易由于有做市商做中介，只要满足做市商的报价要求，投资者发出的任何交易或平仓指令均能成交，而柜台交易由于缺乏做市商，某些交易或平仓指令由于缺乏交易对手而无法成交，因而其流动性较差。

③违约风险大，但交易方便。交易所的期权交易由交易所或做市商作为合约交易对手，清算所作为结算对手，因而违约风险较小。而柜台期权合约的履行，主要依靠交易双方的信用，缺乏交易所交易期权的内在制度约束，因而风险大。正因为如此，柜台交易对参与者的信用要求比较高，特别对卖方的声誉有较高的要求，这样就排斥了大量的无法达到其信用要求的中小投资者。柜台交易由买卖双方直接接触，不需要专门的交易所和结算公司，其交易及结算程序就大大简化了。

④信息不公开。由于柜台交易是买卖双方私下达成的，有关交易信息是不公开的，所以除了交易双方，其他人无法确切掌握交易的有关信息。从竞争战略和商业秘密的角度来讲，这一点对于大的基金管理人具有极为重要的意义，这也正是柜台交易具有强大生命力的原因之一。

6.6.2 期权交易策略

1.买进看涨期权

(1) 买进看涨期权的盈亏状况

投资者买进执行价格为X的看涨期权，在支付一笔权利金C后，便享有买入或不买入相关标的资产的权利。如果市场价格S上涨，则看涨期权买方既可以通过平仓又可通过执行期权获利；当市场价格的上涨幅度刚好等于支付的权利金时，达到盈亏平衡；若市场价格跌至执行价格或以下，期权买方可以放弃执行期权，最大损失仅限于权利金，如图6-3所示。

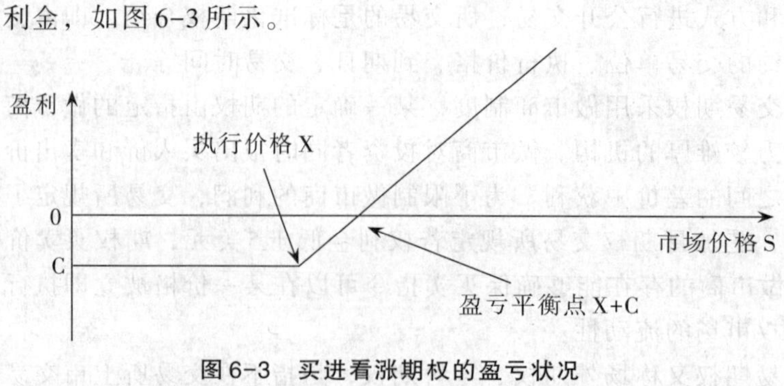

图6-3 买进看涨期权的盈亏状况

【例6-6】某日芝加哥期货交易所12月小麦期货合约价格为380美分/蒲式耳，某投资者买进一份执行价格为390美分/蒲式耳小麦期货的看涨期权，权利金为6.5美分/蒲式耳。设到期时，期货合约价格为S，其盈亏状况如下：

若期权到期时期货合约价格高于396.5美分/蒲式耳（390+6.5），如执行期权，则投资者获利，数额为（S-396.5）美分/蒲式耳；

若期权到期时期货价格为396.5美分/蒲式耳，该投资者达到盈亏平衡；

若期权到期时，期货价格介于390到396.5美分/蒲式耳之间，投资者将亏损（S-396.5）美分/蒲式耳；

若期权到期时期货价格低于390美分/蒲式耳，则该看涨期权价值为0，投资者将放弃期权，损失为支付的权利金6.5美分/蒲式耳。

当然，投资者可以在期权到期之前将期权合约平仓，其盈亏情况较为简单，即期权买入价与卖出价之间的差额就是其盈亏额，这里不再详细分析，本章以后也不讨论平仓时的盈亏状况。

（2）买进看涨期权的应用

①赚取权利金。如果市场出现重大利多或者技术反转，预期后市多头气势如虹，价格将要大涨，此时是买入看涨期权最合适的时机，投资者可以用较少的资金买进看涨期权，等待获利。一旦价格上涨，权利金也会上涨，他可以在市场以更高的权利金价格卖出该期权合约。即使价格下跌，买方的最大损失也只是支付的权利金。

②为空头头寸套期保值。如果投资者已经卖出了标的物，拥有空头头寸，为了控制标的物价格上涨的风险，可以买进看涨期权为空头头寸套期保值。如果标的物价格上涨，则以看涨期权规定的执行价格平仓，这样事先控制了风险，控制风险的成本是支出的少量的权利金。

③维持心理平衡。买进看涨期权后，不管标的物的价格下跌到什么水平，投资者承受的最大损失为权利金，心理就会平衡。这点对于股票投资者来说尤其明显。买进股票后，如果价格大幅下跌，则投资者的心理承受能力必然会受到打击。如果投资者持有看涨期权而非股票，其最大损失是权利金，这样就不会因承受不住损失而“割肉出场”，只会安心地等待股票上涨获利。

2.卖出看涨期权

（1）卖出看涨期权的盈亏状况

投资者以执行价格X卖出看涨期权，可以得到权利金C的收入。卖出看涨期权的目的是赚取权利金，其最大的收益也只是权利金。当到期时标的物市场价格S低于执行价格X时，买方不履行合约，卖方将稳赚权利金；当标的物市场价格在执行价格与盈亏平衡点之间时，因买方可能履约，故卖方只能赚取部分权利金；当价格上涨至平衡点以上时，卖方面临的风险则是无限的，如图6-4所示。

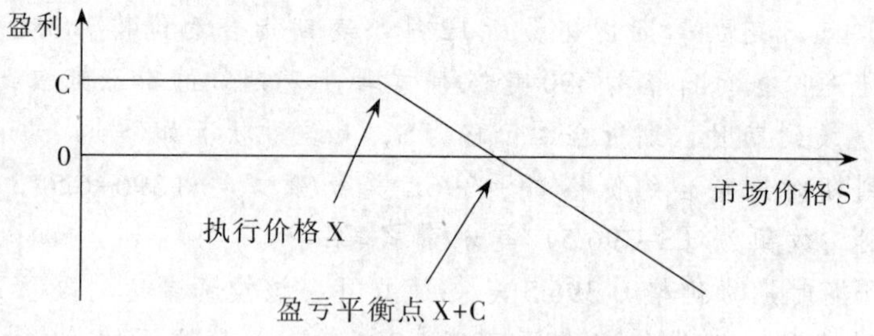

图6-4 卖出看涨期权的盈亏状况

（2）卖出看涨期权的应用

①赚取权利金。如果标的物价格不会有很大变动，即使上涨，其涨幅也很小，甚至价格有很大可能会下跌，则这时是卖出看涨期权的好时机。卖出看涨期权可以收取一定数额的权利金，即使市场价格有小幅度上涨使投资者受到损失，其损失也是小于权利金收入的。从实际交易经验看，卖出看涨期权的收益率并不低，但资金有限的投资者应避免卖出无保护性看涨期权。

②各种策略的需要。卖出看涨期权在实际操作中是结合多种策略一起使用的，特别是在套利交易中常使用卖出看涨期权策略。

3.买进看跌期权

（1）买进看跌期权的盈亏状况

以执行价格X支付一定的权利金P获得看跌期权多头头寸后，买方就锁定了自己的风险，而其获利空间很大。因此，买进看跌期权是风险有限而获利潜力很大的策略。看跌期权的买方预测标的物价格将下跌，当价格下跌至盈亏平衡点以下时，将获利；如果标的物价格变化与预测相反，他的最大损失也仅限于权利金。设到期时标的物价格为S，买进看跌期权的盈亏状况如图6-5所示。

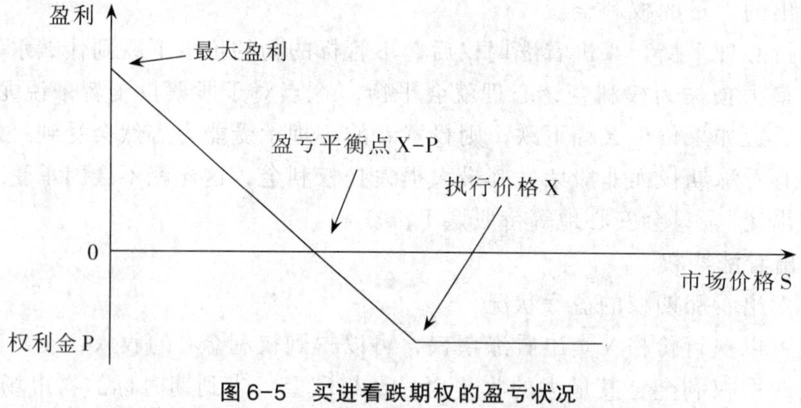

图6-5 买进看跌期权的盈亏状况

【例6-7】某投资者于某日买进芝加哥期货交易所12月份小麦期货看跌期权，执行价格为380美分/蒲式耳，权利金为4.5美分/蒲式耳，设到期时期货合约价格为S，其盈亏状况如下：

若期权到期时期货价格为0，投资者执行期权，该投资者盈利最大，为375.5

美分/蒲式耳（380-4.5）。当然，这只是理论上的推算，在实际操作中，期货价格不可能为0。

若期权到期时期货价格低于375.5美分/蒲式耳，该投资者获利（380-4.5-S）美分/蒲式耳。

若期权到期时期货价格等于375.5美分/蒲式耳，该投资者达到盈亏平衡。

若期权到期时期货价格介于375.5至380美分/蒲式耳之间，投资者将亏损（380-4.5-S）美分/蒲式耳。

若期权到期时期货价格高于380美分/蒲式耳，则该看跌期权价值为0，投资者将放弃期权，最大损失为支付的权利金4.5美分/蒲式耳。

（2）买进看跌期权的应用

①赚取权利金。如果市场出现重大利空，或者技术转空，价格将大跌，投资者就可以用较少的资金买进看跌期权，等待获利。一旦价格下跌，权利金也会上涨，他可以在市场以更高的权利金价格卖出该期权合约。即使价格上涨，买方的最大损失也只是支付的权利金。

②为多头头寸套期保值。如果投资者已经买进标的物，为防止价格下跌，可买进看跌期权，锁定价格下跌的风险。如果标的物价格下跌，则可以以看跌期权规定的执行价格平仓，这样事先控制了风险，控制风险的成本是支出的少量的权利金。

③维持心理平衡。期权交易使投资者的心态更稳定，因为毕竟买方的风险是有限的。对于一些进行期货交易心态不稳定或心理素质不好的投资者来说，买进看跌期权比卖出期货更为有利。

④各种策略的需要。期权的很多策略都不是孤立的，买进看跌期权毕竟有权利金支出，而有时权利金也是很高的，所以将这种策略综合使用，则更有利于降低成本，增加利润。在套利交易中，常用到买入进看跌期权策略。

4.卖出看跌期权

（1）卖出看跌期权的几种盈亏状况

卖出看跌期权是收益有限却风险很大的策略，其损益与买进看跌期权正好相反。当标的物价格上涨或基本持平时，卖方只能获取权利金；如果标的物价格逐渐下跌，发生的损失将会冲抵权利金收入；当价格跌至盈亏平衡点以下时，卖方开始出现完全的净损失，但其最大损失是执行价格与权利金之差。设到期时标的物价格为S，卖出看跌期权的盈亏状况如图6-6所示。

（2）卖出看跌期权的应用

①赚取权利金。如果市场价格不会有很大的变动，即使下跌，其跌幅也很小，则可以卖出看跌期权，收取一定数额的权利金。即使相关市场价格有小幅度下跌，会使投资者遭受一定损失，这点损失也可以由收取的权利金来弥补。

②获得标的物。一般来说，期权被执行都是对卖方不利的，但如果投资者想获得标的物，则可卖出适当的执行价格的看跌期权，一旦期权被执行，可以按执行价格获得标的物，如果期权未被执行，则收取的权利金可降低现货的买进成本。

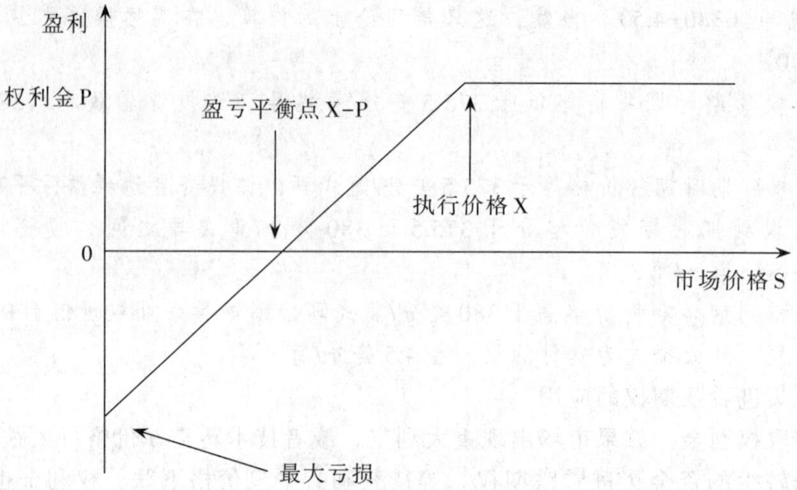

图6-6 卖出看跌期权的盈亏状况

③各种策略的需要。卖出看跌期权与卖出看涨期权一样，并不因为风险巨大而无人问津，很多组合策略都会使用卖出看跌期权。

6.6.3 期权投资与期货投资比较

①假定投资者非常确信今后的价格走势是上升（或下降），应该选择期货交易方式，而不应做期权交易，否则将白白损失支付的权利金。

②如果投资者非常肯定价格基本持稳，则可以通过卖出期权获取权利金，此时做期货交易则可能无利可图。

③如果投资者相信价格将上涨，但同时又担心价格会不变甚至下降，则最好买入看涨期权，能充分利用期权的杠杆作用；同理，如果投资者相信价格将下跌，但同时又担心价格会不变甚至上涨，则最好买入看跌期权。

④如果投资者确信价格会大幅度上下波动，但不知道价格波动的方向，则最佳策略是同时买入看涨期权和看跌期权。

⑤投资者可用期权作为期货头寸的跟踪止损措施，如期货多头成交价为60美元，当期货价格上升为65美元时，他可以买进执行价格为65美元的看跌期权作为止损措施，若期货价格继续上涨，他可以将先前的看跌期权平仓，买进另一执行价格更高的看跌期权，如此就可以实现跟踪止损。若期货价格上涨，投资者可放心地等待获取利润，因为他不必担心价格下降，即使下降，他也可以以较高的看跌期权执行价格将期货平仓。

总之，期货交易策略最好在牛市、熊市中采用，在市场整理阶段则难以操作，而期权交易在任何市场条件下均可采用，在牛市、熊市、平稳市场、略有上扬及略有下跌的市场等各种条件下，投资者都可选择不同的期权投资方式。另外，如上所述，期权还可以用来控制期货投资的风险。

6.7 金融衍生品市场

6.7.1 外汇期货

1.外汇

如同商品有价格一样，外汇也有价格。由于折算标准不同，外汇有两种不同的标价方法，即直接标价法和间接标价法。

直接标价法是指固定外国货币的单位数量，以本国货币来表示外国货币的价格。世界上大多数国家采用直接标价法，我国也采用直接标价法。例如，某外汇市场某日美元价格为1美元=6.8780元人民币。在直接标价法下，标价数值的增高表示外汇升值，本币贬值。

间接标价法则是固定本国货币的单位数量，以一单位本国货币兑换外国货币的多少来表示外币的价格。英国、欧元区国家采用间接标价法。例如，伦敦外汇市场某日收盘价为1英镑=1.6542美元。在间接标价法下，标价数值的增加表示外汇贬值，本币升值。

因为存在直接标价法和间接标价法，标价数值变大不一定是汇率上涨，数值变小不一定是汇率下跌，所以在实践中要加以注意，以免混淆。

2.外汇期货合约

不同交易所推出的外汇期货合约内容大致相同。目前，交易量最大的是由芝加哥期货交易所和伦敦国际金融期货交易所推出的外汇期货合约，其中，芝加哥期货交易所交易的外汇期货合约占了全球90%以上的交易量。

（1）交易单位

与商品期货合约一样，外汇期货合约的交易单位是每张外汇期货合约所交易的外汇的数量，欧元的交易单位是125 000欧元，而小型欧元的交易单位是62 500欧元。欧元与小型欧元是两个不同的交易品种，其区别主要是交易单位不同，小型外汇期货合约交易单位小，方便中小投资者交易。

（2）报价单位

芝加哥期货交易所所有外汇期货合约都以美元报价，即每单位外币折合多少美元。例如，欧元报价为1.2124，表明1欧元=1.2124美元。

（3）最小变动价位

最小变动价位在实际操作过程中常用点来表示，0.0001表示一个点，例如欧元标价由1.2124变成1.2134，则表示欧元上升了10个点。

（4）每张合约最小变动值

这是指整张合约（即1个交易单位）最小的变动值，它与最小变动价位和期货合约的交易单位有关。例如，欧元最小变动值为12.5美元（0.0001×125 000）。

(5) 每日价格波动幅度限制

芝加哥期货交易所外汇期货合约目前已取消每日价格波动幅度限制，以前所有的外汇期货合约都设有每日价格波动幅度限制，其中大部分外汇期货合约每日价格波动幅度限制都是150点。

(6) 交割方式

同商品期货一样，到期末未对冲的外汇期货合约必须进行交割，而且也采取实物交割的方式，即交割外汇，交割的价格就是当初的期货成交价格。

3.外汇期货定价模型

与其他定价模型一样，外汇期货定价模型表示的是不存在无风险套利的情况下的外汇定价，它与即期汇率以及两国的即期利率有关。

假定借入一定数量的本币A（短期利率r_1），按即期汇率S购买一定数量的外币（外币短期利率r_2），同时以价格F卖出该种外汇期货合约（剩余到期时间t）。上述交易中的融资成本依赖于本币短期利率r_1，收益则依赖于外币短期利率r_2。均衡时，现货到期价值=期货到期价值，否则便存在无风险套利，用公式表示：

$$AS(1+r_1t)=AF(1+r_2t)$$

所以，外汇期货的定价模型为：

$$F=S\times\frac{1+r_1t}{1+r_2t}$$

该模型是一个定价简化公式，其使用条件为：

①F与S同为间接标价法；

②期货市场为完全竞争市场，即无直接交易费用、无借贷利率差异、无现货市场的卖空限制。

6.7.2 利率期货

1.利率期货合约

利率期货合约可分为两大类：一类是以短期固定收入证券衍生的，如短期国库券期货合约、欧洲美元（存在美国境外的美元存款）期货合约以及定期存单期货合约；另一类是以长期固定收入证券衍生的，如中长期国债期货合约等。

(1) 短期国库券期货合约

①交易单位：1 000 000美元。

②报价方式和最小变动价位。

3个月国库券期货合约是以“指数”报价的，因国库券是一种贴现式证券，故现货是以贴现率报价的。指数=100-贴现率（不带百分号），如贴现率为9%，其指数就是91。因为市场利率越小，债券价值越大，所以指数越大，债券价值越大。

实际操作中报价的最小变动价位是0.01，如指数由91.00变为91.01，就意味着价位变动0.01，即一个基点，即年利率0.01%，由于1000 000×0.01%×90/360=25，因此一个基点的价值是25美元。

（2）长期国债期货合约

①交易单位：100 000美元。

②报价方式和最小变动价位。

30年长期国债期货以“价格”报价，即报出每100美元面值的价格，且以1/32点（每点1 000美元）为最小报价单位。如期货合约的报价为98-22时，则表示该合约价值为98 687.50美元（98×1 000+22/32×1 000）。

2.利率期货的套期保值

可以用如下两例来说明使用利率期货进行套期保值的含义：

（1）买入套期保值

【例6-8】3月15日，某公司预计6月15日将有一笔10 000 000美元的收入，该公司打算将其投资于美国30年期国债。3月15日，30年期国债的利率为9%，该公司担心到6月15日时利率会下跌，故在芝加哥期货交易所进行期货套期保值交易。其具体操作见表6-7。

表6-7 **买入套期保值具体操作**

时间	现货市场	期货市场
3月15日	利率为9%	买入100张6月到期的30年期国债期货合约，价格为91-05
6月15日	利率为7%	卖出上述全部合约，价格为92-15
盈亏	亏损：10 000 000×（7%-9%）×90/360=-50 000（美元）	盈利：（92-91）×100×1 000+（15-5）/32×100×1 000=131 250（美元）
总盈亏	81 250美元	

（2）卖出套期保值

【例6-9】某公司6月10日计划在9月10日借入期限为3个月、金额为1 000 000美元的借款，6月10日的利率为9.75%。该公司担心到9月10日利率会升高，于是利用芝加哥期货交易所3个月国库券期货合约进行套期保值。其具体操作见表6-8。

表6-8 **卖出套期保值具体操作**

时间	现货市场	期货市场
6月10日	利率为9.75%	卖出1张9月到期的3个月国库券期货，价格为90.25
9月10日	利率为12%	买入1张9月到期的3个月国库券期货，价格为88.00
盈亏	亏损：（9.75%-12%）×1 000 000×1/4=-5 625（美元）	盈利：（90.25-88）×100=225基点，225×25=5 625（美元）

3.利率期货的价格

利率期货的价格实际是不存在无风险套利时的均衡价格。与外汇期货的价格类似，利率期货的定价也与一组利率现货产品的定价有关，如果某一时点的期货价格与现货价格不符合一定的均衡关系，则投资者可以通过没有任何风险的一组交易确定性地获得利润。反过来，我们也可以说，正是套利者的存在，使得某一时点的期货价格与相关现货价格一定存在某种均衡关系。当然，上述判断要求市场具有完全流动性与交易费用为零。

6.7.3 股指期货

1.概述

股价指数是反映某一时点上股价总水平相对于基期的变动情况的综合相对指标。股价指数通常是选择各行业具有代表性的上市公司的股票组成成分股编制的。在计算中，以某一年份或者某一天为基期，并设定基期股价指数为一个常数，一般基期指数为100点或1 000点，计算出某时股票平均价格与基期股价的比值，并将此比值乘以基期的指数值，即为某时的股价指数。

世界主要的股价指数包括：标准普尔500种股票价格指数、道琼斯股票价格指数、纳斯达克指数、纽约交易所综合指数、金融时报指数、日经225指数、香港恒生指数等。

芝加哥期货交易所股指期货合约的有关规定见表6-9。

表6-9　**芝加哥期货交易所股指期货合约的有关规定**

交易单位	指数×250美元
最小变动价位	1个点=0.01指数点=250×0.01=2.5美元
合约月份	3、6、9、12月
最后结算价格	交割合约月份第三个星期五标准普尔指数股构成股票的开盘价格

2.股票指数期货的套期保值交易

股票投资组合面临的风险有系统风险和非系统风险两类。非系统风险可以通过投资组合多元化加以分散，与证券市场整体运动有关的系统风险则不能通过组合多元化加以分散。为有效规避市场的系统风险，可以使用股指期货进行套期保值。

【例6-10】某公司在9月1日预计3个月后将会收到一笔3 000 000港元的款项，并计划收到这笔资金后用它买入汇丰控股股票。目前该股票价格为150港元/股。经综合分析后，该公司认为港股大盘正处于上涨趋势，汇丰控股在3个月以后股价可能上涨许多，届时将使入货成本增加。为规避此种风险，该公司在恒生指数期货市场进行多头套期保值，见表6-10。

表6-10　**多头套期保值具体操作**

时间	现货市场	期货市场
9月1日	汇丰控股股价为150港元/股。3 000 000港元可买入20 000股汇丰控股股票	买入12月恒生指数期货5张，成交价12 050点（每点50港元）
12月1日	汇丰控股股价变为180元/股，买入20 000股汇丰控股股票需要3 600 000港元	卖出12月恒生指数期货5张，成交价14 210点
盈亏	亏损：3 000 000-3 600 000=-600 000（港元）	盈利：5×50×（14 210-12 050）=540 000（港元）
总盈亏	亏损：540 000-600 000=-60 000（港元）	

可见，期货市场的盈利抵销了大部分的现货市场损失，较好地达到了套期保值的目的。

3.最佳套保比率

最佳套保比率是达到完全套期保值效果时持有股票指数期货合约的价值与所需保值的股票价值之比。理论上，可以使用β系数来确定最佳套保比率。

β系数表明一种股票的价格相对于股指上下波动的幅度，即当股指变动1%时，该股票价格预期的变动率，如β系数为0.5，说明股指上升或下降1%时，该种股票价格将上升或下降0.5%。β系数可以为正也可以为负。几种股票组合的β系数为各种股票的β系数的简单加权平均数，其权数等于投向某种股票的资金与总资金之比：

$$\beta_p = \sum_{i=1}^{n} X_i \beta_i$$

式中：β_p为股票组合的β系数；X_i为某种股票的权数；β_i为某种股票的β系数。

可以推导出，套期保值合约张数N可用下式算出：

$$N = \frac{V}{m \times p} \times \beta_p$$

式中：V是股票组合的总价值；m是股价指数每变动1点的价值；p是股价指数的点数；β_p是股票组合的β系数。

第6章要点回顾

复习思考题

1.货币市场和资本市场有什么不同?
2.什么是一级市场?什么是二级市场?
3.汇票、本票和支票有什么区别?
4.什么是回购市场?
5.简述股票一级市场的运作机制。
6.说明期货市场、现货市场与远期交易的区别。
7.描述期货合约的主要条款。
8.简述期货市场的保证金制度、平仓制度、持仓限额制度、强行平仓制度。
9.描述买入套期保值和卖出套期保值的概念和操作过程。
10.对买入套期保值和卖出套期保值进行利弊分析。
11.什么是基差?
12.什么是期权的买方和卖方?什么是看涨期权和看跌期权?

第7章

投资理论

学习要点

◇ 复利的概念
◇ 终值与现值
◇ 年金与永续年金
◇ 债券的到期收益率
◇ 债券的利率风险
◇ 普通股估值
◇ 净现值、投资回收期与内部收益率
◇ 投资组合的收益与风险
◇ 资本资产定价模型
◇ 贝塔系数
◇ 证券市场线
◇ 普通股成本、债务成本与加权平均资本成本
◇ 营业风险与营业杠杆
◇ 财务风险与财务杠杆
◇ 资本结构与MM定理

7.1 资金的时间价值

7.1.1 单利、复利和终值

利息的计算有单利和复利两种方法。单利是指在规定期限内只计算本金的利息，每期的利息收入在下一期不作为本金处理，不产生新的利息收入。例如，本金为100元、年利率为10%的3年期单利定期存单，3年的全部利息为30元，每年的

利息为本金的10%，即10元。

复利是指每期的利息收入在下一期进行投资，产生新的利息，下一期的利息由前一期的本金和利息共同生成。复利是一个重要概念，它充分反映了资金的时间价值。

终值是指现在一笔资金在未来一段时间后的价值。终值一般按照复利计算，其计算公式是：

$$FV_n = PV(1+r)^n \tag{7-1}$$

式中：FV表示终值；PV表示现值；r表示利率；n表示计息期数。

【例7-1】面值为1 000元的复利债券，利率为6%，期限为5年，则5年后的终值为：

$$FV_5 = 1000 \times (1+6\%)^5 = 1000 \times 1.3382 = 1338.2\text{（元）}$$

复利终值系数表

式（7-1）中的$(1+r)^n$称为复利终值系数，为了方便，人们编制了复利终值系数表，需要时可以在表上直接查出相应的终值系数。

式（7-1）是一笔资金的终值计算公式，以此类推，多期现金流（投资者在一段时间内多次进行投资）的终值就是各单次现金终值之和。现金流量为CF_t、利率为r的多期现金流量的终值计算公式为：

$$FV_n = \sum_{t=1}^{n} CF_t (1+r)^{n-t} \tag{7-2}$$

【例7-2】假设某人计划现在在银行存入100元人民币，一年后再存入200元，若存款年利率为2%，则2年后的收益为：

$$FV_2 = 100 \times (1+2\%)^2 + 200 \times 1.02 = 308.04\text{（元）}$$

7.1.2 现值

现值是指未来的现金收入或支出现在的价值。由终值计算公式可以反推出现值计算公式为：

$$PV = \frac{FV_n}{(1+r)^n} \tag{7-3}$$

这一由终值求现值的过程常被称为贴现。式中，$\frac{1}{(1+r)^n}$称为现值系数或贴现系数，r为贴现率。

复利现值系数表

【例7-3】如果计划5年后得到3 000元，已知年利率为4%，按复利计算，现在应存入多少钱？

由式（7-3）可得，

$$PV = \frac{3000}{(1+4\%)^5} = 2465.7\text{（元）}$$

与复利终值系数相同，复利现值系数也有表可查。此外，与求终值类似，多期现金流量的现值是各期现金流量的现值之和。现金流量为CF_t、贴现率为r的多期现金流量的现值计算公式为：

$$PV=\sum_{t=1}^{n}\frac{CF_t}{(1+r)^t} \tag{7-4}$$

【例7-4】设贴现率为r=10%，计算如图7-1所示的现金流量的现值。

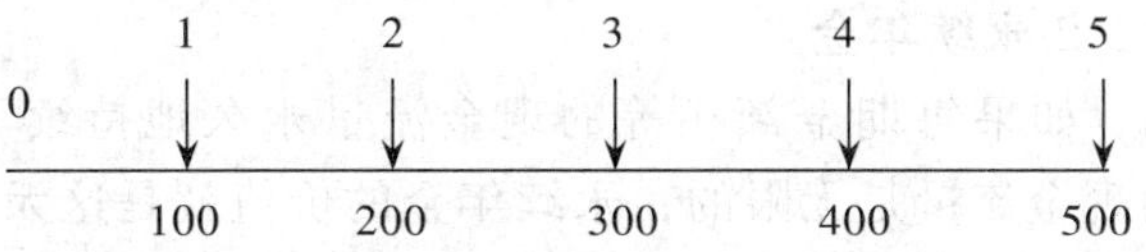

图7-1　现金流量

$$PV=\frac{100}{1.1}+\frac{200}{1.1^2}+\frac{300}{1.1^3}+\frac{400}{1.1^4}+\frac{500}{1.1^5}$$

=90.9+165.3+225.4+273.2+310.5=1 065.3（元）

7.1.3　年金及其复利终值与现值的计算

1.年金的终值和现值的计算

年金是指一定时期内依固定时间间隔多次发生的、每期金额相等的现金流量。由本节前述公式很容易推导出年金的终值与现值公式。

需要注意的是，按年计息的年金可以分为年终存入（或取得）和年初存入（或取得），分别称为后付年金和先付年金，在计算利息时有所不同。

后付年金的终值计算公式为：

$$FV_n=CF\sum_{t=1}^{n}(1+r)^{t-1} \tag{7-5}$$

先付年金的终值计算公式为：

$$FV_n=CF\sum_{t=1}^{n}(1+r)^{t} \tag{7-6}$$

式中：$\sum_{t=1}^{n}(1+r)^{t-1}$称为年金终值系数，记为$FVIFA_{r,n}$。

年金终值系数表

人们将其编制成年金终值系数表方便查阅。需要注意的是，年金终值系数是指后付年金的终值系数，在计算先付年金时需要进行一定的转换。考虑到先付年金比后付年金多付一期的利息，因此一种转换方式是先计算出后付年金，再乘以（1+r）即可；另一种考虑是n期先付年金与（n+1）期后付年金的计息期数相同，但比（n+1）期后付年金少付一次年金，所以只要从（n+1）期后付年金的终值中减去一笔年金即可：

$$FV_n=CF(FVIFA_{r,n+1}-1)$$

后付年金的现值计算公式为：

$$PV_n=\sum_{t=1}^{n}\frac{CF}{(1+r)^t}$$

式中：$\sum_{t=1}^{n}\frac{1}{(1+r)^t}$称为年金现值系数，记为$PVIFA_{r,n}$。

年金现值系数表

先付年金的现值计算公式为：

$$PV_n = \sum_{t=0}^{n-1} \frac{CF}{(1+r)^t} = CF \times (PVIFA_{r,n-1} + 1)$$

与年金终值系数一样，年金现值系数也有表可查。

2. 永续年金

如果每期金额相等的现金流量永久地持续下去，就称为永续年金。永续年金的现金流量是无限的，永续年金的价值就是这无限个现金流量的现值之和：

$$PV = \sum_{t=1}^{\infty} \frac{CF}{(1+r)^t} = \frac{CF}{r} \tag{7-7}$$

【例 7-5】一项每年提供100元现金流量的永续年金投资，在贴现率为5%时的价值为：

PV=100÷0.05=2 000（元）

3. 求贴现率或收益率

利用年金的现值和终值公式，在已知年金和现值或终值的情况下，可以求出隐含的贴现率或收益率。

【例 7-6】某投资者每年年末投资20 000元，预计在5年后将获得120 000元，则该投资者的年收益率为多少？

这是一个后付年金的终值问题，根据公式，有：

$$120\,000 = 20\,000 \times FVIFA_{r,5}$$

得到：$FVIFA_{r,5} = 6$

查年金终值系数表可知，在n=5、r=9%时，年金终值系数为5.9847；在n=5、r=10%时，年金终值系数为6.1051%。这表明，实际的收益率在9%到10%之间，运用软件可以算出较为精确的收益率为9.127%。

【例 7-7】某投资者在第1年年初支出21 000元，在未来5年内每年年末可得到5 000元现金收入，这意味着他的投资收益率（贴现率）是多少？

这是一个后付年金的现值问题，根据公式：

$$21000 = 5\,000 \times PVIFA_{r,5}$$

得到：$PVIFA_{r,5} = 4.2$

用软件（如Excel）可以算出精确的收益率为6.11%。

7.2 债券及其估值

7.2.1 债券的基本参数

（1）票面价值

债券的票面价值简称面值，包含两个方面：一是发行币种；二是票面金额。

（2）票面利率

票面利率指债券持有人定期获取的利息与债券票面价值的比率。

（3）到期日

到期日即自发行日起至全部本金清偿完毕为止的一段时间。一般来说，偿还期在1年以内的称为短期债券，在1年以上、10年以下的称为中期债券，在10年以上的称为长期债券。

（4）发行价格

当债券的发行价格高于债券面值时，为溢价发行；当债券的发行价格等于债券面值时，为等价发行；当债券的发行价格低于债券面值时，为折价发行。

（5）附息债券和零息债券

附息债券在存续期内定期根据票面利率和债券面值向债权人支付利息，是正常的债券。零息债券在到期时按照面值一次性向债权人支付债券本金，在存续期不向债权人支付利息，是一种特殊的债券。

7.2.2 债券的价值

1.债券的价格和到期收益率

债券的价值等于其未来现金流的现值。债券属于固定收益证券，其未来现金收入由各期利息收入和到期时收回的面值两部分组成。一张面值为B、各期利息收入为I、期限为n的债券的现金流量如图7-2所示。

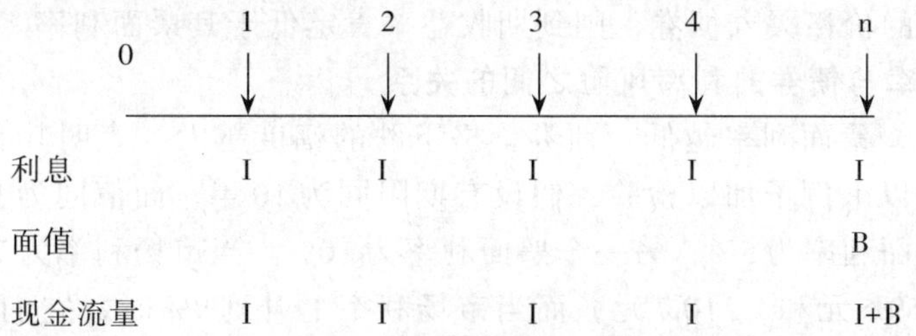

图7-2 债券的现金流量图

因此，债券的价值是：

$$P=\sum_{t=1}^{n}\frac{I}{(1+r)^{t}}+\frac{B}{(1+r)^{n}} \tag{7-8}$$

式中：I为各期利息收入；B为债权的面值；n为债券的付息期数；r为投资者要求的回报率。式中第一项是各期利息的现值，后一项是面值的现值。

【例7-8】某债券的面值为1 000元，票面利息率为8%，期限为10年，每年付息一次，每年的利息收入为80元，如果投资者对此债券要求的投资回报率为6%，则该投资者认为该债券的现值应为：

$$P=\sum_{t=1}^{10}\frac{80}{(1+0.06)^{t}}+\frac{1000}{(1+0.06)^{10}}=1\ 147.2\text{（元）}$$

如果投资者要求的回报率为8%，则该投资者认为该债券的现值应为：

$$P=\sum_{t=1}^{10}\frac{80}{(1+0.08)^t}+\frac{1000}{(1+0.08)^{10}}=1\ 000\text{（元）}$$

如果投资者要求的回报率为10%，则该投资者认为该债券的现值应为：

$$P=\sum_{t=1}^{10}\frac{80}{(1+0.1)^t}+\frac{1000}{(1+0.1)^{10}}=877.1\text{（元）}$$

从上例可见，同一债券对不同投资者的价值可以是不同的。在债券交易中，投资者根据自己对债券价值的判断决定对该债券的出价或要价，最后该债券的市场价格由总的供给和需求决定。

从理论上说，如果选择市场利率作为要求的回报率，计算出来的债券价值应该等于其价格。在实践中，一般是根据债券的价格反推回报率。在式（7-8）中，将债券的价格作为P反推贴现率，则该贴现率是持有债券到期可以得到的投资回报，因此又称为债券的到期收益率。在完全理想的市场情况下，到期收益率应等于市场利率。

【例7-9】某债券的价格是1 036.18元，距到期日还有4年，票面利率是6%，面值为1 000元，一年付息一次，则根据公式，有：

$$1036.8=\sum_{t=1}^{4}\frac{60}{(1+r)^t}+\frac{1000}{(1+r)^4}=60\times PVIFA_{r,4}+1000\times PVIF_{r,4}$$

运用软件，我们可以算出r=4.98%。

如果投资者以面值购入债券，则到期收益率就等于票面利率。投资者只有以低于面值的价格买入债券，才能获得高于票面利率的到期收益率；反过来，如果投资者以高于面值的价格买入债券，则到期收益率肯定低于其票面利率。

2.票面利率与债券的利率风险之间的关系

可以证明，票面利率越低，债券价格下跌的幅度越大，表明其利率风险越高。读者可以使用以下例子加以检验：假设有期限同为10年、面值同为1 000元的两种债券，一个票面利率为5%，另一个票面利率为10%。当市场利率为7%时，它们的价格分别为859.5元和1 210.7元，而当市场利率上升到9%时，它们的价格分别变为743.3元和1 064.2元，各自下降了13.52%和12.10%。显然，票面利率较低的债券，价格下跌幅度较大，这表明其利率风险更高。

期限相同、票面利率较低的债券风险更大的原因在于，债券的价值等于票面利息的现值与本金的现值之和。票面的利率越低，债券的价值越依赖于到期时的本金收入，这样，在市场利率变化时，对债券的价值的影响就较大。

3.关于债券价值的其他结论

①到期期限越长，债券的利率风险越大。债券到期期限影响其利率风险的原因在于：债券价值的很大一部分是通过收回债券面值来实现的，债券期限越长，收回面值的时间越晚，其现值受利率变化的影响越大。

②市场利率下跌引起债券价格升高的百分比，要大于市场利率上升同样幅度所引起的债券价格下跌的百分比。

③随着债券到期日的临近，债券价格逐渐趋向于其面值。

7.2.3 债券的久期

久期（duration）的计算公式如下：

$$久期(Dur)=\frac{\sum_{t=1}^{n}\frac{t\times CF_t}{(1+r)^t}}{\sum_{t=1}^{n}\frac{CF_t}{(1+r)^t}}=\frac{1}{P}\sum_{t=1}^{n}\frac{t\times CF_t}{(1+r)^t} \tag{7-9}$$

式中：分子是债券各期现金流的现值$\frac{CF_t}{(1+r)^t}$与相应的期限t的乘积；分母是债券未来收益的现值，即债券的价格P。

【例7-10】一张期限为5年、面值为1 000元、票面利率为8%、每年付息一次的债券，在到期收益率为10%时的久期为4.28年，具体计算过程如下：

$$债券价格P=\frac{80}{1.10}+\frac{80}{1.10^2}+\frac{80}{1.10^3}+\frac{80}{1.10^4}+\frac{1080}{1.10^5}=924.2(元)$$

$$久期的分子=\frac{1\times 80}{1.10}+\frac{2\times 80}{1.10^2}+\frac{3\times 80}{1.10^3}+\frac{4\times 80}{1.10^4}+\frac{5\times 1080}{1.10^5}=3\,956.8(元)$$

久期=3 956.8÷924.2=4.28（年）

式（7-9）表明，久期是债券各期现金流发生的时间（第1期、第2期、……、第n期）的加权平均值。债券的现金流在时间上的分布越靠后，债券的久期就越长。零息债券的久期就是其距离到期日的时间。

久期综合了期限与票面利率这两个因素，科学地度量了债券各期现金流的平均到期时间。具有同样久期的债券，尽管它们的到期期限和票面利率有可能不同，但它们的价格相对于利率的变化却非常相似。因此，久期是度量债券利率风险最重要的指标。

7.2.4 名义利率与实际利率

年通货膨胀率为5%，意味着在年末要用105元才能购买到年初用100元就可以买到的商品。因此，一张名义利率为8%、票面价值为100元的一年期债券，年末的本息合计为108元，可以比年初的100元多购买2.86元（108÷1.05-100）的商品。所以，这一债券的实际年利率为2.86%。通货膨胀率、实际利率和名义利率的关系是：

$$r=\frac{1+R}{1+i}-1 \tag{7-10}$$

式中：r为实际利率；R为名义利率；i为通货膨胀率。

在通货膨胀率、名义利率和实际利率都不大的时候，三者的关系可以近似表达为：

$r\approx R-i$

7.3 股票估值

普通股是公司权益资本的基础。所谓“普通”，是指其在利润分配和破产清算时没有任何优先权，与之对应的是具有一定优先权的优先股。一般情况下，不特指的股票指的是普通股。

7.3.1 普通股价值

（1）票面价值

普通股的票面价值是股票票面标明的金额，其大小通常由公司章程规定。票面价值的作用主要是确定每股占公司股本总额的比例。

（2）账面价值

普通股的账面价值是指公司资产负债表上每股股票对应的公司净资产，即普通股的账面股东权益与普通股股份数量之比。

（3）清算价值

普通股的清算价值是指公司清算时每股股票所代表的实际价值，仅用于公司清算等特殊情况。

（4）市场价值

普通股的市场价值即市场价格，是在股票交易过程中形成的、为市场上大多数人所接受的价格。

7.3.2 普通股估值

与债券和其他资产一样，普通股的价值是由其未来的现金流量的现值决定的，因此股票估值就是估计其未来现金流量和相应的贴现率。

股票持有者的现金收入来自两个方面：一是持有股票期间定期得到的现金股利；二是在出售股票时得到的变现收入。若以DIV_1、DIV_2、…、DIV_n表示各期现金股利收入，以P_n表示第n期期末出售股票得到的变现收入，即当时的股票价格，则股票当前的价格P_0可表示为：

$$P_0=\frac{DIV_1}{1+r}+\frac{DIV_2}{(1+r)^2}+\cdots+\frac{DIV_n}{(1+r)^n}+\frac{P_n}{(1+r)^n}=\sum_{t=1}^{n}\frac{DIV_t}{(1+r)^t}+\frac{P_n}{(1+r)^n} \quad (7-11)$$

【例7-11】某股票预期未来3年每年每股可得到现金股利3元，3年后该股票的预期售价为每股20元，若要求的收益率为18%，求该股票目前的价值。

将相关数字代入公式（7-11），可得：

$$P_0=\sum_{t=1}^{3}\frac{3}{1.18^t}+\frac{20}{1.18^3}=18.7\text{（元）}$$

如果进一步分析，会发现当一个投资者将股票出售后，买入这只股票的新投资者所能得到的未来现金流是他持有股票期间所得到的现金股利和再次出售股票后得到的现金收入。对第三个投资者亦是类似的情况。如果将一个个投资者串联起来，就会发现，股票出售时的变现收入是投资者之间的现金收付，并不是发行股票的公司给股东提供的回报，因为这些现金收付是相互抵销的，普通股股票能够向投资者提供的未来现金收入，就是发行公司向股东派发的现金股利，考虑到这一点，普通股股票的价值为：

$$P_0 = \frac{DIV_1}{(1+r)} + \frac{DIV_2}{(1+r)^2} + \frac{DIV_3}{(1+r)^3} + \cdots = \sum_{t=1}^{\infty}\frac{DIV_t}{(1+r)^t} \tag{7-12}$$

上式就是确定普通股价值的股利贴现模型。由于时间趋于无穷，我们必须预测出无穷多个现金股利才能估计股票的价值。常见的模型有：

（1）假定股票发行公司保持现金股利发放额为一常数DIV；

（2）假定发行公司的现金股利在基础股利DIV_0的基础上每年以固定的比率g增长；

（3）假定现金股利在短期内高速增长，过了高速增长期后，增长率逐渐稳定下来。

本书只讨论第一种情况，在这种情况下，数学推导求极限的结果是：

$$P_0 = \sum_{t=1}^{\infty}\frac{DIV}{(1+r)^t} = \frac{DIV}{r} \tag{7-13}$$

7.4 投资项目决策

7.4.1 净现值

净现值（net present value，NPV）是指项目寿命周期内各年的现金流按相应的贴现率折算成现值后与初始投资额之差，它反映了项目的净经济价值。净现值的计算公式为：

$$NPV = CF_0 + \sum_{t=1}^{n}\frac{CF_t}{(1+r)^t} \tag{7-14}$$

式中：NPV表示净现值；CF_0表示初始投资额，一般为负值；CF_t表示第t年的现金流；r表示贴现率；n表示投资项目的寿命周期。

净现值指标的决策标准是：如果投资项目的净现值大于0，接受该项目；如果投资项目的净现值小于0，放弃该项目；如果有多个互斥的投资项目互相竞争，选取净现值大于0的项目中净现值最大的项目。

7.4.2 投资回收期

投资回收期（payback period）是指收回全部初始投资所需要的时间。投资回收期的计算公式如下：

$$\sum_{t=1}^{T}CF_t - CF_0 = 0 \tag{7-15}$$

式中：T为回收期；CF_t为第t期的现金流；CF_0为初始投资额，一般为正值。

投资回收期计算简单，其最大的缺点是没有考虑资金的时间价值。为了改正这一缺点，人们引入了贴现投资回收期的指标。这一指标将各期现金流贴现后再求出投资项目的投资回收期。

7.4.3 内部收益率

内部收益率（internal rate of return，IRR）是使投资收益现值等于初始投资额的收益率，或者使净现值为0的贴现率，即下述方程的解：

$$CF_0 + \sum_{t=1}^{n} \frac{CF_t}{(1+IRR)^t} = 0 \tag{7-16}$$

由于内部收益率反映的是投资者的实际收益率，所以运用这一指标进行投资决策的标准就是：当一个项目的内部收益率大于或等于其资本成本时，采纳该项目；否则，拒绝该项目；如果存在多个互斥项目，那么在所有内部收益率大于资本成本的项目中选择内部收益率最高的项目。

净现值和内部收益率所用的公式其实是同一个，但是理论分析表明，内部收益率指标存在一些重要的缺陷：

①如果在项目的寿命周期内其现金流量多次改变符号，可能会解出一个以上的内部收益率。

②在两个或两个以上项目的互斥决策中，经常会出现不同项目的初始投资额不等的情况，而内部收益率指标完全忽视了投资规模。

③由于内部收益率指标的决策原则是选择内部收益率大于资本成本的项目，而当内部收益率大于资本成本时，远期的现金流受贴现的影响偏大。因此，内部收益率指标偏向于低估期限长的项目和现金流分布靠后的项目，进而选择期限短的项目和现金流分布靠前的项目。

为了解决内部收益率存在诸多缺陷的问题，使之更好地用于投资决策，人们引入了“调整（或修正）内部收益率”的指标，感兴趣的读者可自行查阅相关资料。

7.5 风险、收益与证券市场理论

7.5.1 收益和风险的度量

1.概率分布

概率是指随机事件发生的可能性。投资活动可能产生的种种收益（或损失）可以看作一个个随机事件，其出现的可能性，可以用相应的概率来描述。

2.期望值

投资的期望收益率，即投资收益的期望值，是指所有可能的收益的加权平均值，权重为收益出现的概率。离散型概率分布的期望值按下面的公式计算：

$$E(X) = \sum_{i=1}^{n} X_i P(X_i) \tag{7-17}$$

式中：E（X）为期望值；X_i为第i种可能出现的事件（收益）；P（X_i）为第i种事件（收益）出现的概率；n表示可能出现的事件（收益）的个数。

【例7-12】投资项目A的收益分布见表7-1，求投资项目A的期望收益。

表7-1　投资项目A的收益分布

收益额（万元）	概率
40	0.10
50	0.20
60	0.40
70	0.20
80	0.10

根据式（7-17），可计算出投资项目A的期望收益为：

$$E(X) = 40\times0.10+50\times0.20+60\times0.40+70\times0.20+80\times0.10 = 60\text{（万元）}$$

3.方差和标准差

方差和标准差被用来描述各种可能结果相对于期望值的离散程度。方差的公式为：

$$\begin{aligned} Var(X) &= \sum_{i=1}^{n} P_i[X_i - E(X)]^2 \\ &= E[X_i - E(X)]^2 \\ &= E(X^2) - [E(X)]^2 \end{aligned} \tag{7-18}$$

标准差是方差的平方根：

$$\sigma_X = \sqrt{Var(X)} \tag{7-19}$$

方差和标准差越大，说明各种可能的结果相对于其期望值的离散程度越大，即风险越大。因此，方差和标准差是度量资产风险的极其重要的指标。

7.5.2　投资组合的收益和风险

1.投资组合的期望收益

根据推导（对具体推导过程感兴趣的读者可自行查阅相关资料），投资组合的期望收益率是组合中每种资产的收益率的加权平均值，权重为投资比例——每种资产的价值占投资组合总价值的比例。比如，一个投资者持有收益率为15%的股票和收益率为10%的企业债券，投资比例分别为40%和60%，则该投资组合的收益率为：

$$E(R_p) = 15\%\times40\%+10\%\times60\%=12\%$$

一般，由N项资产构成的资产组合的期望收益率E（R_p）为：

$$E(R_p) = W_1R_1 + W_2R_2 + \cdots + W_nR_n = \sum_{i=1}^{n} W_iR_i \tag{7-20}$$

式中：W_i为资产i在资产组合中所占的价值比例；R_i为资产i的收益率。

2.两项资产构成的投资组合的风险

设资产1和资产2的期望收益率为R_1和R_2，标准差为σ_1和σ_2，则由资产1和资产2构成的投资组合的方差Var_p或$\sigma_p{}^2$为：

$$Var_p = W_1^2\sigma_1^2 + W_2^2\sigma_2^2 + 2W_1W_2\rho_{12}\sigma_1\sigma_2 \tag{7-21}$$

式中：ρ_{12}为资产1和资产2的收益间的相关系数；$\rho_{12}\sigma_1\sigma_2$为协方差。相关系数与协方差反映了资产1和资产2的收益间的相对运动状况。

一般情况下，如果两项资产的相关系数为1，则意味着这两项资产的收益变化方向和程度完全相同，这时资产组合不能分散掉任何风险；如果两项资产的相关系数为-1，则意味着这两项资产变化的方向和程度完全相反，因此可以把风险完全抵消掉，这时投资组合的标准差为0；当两项资产的相关系数介于+1和-1之间时，资产的收益率之间存在一定的相关关系，可以分散掉部分风险。

我们可以画出当相关系数ρ取某一值（例如-0.5）时，方差与收益率之间的关系曲线，如图7-3所示。

图7-3 两项资产的组合投资风险（ρ取某一定值）

从图7-3中我们看到，在曲线的上半段，随着方差即投资风险的增大，期望收益率在增加，而在曲线的下半段，随着投资风险的增大，期望收益率反而在减少。因此，理性的投资者显然会选择曲线的上半段，这一段称为有效投资组合集合。至于具体选择哪一点，由投资者所要求的风险-收益偏好而定。

3.多项资产构成的投资组合的风险

由N项资产组成的资产组合的方差公式为：

$$Var(X_p) = \sum_{i=1}^{N}\sum_{j=1}^{N} W_iW_j\sigma_i\sigma_j\rho_{ij},\ j \neq i \tag{7-22}$$

上式中，第一项只与各单项资产的收益率方差有关，反映了单项资产各自的收益率波动状况，为非系统风险；第二项与不同资产的收益率协方差有关，反映了各项资产收益率的相关性和共同运动状况，为系统风险。可以证明，当资产组合中的资产数目增多时，组合的非系统风险将逐渐消失；而无论组合的资产数目多大，系统风险并不会趋于零，而是趋于其平均值。

7.5.3 资本资产定价模型

1.资本市场线与投资选择

如果在资本市场上除风险资产外，还存在无风险资产（例如短期国债投资），则无风险资产与风险资产将构成一种新的投资组合集合，它不同于单纯由风险资产构成的投资组合集合。

图7-4中，R_f点代表无风险资产F的期望收益，标准差为0。无风险资产F可以与风险资产组合（如图中曲线所示）组成不同的投资组合集合（如图中直线所示），但只有与曲线的切线（如图中实线直线所示）才是有效投资集合，因为与其他投资组合（如虚线所示）相比，实线上的点在同等风险情况下有更高的期望收益率。至于具体选择哪一点，投资者根据自己的风险-收益偏好确定，但无论选择直线上的哪一点，投资者所持有的风险资产的组合都是M。从图形上来看，所有投资组合都必须通过M点，这一点就是风险资产的市场组合。代表有效投资组合集合的这一直线称为资本市场线（captial market line，CML），其方程为：

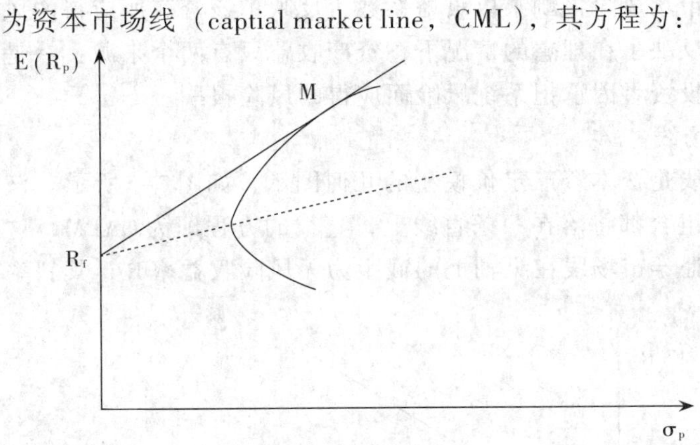

图7-4　资本市场线

$$E(R_p)=R_f+\frac{E(R_M)-R_f}{\sigma_M}\sigma_p \tag{7-23}$$

式中：$E(R_p)$为投资组合的期望收益率；$E(R_M)$为市场组合的期望收益率；σ_p为投资组合的标准差；σ_M为市场组合的标准差。

当然，需要强调的是，资本市场线成立的条件是“投资者对所有资产收益的概率分布预期一致”，虽然现实世界的情况很难完全符合这一条件，但这并不意味着上述公式无用。事实上，由于现实是理想情况的有限外推，因而它提供了一种很好的参照。

2.系统风险、贝塔系数与资本资产定价模型

资本市场线描述了在投资者对所有资产收益的概率分布预期一致的情况下，投资者必然选择风险资产的市场组合。那么，市场组合中的单项资产与市场组合之间存在什么关系呢？从理论上说，任何一项资产的风险就是它使市场组合风险增加的部分，这一增加的风险通常用这项资产与市场组合之间的协方差来衡量。将协方差标准化，也就是除以市场组合的方差，我们可以得到贝塔系数：

$$\beta_i = \frac{COV(R_i, R_M)}{Var(R_M)} \tag{7-24}$$

贝塔系数度量了第i种资产与市场组合风险的收益率协方差，即第i种资产对市场组合系统风险的贡献。式中：β_i表示第i种资产的贝塔系数；下标M表示市场组合，$Var(R_M)$表示市场组合的收益率方差，它度量了市场组合的风险；$COV(R_i,R_M)$表示第i种资产与市场组合的收益率协方差。

根据贝塔系数以及前述资本市场线的定义，我们可以导出资本资产定价模型（Capital Assets Pricing Model，CAPM）：

$$E(R_i) = R_f + \beta_i[E(R_M) - R_f] \tag{7-25}$$

式中：$E(R_i)$为资产i的期望收益率；R_f为无风险利率；$E(R_M)$为市场组合的期望收益率；β_i为资产i的贝塔系数。

由于$E(R_M)$为市场组合的期望收益率，R_f为无风险利率，因此$E(R_M) - R_f$为市场风险报酬。市场风险报酬乘以贝塔系数，反映了该资产所应得的风险报酬。

上述分析反映了在理想的情况下，资产收益只有两个来源：一是资金的纯粹时间价值；二是投资者因承担系统风险而应得的风险报酬。

3.证券市场线

证券市场线是资本资产定价模型的几何图示，如图7-5所示。该模型说明，所有证券和投资组合都将落在一条直线上，直线的方程即为CAPM，这条直线被称为证券市场线。证券市场线在纵轴上的截距为无风险收益率R_f，其斜率为市场风险报酬$E(R_M) - R_f$。

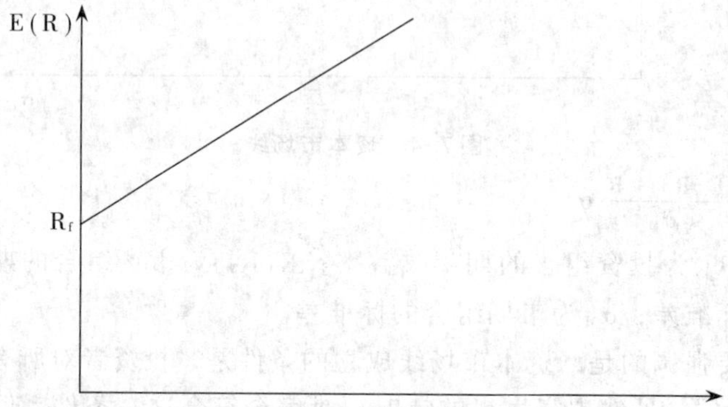

图7-5　证券市场线

【例7-13】某公司股票的贝塔系数为1.2，无风险收益率为8%，市场风险报酬为6%，求该股票的期望收益率。

根据资本资产定价模型，该股票的期望收益率为：

8%+1.2×6%=15.2%

反过来，如果已知某证券的期望收益率，可以利用CAPM计算该证券的贝塔系数。例如，如果一只股票的收益率为12%，无风险收益率为8%，市场风险报酬为

6%，那么其贝塔系数为0.667。

自从CAPM问世以来，学术界就非常关注它在现实中的有效性，许多金融学家从各个角度进行了检验。20世纪80年代以后，CAPM的有效性受到了多方面的质疑。例如，Fama和French发现：第一，对指数波动贡献较大的股票，即贝塔系数较大的股票，没有获得更高的收益率。在控制了公司规模之后，收益率和贝塔系数负相关。第二，用贝塔系数度量的市场风险并不是系统风险的唯一来源，存在其他系统风险因素，例如宏观经济。第三，证券收益率还受到非系统性风险的影响，例如公司规模。在上述实证研究的基础上，Fama等提出了有效市场的理论，感兴趣的读者可自行查阅相关资料。

7.6 资本成本

企业资本是指那些企业需要向资金提供者提供回报的资金来源，包括权益资本和债务资本。权益资本是股东（所有者）投入的资金，包括普通股股本、普通股溢价发行形成的资本公积、历年留存收益形成的盈余公积，以及优先股股东投入的资金等。债务资本包括债券和各种银行贷款，企业要为这些资金来源支付利息。债务资本不包括各种应付款项（如应付账款），因为企业不需要为这些资金支付利息，没有直接的成本。

7.6.1 普通股成本

根据普通股的定价公式：

$$P_0 = \frac{DIV_1}{(1+r)} + \frac{DIV_2}{(1+r)^2} + \frac{DIV_3}{(1+r)^3} + \cdots = \sum_{t=1}^{\infty} \frac{DIV_t}{(1+r)^t}$$

已知普通股发行价格、各期现金股利，就可以反推出r，即普通股的资本成本。

由于各期股利无法预测，我们只能在几种简化的情形下推算出准确的数值，例如，在每期支付固定现金股利的情况下，可以反推出：

$$r = \frac{DIV}{P}$$

【例7-14】某公司发行普通股筹资，发行价格为每股15元，每年支付固定现金股利3元，该普通股的资本成本为：

$$r = \frac{DIV}{P} = \frac{3}{15} = 20\%$$

我们还可以利用资本资产定价模型来计算普通股成本，其计算过程可以分为四步：

（1）估计无风险利率R_f，例如可用短期政府债券利率（在我国也可以使用银行的短期贷款利率）；

（2）估计该公司股票的β系数；

（3）估计股票市场的“平均”风险报酬率$(R_M - R_f)$；

（4）将上述数据代入CAPM，求出该股票的期望收益率，即资本成本：

$$R_i = R_f + \beta_i(R_M - R_f) \tag{7-26}$$

读者可能比较难于理解，为什么在不发放股利的情况下，普通股仍然存在资本成本。这是因为，投资者购买股票会要求获得必要报酬率，即企业资产的收益必须至少达到这一报酬率才能满足投资者的要求。如果某一投资项目收益率低，则会拉低整个企业的资产收益率，如果股票收益率低于投资者的期望收益率，则投资者会卖出股票。理论上，股票价格将下跌直至其价格与企业资产的收益率相匹配为止，这将提升下一次筹资的成本。在很多情况下，权益成本高于债务成本。

总的来说，投资者所要求的必要报酬率与企业的筹资成本是一个硬币的正反面，它们总是相等的。这一原则对于任何形式的筹资都是成立的。

【例7-15】已知某公司股票的β系数为0.7，市场回报率R_M=15%，无风险利率R_f=6%，则这家公司普通股的资本成本为：

$$R_E = 60\% + 0.7 \times (15\% - 6\%) = 12.3\%$$

利用CAPM方法估计普通股资本成本有两个优点：一是明确考虑了普通股投资的风险；二是适用于那些股利发放不稳定的公司。

7.6.2 债务成本

当企业发行债券融资时，投资者所要求的回报率由债券的到期收益率来反映。由前述，债券对于投资者而言的“到期收益率”，对于发行企业而言，即债券的资本成本。

【例7-16】公司折价发行面值为1 000元、票面利息率为10%的10年期债券，发行价格为905元，计算该债券的资本成本。

根据债券的定价公式，有：

$$905 = \sum_{t=1}^{10} \frac{100}{(1+R_D)^t} + \frac{1000}{(1+R_D)^{10}}$$

利用软件可算出，该到期收益率为11.66%。由此可知，该债券的资本成本也是11.66%。

上面讨论的债务资本都是税前的。在资本预算的现金流量分析中，如果贴现的对象是税后（企业所得税）现金流量，那么相应的贴现率（资本成本）也应该采用税后资本成本。感兴趣的读者可继续深入阅读相关文献。

7.6.3 发行费用对资本成本的影响

发行股票和债券需要一定的发行费用，这些发行费用会对资本成本产生影响。比如，如果发行股票需要支付的发行费用占发行收入的5%，则在投资者购买企业股票所支出的1亿元投资中，企业只能得到9 500万元。

【例7-17】某公司发行普通股筹资，发行价格为每股15元，每股每年支付固定现金股利3元，发行费用为3%，则该普通股的资本成本为：

$$r = \frac{DIV}{P(1-f)} = \frac{3}{15 \times (1-0.03)} = 20.62\%$$

【例 7-18】公司折价发行面值为1 000元、票面利息率为10%的10年期债券，发行价格为905元，发行费用为2%，计算该债券的资本成本。

$$905 \times (1-0.02) = \sum_{t=1}^{10} \frac{100}{(1+R_D)^t} + \frac{1\,000}{(1+R_D)^{10}}$$

利用软件可计算出资本成本为12%。

7.6.4 加权平均资本成本

加权平均资本成本（weighted average cost of capital，WACC）是企业各类资本的成本与该类资本在企业总资本中所占的比例（权重）的乘积之和。常见的资本包括普通股、优先股和长期负债等。加权平均资本成本的计算公式如下：

$$WACC = \sum_{i=1}^{n} W_i R_i \tag{7-27}$$

式中：W_i为第i种资本占总资本的比例；R_i为第i种资本的（税后）资本成本。

加权平均资本成本不仅与各类资本的成本大小有关，而且与资本结构有关。

加权平均资本成本经常作为贴现率来计算项目的净现值。利用加权平均资本成本作为贴现率的含义是，如果项目的资本来源中债务资本与权益资本各占一定的比例，那么相应的加权平均资本就是这两类投资者所要求的平均投资收益率。如果项目能够产生足够的投资收益，既能满足债权人的投资收益要求，又能满足股东的投资收益要求，则这个项目按照加权平均资本成本贴现的净现值必然大于或等于零，这个项目就是可行的。

7.6.5 调整现值方法

前述的投资项目评价没有考虑不同来源的资本成本以及发行费用、税收等问题，现将这些问题考虑在内。

【例 7-19】某项目需要3 000万元的初始投资，10年内每年可产生600万元的税后净现金流量，权益资本对这一项目所要求的投资收益率为12%。下面计算该项目的调整现值：

首先，计算项目的全部资金来源均为权益资本时的基本净现值：

$$NPV = -3\,000 + \sum_{t=1}^{10} \frac{600}{1.12^t} = 390 \text{（万元）}$$

然后，讨论不同融资因素对投资项目净现值的影响：

(1) 股票发行费用的影响

假设企业要通过发行股票来取得这3 000万元的投资，并且发行成本相当于筹资额的4%，为了筹措到3 000万元资金，企业发行的股票金额应为3 125万元（3 000÷（1-4%）），多出的125万元是发行费用支出，则可以得到第一步调整的净现值：

APV=基本净现值-发行成本=390-125=265（万元）

（2）债务融资的影响

假设企业的目标资本结构为D/E=1，则企业可借入1 500万元的债务资本，它将产生利息支付的税收屏蔽作用（即利息支付在税前产生，应税额降低）。假设债务资本的利率为8%，期限为10年，债务的发行成本为0，企业所得税税率为30%，公司从第6年起每年年末等额归还债务本金，利息的税收屏蔽作用按照债务利息率8%贴现，则债务资本给这个项目带来的税收屏蔽价值见表7-2。

表7-2 **税收屏蔽价值** 金额单位：元

年度	年初债务余额	利息支出	利息税盾	现值系数	税后现值
1	15 000 000	1 200 000	360 000	0.926	333 360
2	15 000 000	1 200 000	360 000	0.857	308 520
3	15 000 000	1 200 000	360 000	0.794	285 840
4	15 000 000	1 200 000	360 000	0.735	264 600
5	15 000 000	1 200 000	360 000	0.681	245 160
6	15 000 000	1 200 000	360 000	0.630	226 800
7	12 000 000	960 000	288 000	0.584	168 192
8	9 000 000	720 000	216 000	0.540	116 640
9	6 000 000	480 000	144 000	0.500	72 000
10	3 000 000	240 000	72 000	0.463	33 336
现值总计					2 054 448

在投资项目的净现值中加上税盾所增加的现值205万元，该项目的调整净现值为：

APV=基本净现值-发行成本+债务的税收屏障

=390-125÷2+205=532.5（万元）

7.7 营业风险、财务风险与资本结构

7.7.1 营业风险与营业杠杆

营业风险，又称经营风险，是指企业全部资本（包括股票和债券）投资收益的不确定性。企业的息税前利润（earnings before interest and tax，EBIT）包括企业向债权人支付的利息、向政府缴纳的所得税和向股东提供的税后利润，它反映了资本投资者的报酬。因此，EBIT越稳定，资本投资者的收益也越稳定；反之，则资本投资者的收益波动性越大。所以，息税前利润的波动性反映了资本投资者面临的风

险。息税前利润只受企业生产经营状况的影响，与企业的负债状况即企业的资本结构无关，因此该特性也便于比较不同行业的营业风险的大小。

影响企业营业风险的因素有很多，包括市场因素、企业因素、成本结构因素和行业因素。在财务管理中，我们主要关注成本结构的影响。

1.息税前利润与盈亏平衡分析

息税前利润的计算公式为：

$$EBIT=Q(P-V)-F$$

式中：Q表示产品销售量；P表示产品单位销售价格；V表示产品单位变动成本；F表示总固定成本。盈亏平衡点Q_{BE}为使得总收入和总成本相等即息税前利润等于零所要求的销售量。

因此：

$$EBIT=Q_{BE}(P-V)-F=0$$

$$Q_{BE}=\frac{F}{P-V} \tag{7-28}$$

销售量超过盈亏平衡点，将使利润增加；销售量跌到盈亏平衡点以下，将使亏损增加。例如，某公司生产A产品，销售单价为50元，单位变动成本为25元，固定成本总额为100 000元，则盈亏平衡点为100 000÷（50−25）=4 000（件）。

2.营业杠杆的定义

营业杠杆（DOL）为息税前利润的相对变动与销售收入的相对变动之比：

$$营业杠杆=\frac{息税前利润变动率}{销售收入变动率}=\frac{\Delta EBIT/EBIT}{\Delta S/S} \tag{7-29}$$

由式（7-29）可知，营业杠杆越大，销售收入的相对变动引起息税前利润的相对变动也越大。

用P表示单位产品的销售价格，Q表示产品的销售量，V表示单位产品的变动成本，F表示固定成本（含折旧），S表示销售收入，则：

$$S=PQ$$

$$\begin{aligned}EBIT&=销售收入-总成本(不含利息支出)\\&=PQ-(VQ+F)=(P-V)Q-F\end{aligned}$$

$$\Delta EBIT=(P-V)\Delta Q$$

$$\Delta S=P\Delta Q$$

所以，营业杠杆可用固定成本和变动成本表述为：

$$DOL=\frac{\Delta EBIT/EBIT}{\Delta S/S}=\frac{(P-V)\Delta Q/[(P-V)Q-F]}{P\Delta Q/PQ}=\frac{(P-V)Q}{(P-V)Q-F} \tag{7-30}$$

从式（7-30）可以看出，成本构成是营业杠杆的主要决定因素。固定成本较高的企业，如设备密集型企业，营业杠杆较大；固定成本较低的企业，如劳动密集型企业，营业杠杆较低。

在其他因素不变的情况下，营业杠杆越高，销售收入的波动导致企业息税前利润的波动越大。

7.7.2 财务风险与财务杠杆

如果企业的资本全部由股东投入，则股东只承受营业风险；如果企业引入部分债务资本，由于债权人在投资收益的分配上优先于公司股东，从而增加了股东收益的不确定性。这种因负债经营而产生的风险，就是财务风险。

负债经营导致的财务风险可以用财务杠杆（DFL）来反映，财务杠杆通常用财务杠杆系数来衡量：

$$财务杠杆 = \frac{\Delta EPS/EPS}{\Delta EBIT/EBIT} \tag{7-31}$$

式中：EPS表示每股税后收益。上式就是每股税后收益（EPS）的相对变动与息税前利润（EBIT）的相对变动之比，也就是息税前利润每变动1%而引起的每股税后收益变动的百分比。

令T_C为企业所得税税率，I为利息支出，N为股票数量，有：

$$EPS = (1/N) \times (EBIT - I) \times (1 - T_C)$$

$$\Delta EPS = (1/N) \times (1 - T_C) \times \Delta EBIT$$

得到：

$$DFL = EBIT/(EBIT - I) \tag{7-32}$$

从式（7-32）可以看出，负债比率越高，财务杠杆越大，财务风险也越大。

7.7.3 复合杠杆

综合以上分析，销售收入的变化首先通过营业杠杆影响息税前利润，再通过财务杠杆影响税后净利润，营业杠杆作用于前，财务杠杆作用于后，两者共同影响着股东收益的稳定性。我们可以用复合杠杆（DCL）表示这两者的综合影响，它是销售额变动一个百分点引起的每股税后收益变动的百分比。

$$\begin{aligned} DCL = DOL \times DFL &= \frac{\Delta EBIT/EBIT}{\Delta S/S} \times \frac{\Delta EPS/EPS}{\Delta EBIT/EBIT} \\ &= \frac{\Delta EPS/EPS}{\Delta S/S} \\ &= (EBIT + F)/(EBIT - I) \end{aligned} \tag{7-33}$$

7.7.4 资本结构与MM定理

资本结构是指企业资本的构成，常常用债务权益比或资产负债比来衡量。债务权益比是企业债务资本D与权益资本E的比值，即D/E。由于企业的总资本为D+E，所以债务权益比与债务资本比D/（D+E）等价。由前述可知，资本结构与财务风险（即波动程度）密切相关，但我们在以上没有讨论资本结构与股东收益率的关系。

假设有一个简单的经济环境，没有企业所得税，个人和企业都能以无风险利率借入、贷出资金。A公司面临着衰退、正常和扩张三种经济前景，相应地，A公司创造的息税前利润（EBIT）分别为500元、2 000元和3 500元。假设A公司用5 000元年利率为10%的债务资本替换同样数量的权益资本后，公司的普通股数量降低到500股，每股价值仍为10元。表7-3给出了A公司在无负债（资本结构改变之前，10 000元全部是权益资本）的情况下和有负债（改变资本结构之后，用5 000元债务资本替换了5 000元的权益资本）的情况下的经营成果。

表7-3 **经营成果** 金额单位：元

资本结构状况	经济前景		
	衰退	正常	扩张
无负债时：			
息税前利润（EBIT）	500	2 000	3 500
净利润	500	2 000	3 500
权益收益率	5%	20%	35%
每股收益（EPS）	0.5	2.0	3.5
有负债时：			
息税前利润（EBIT）	500	2 000	3 500
利息支出	-500	-500	-500
息后净利润	0	1 500	3 000
权益收益率	0	30%	60%
每股收益（EPS）	0	3.0	6.0

我们可以看出，在用债务资本替换部分权益资本之后，虽然在正常和扩张的经济前景下股东的收益率高于资本结构变化之前的，但在衰退的经济前景下，股东的收益率却低于资本结构变化之前的。因此，我们发现，使用债务资本替换权益资本并不见得能增加股东价值。

事实上，根据Modigliani和Miller的研究，在下述情况下，存在无公司所得税时的MM定理Ⅰ：公司的资本结构不影响公司价值，或者负债经营公司的价值等于无负债经营公司的价值。

①资本市场是完全市场，每种资产的现金流都可以用其他资产构成的投资组合来复制；

②所有投资者对每一企业未来的息税前利润的期望值和分布状况具有完全相同的估计，即他们对企业未来的收益和风险具有完全相同的预期；

③没有企业所得税和个人所得税；

④股票和债券在完美资本市场上交易，机构与个人都没有交易费用；

⑤债务都是无风险的，因此所有债务的利率均为无风险利率，且机构与个人具有相同的贷款利率；

⑥市场不存在套利机会。

类似地，存在无公司所得税时的MM定理Ⅱ：根据前文对财务杠杆的分析，虽然债务资本的成本低于权益资本的成本，但随着财务杠杆的增大，股东承担的风险增大，权益资本成本也随之上升。权益资本成本的上升正好抵消掉债务资本的低成本带来的好处，企业的加权平均成本不变，因此企业的价值不会因债务资本的增加而增加。MM定理Ⅱ的一种等价形式是，公司的加权平均资本成本与其资本结构无关，或者，增加债务资本不会改变企业的加权平均资本成本。

当然，MM定理只是一种理想情况，实际企业还是要根据现实世界中对债务资本成本和权益资本成本的测算来使得加权平均资本成本最小化。

第7章要点回顾

复习思考题

1.复利计算对于投资理论的意义是什么？

2.如何计算终值和现值？什么是终值系数和现值系数？

3.什么是贴现和贴现率？

4.什么是债券的到期收益率？为什么在完全理想的市场情况下，到期收益率应等于市场利率？

5.为什么期限相同、票面利率较低的债券风险更大？

6.什么是普通股价值的股利贴现模型？

7.投资项目的净现值决策标准和内部收益率决策标准各是什么？

8.投资项目决策的内部收益率决策标准存在哪些缺陷？

9.什么是风险投资的市场组合？什么是贝塔系数？

10.什么是资本资产定价模型？

11.如何计算普通股成本？如何计算债务成本？

12.什么是营业风险？如何度量营业风险？

13.什么是财务风险？如何度量财务风险？

第8章

企业上市[1]

学习要点

◇ 改制与企业上市

◇ 企业改制重组应达到的标准

◇ 上市审查的主要内容

◇ 关于“主体资格”的上市审查

8.1 企业上市概述

8.1.1 有关概念

中国证监会发布的《首次公开发行股票并上市管理办法》及《首次公开发行股票并在创业板上市管理暂行办法》对发行主体资格有以下要求：发行人应当是依法设立且持续经营3年以上的股份有限公司，或者有限责任公司按原账面净资产值折股整体变更为股份有限公司；发行人应当股权清晰，股份不存在重大权属纠纷。因此，设立股份有限公司或者改制为股份有限公司是企业进入资本市场的第一道门槛，改制重组是否规范，直接影响到企业的上市成功与否。

改制是指依照《证券法》《公司法》《首次公开发行股票并上市管理办法》拟上市的股份有限公司，在设立过程中及设立以后，建立健全有效的内部控制制度和运行机制，规范公司内部组织机构和公司治理基础，按照法律、法规及中国证监会相关规定的要求规范股份公司运作。

重组是指在拟上市股份公司设立前及设立之后，通过股权重组和资产整合，将公司股权、业务、资产、人员、机构和财务进行合理调整及有效组合，使其符合上

① 本章未设专节介绍“新三板”上市。实际上，各板上市审查的精神和原则相同，只是门槛的高低不同。了解主板上市后，其他各板上市可触类旁通。

市发行的规范要求，形成股权关系清晰、业务体系完整、直接面向市场独立经营和持续发展的发行主体。

因此，改制重组是公司成为一个合格上市发行主体的第一步，也是公司上市成功的关键，它对公司存在的许多历史问题和上市的隐患进行调整与规范，为日后公司上市发行股票打下更为牢固的基础。

8.1.2 有限责任公司整体变更为股份有限公司的条件

有限责任公司整体变更为股份有限公司是指在公司股权结构、主营业务、实际控制人和资产等方面维持同一公司主体前提下，以公司经审计账面净资产额相应折合为股份有限公司的资本总额，将有限责任公司整体以组织形式变更的方式改制为股份有限公司。因此，有限责任公司整体变更为股份有限公司后，仍然是在同一会计主体下进行生产经营、财务运营，按照有关的法律、法规，如果希望这种变更能够连续计算公司的经营业绩，则对有限责任公司主要有以下要求：

1.有限责任公司的经营时间

有限责任公司应当是连续经营3年以上的公司，而且此期间，实际控制人没有发生变化，主营业务没有发生重大变化，公司高级管理人员没有发生重大变化。

2.有限责任公司的规模

有限责任公司变更为股份有限公司是以公司经审计账面净资产额按不大于1的比例折合为股份有限公司的股本总额。《公司法》要求设立股份有限公司股本最低额为500万元人民币，但按照《首次公开发行股票并上市管理办法》的要求，发行人上市前股本总额不少于人民币3 000万元，所以有限责任公司经审计的账面净资产额不应少于人民币3 000万元。另外，按照《首次公开发行股票并在创业板上市管理办法》的要求：发行前净资产不少于人民币2 000万元，发行后股本总额不少于人民币3 000万元。

3.有限责任公司的盈利能力

虽然《首次公开发行股票并上市管理办法》对企业上市有基本要求，包括最近3个会计年度净利润均为正数且累计超过人民币3 000万元、最近3个会计年度经营活动产生的现金流量净额累计超过人民币5 000万元或者最近3个会计年度营业收入累计超过人民币3亿元，但是因为上市发行股票是“好中选优”，所以公司的盈利能力要远高于这些财务指标，且其资产负债结构合理，盈利能力较强，现金流量正常。

4.有限责任公司的规范性

（1）公司已依法建立健全股东大会、董事会、监事会、董事会秘书制度，相关机构和人员能够依法履行职责。

（2）公司最近3年内没有因违反工商、税收、土地、环保、海关以及其他法律、行政法规，而受到行政处罚，且情节严重。

（3）公司不得有资金被控股股东、实际控制人及其控制的其他企业以借款、代偿债务、代垫款项或者其他方式占用的情形。

8.1.3 有限责任公司整体变更为股份有限公司的程序

（1）发起人签署《股份有限公司发起人协议》，将原有限责任公司截至某年某月某日经审计净资产额按1：1或者小于1：1的比率一次性折为股份有限公司的股份，共同以发起方式设立某股份有限公司。

（2）召开董事会并作出决议，全体董事一致同意按《股份有限公司发起人协议》的约定将有限责任公司整体变更有股份有限公司。

（3）股东大会作出决议，全体股东一致同意按《股份有限公司发起人协议》的约定将有限责任公司整体变更为股份有限公司。

（4）聘请会计师事务所对原有限责任公司整体变更为股份有限公司的资本到位情况进行审验，并出具《验资报告》。

（5）召开股份有限公司创立大会，审议通过《有限责任公司整体变更方式设立股份有限公司的议案》《股份有限公司章程》《股份有限公司折股方案》，并选举董事会成员。

（6）在市场监督管理部门办理登记手续，领取股份有限公司《企业法人营业执照》。

8.1.4 企业改制重组应达到的标准

无论是采用发起设立方式还是采用募集设立方式，也无论是通过整体改制还是部分改制，或者是由有限责任公司整体变更设立股份有限公司，其目的都是设立一个合格规范的上市发行主体，改制重组后，拟上市公司应该达到以下标准：

（1）股权关系清晰，不存在法律障碍，不存在股权纠纷隐患。公司不允许委托持股、信托持股，不允许工会、职工持股会作为拟上市公司股东，它们也不能间接持有公司的股份。

（2）主营业务突出，通过整合主营业务，形成完整的产供销体系，最大限度地提高资本利用效率，形成核心竞争力和持续发展的能力，避免同业竞争，减少和规范关联交易。

（3）建立公司治理的基础，股东大会、董事会、监事会以及经理层规范运作。

（4）形成完整的业务体系和直接面向市场独立经营的能力，公司改制时将主要经营业务纳入股份有限公司时，与其对应的土地、房产、商标及其他工业产权、非专利技术必须同时进入股份有限公司，做到资产完整、业务独立、人员独立、财务独立、机构独立。

（5）建立健全财务会计制度，会计核算符合《企业财务会计报告条例》《企业会计制度》《企业会计准则》等规定的要求。

（6）建立健全有效的内部控制制度，能够保证财务报告的可靠性、生产经营的合法性和营运的效率与效果。

8.1.5 有限责任公司整体变更为股份有限公司应注意的问题

1.关于改制前的重组问题

有限责任公司在改制前应对股权、资产、业务等方面进行重组，应利用重组把过去和现在存在的上市瑕疵与障碍予以解决，不要盲目急于改制为股份有限公司，这是因为“改制容易、重组难”。公司在对同一控制人下相同、类似或相关业务进行重组时，应关注重组对发行人资产总额、营业收入和利润总额的影响情况，按照中国证监会有关规定：被重组方重组前一个会计年度末的资产总额或前一个会计年度的营业收入和利润总额达到或超过重组前发行人相应项目的100%的，发行人重组后运行一个会计年度后方可申请发行；被重组方重组前一个会计年度末的资产总额或前一个会计年度的营业收入或利润总额达到或超过重组前发行人相应项目的50%但不超过100%的，中介机构将被重组方纳入尽职调查范围并发表相关意见；如果被重组方重组前一个会计年度的资产总额或前一个会计年度的营业收入或利润总额达到或超过重组前发行人相应项目20%的，申报财务报表至少须包含重组完成后的最近一期资产负债表。因此，企业在重组中既要解决发行上市的障碍，又要注意量的变化，以免影响上市进程。

2.关于连续计算经营业绩的问题

有限责任公司整体变更为股份有限公司最为关键的问题是能否连续计算经营业绩，要想连续计算经营业绩，一是不能按照评估后的净资产值折股，而应按照审计后账面净资产折股整体变更为股份有限公司，这种变更是在没有改变持续经营的会计主体的前提下进行的，只是公司的组织形式发生变化，能保证连续计算公司经营业绩；二是3年内实际控制人不能发生变化，主营业务不能有重大改变，高管人员不能有重大变化。

3.关于折股比例与折股倍数的问题

按照《公司法》第九十五条的规定，有限责任公司变更为股份有限公司时，折合的实收股本总额不得高于公司净资产额，即折股比例应该小于等于1。也就是说，1元的净资产折合股份有限公司股本为1股或者小于1股。

4.关于变更时不能增加股本和股东的问题

有限责任公司整体变更设立股份有限公司仅仅是公司形态的变化，因此，在变更时为了保持公司连续计算经营业绩，在进行股权重组时，只能在作为有限责任公司时或者改制为股份有限公司后改变股东和股权，一定不能在发起设立当中变化股东及公司的股权。

5.关于变更后股份有限公司的经营时间问题

有限责任公司按照原账面净资产值折股整体变更为股份有限公司的，持续经营时间可以从有限责任公司成立之日起计算，即股份有限公司营业执照成立时间自有限责任公司成立日计算。

6.关于净资产值折股时股东所得税的问题

有限责任公司整体变更为股份有限公司是按照账面净资产折股，而公司的净资产由实收资本、资本公积金、盈余公积和未分配利润组成。按照国家税务总局的有关规定，资本公积金转增股本不属于股息、红利性质的分配，对个人取得的转增股本数额，不作为个人所得，不征收个人所得税；而用盈余公积及未分配利润转增股本属于股息、红利性质的分配，对个人取得的红股数额，应征收个人所得税。因此，折股或转增股本的过程中，个人股东只有“资本公积——股本溢价”部分是免征个人所得税的。

8.2 上市审查的主要内容

8.2.1 关于主体资格

通过改制重组，发行主体成为依法设立且合法存续的股份有限公司，注册资本已足额缴纳，发起人或者股东用于出资的资产的财产权转移手续已办理完毕，发行人的主要资产不存在重大权属纠纷。在改制重组中，对主体资格应该重点关注在股份制改造后，业绩是否可以连续计算。要达到业绩连续计算的条件，有限责任公司就要按账面净资产折股整体变更为股份有限公司，公司最近3年内主营业务及董事、高级管理人员没有重大变化，实际控制人没有发生变更。

另外，公司的生产经营符合法律、行政法规和公司章程的规定，符合国家产业政策；公司的股权清晰，控股股东和受控股股东、实际控制人支配的股东持有的本公司股份不存在重大权属纠纷。

如果在改制重组后，公司的实际控制人发生变更，主营业务发生重大变化，使其业绩不能连续计算，那么公司要想上市需3年之后。

8.2.2 关于公司独立性

发行主体在上市前要通过资产重组、业务重组具备完整的业务体系和直接面向市场独立经营的能力。在股份制改造中，与主营业务相对应的资产应该完整地进入股份有限公司，如土地、公司在建工程、商标等无形资产都要进入拟上市公司。

另外，发行主体的人员要独立，高级管理人员不得在控股股东、实际控制人及其控制的其他企业中担任除董事、监事以外的其他职务；公司的财务要独立，公司建立了独立的财务核算体系，能够独立作出财务决策，具有规范的财务会计制度；公司的机构要独立，公司建立了健全的内部经营管理机构，独立行使经营管理职权；属于生产经营企业的，应具备独立的研发、生产、销售系统，无法避免的关联交易必须遵循市场公正、公平的原则。企业与控股股东及其全资或控股企业之间不应存在同业竞争，如果存在同业竞争问题，可以考虑以吸收合并或股权收购及资产收购的方式置入拟上市公司，也可以通过出售企业股权、清算注销等方式予以解决。

8.2.3 关于规范运行

公司要依法建立健全股东大会、董事会、监事会、独立董事、董事会秘书制度。公司的董事和其他高级管理人员符合法律、行政法规和规章规定的任职资格，且不存在以下情形：

(1) 被中国证监会下达证券市场禁入措施尚在禁入期的；

(2) 最近36个月内受中国证监会行政处罚或者最近12个月内受到证券交易所公开谴责；

(3) 因涉嫌犯罪被司法机关立案侦查或者涉嫌违法违规被中国证监会立案调查，尚未有明确结论意见。

公司的内部控制制度健全且被有效执行，能够合理保证财务报告的可靠性、生产经营的合法性、营运的效率与效果。

公司不得有下列情形：

(1) 最近36个月内未经法定机关核准，擅自公开或者变相公开发行过证券；或者有关违法行为虽然发生在36个月前，但目前仍处于持续状态。

(2) 最近36个月内违反工商、税收、土地、环保、海关以及其他法律、行政法规，受到行政处罚且情节严重。

(3) 最近36个月内曾向中国证监会提出发行申请，但报送的发行申请文件有虚假记载、误导性陈述或重大遗漏；或者不符合发行条件以欺骗手段骗取发行核准；或者以不正当手段干扰中国证监会及其发行审核委员会审核工作；或者伪造、变造发行人或其董事、监事、高级管理人员的签字、盖章。

(4) 本次报送的发行申请文件有虚假记载、误导性陈述或者重大遗漏。

(5) 涉嫌犯罪被司法机关立案侦查，尚未有明确结论意见；

(6) 严重损害投资者合法利益和社会公共利益的其他情形。

公司的担保行为要规范，对外担保事项应按照公司章程实施，必须经董事会审议通过后，提交股东大会审批；不存在为控股股东、实际控制人及其控制的其他企业进行违规担保的情形。

公司要有严格的资金管理制度，不存在资金被控股股东、实际控制人及其控制的其他企业以借款、代偿债务、代垫款项或者其他方式占用的情形。

8.2.4 关于财务与会计

按照《首次公开发行股票并上市管理办法》的要求，上市主体应该符合以下财务条件：

(1) 最近3个会计年度净利润均为正数且累计超过人民币3 000万元，净利润以扣除非经常性损益前后较低者为计算依据。

(2) 最近3个会计年度经营活动产生的现金流量净额累计超过人民币5 000万

元，或者最近3个会计年度营业收入累计超过人民币3亿元。

（3）发行股本前股本总额不少于人民币3 000万元（如果是创业板上市，发行后股本总额不少于人民币3 000万元）。

（4）最近一期末无形资产（扣除土地使用权、水面养殖权和采矿权等后）占净资产的比例不超过20%（创业板对企业无形资产占净资产的比例没有规定）。

（5）最近一期末不存在未弥补亏损。

除了以上基本要求外，为衡量上市主体的财务健康程度，中介机构还要重点看以下财务指标：

①每股税后利润；

②每股净资产；

③净资产收益率；

④资产负债率；

⑤流动比率；

⑥速动比率。

8.3 关于“主体资格”的上市审查[①]

8.3.1 出资

1.一般规定

（1）《首次公开发行股票并上市管理办法》的原则规定

根据《首次公开发行股票并上市管理办法》第十条的规定，对于发行人出资问题的原则规定是“发行人的注册资本已足额缴纳，发起人和股东用作出资的资产的财产权转移手续已办理完毕，发行人的主要资产不存在重大权属纠纷”。此规定提出了三点基本要求：

①“注册资本已足额缴纳”，即虽然现行《公司法》允许股东“一次认缴、分期缴纳”，但对于上市，要求公司的全部注册资本缴足方可申请上市。此规定从情理上也容易理解，如果现有股东自己的出资义务还没有履行完毕，则不宜再向外部社会公众或特定投资者募集股份。

②“财产权转移手续已办理完毕”，即出资切实到位；发起人和股东出资不到位，也可能对上市造成不利影响。

③“主要资产不存在重大权属纠纷”，主要是为了保证公司正常的生产经营，保护投资者的利益。

（2）上市实务工作中对出资的基本原则要求

①发起人以其他非现金资产出资的，公司应取得其权属证明或完整的所有权。

① 本节介绍“上市审查”的第一个主要内容：主体资格审查。本节内容主要参考了张兰田所著《企业上市：审核标准实证解析》（北京大学出版社2013年出版）。限于本书的篇幅，不能对上一节介绍的四个主要内容逐一细致阐述，需要深入了解的读者请自行参看相关资料。

②发起人以经营性资产出资设立公司，应投入与经营性资产相关的在建工程、为公司提供供应和销售服务的设施以及与公司生产加工服务相关的设施；发起人和股东以经营性资产出资，应同时投入与该经营性资产相关的商标所有权、专利所有权、非专利技术所有权等，不得将相关的业务投入公司而保留上述无形资产。

③对于外商投资股份有限公司的境外发起人，确实无法将商标所有权投入的，公司应在证明不存在同业竞争和利益冲突的前提下，拥有境内独占使用权。

④办妥与经营性资产相关的土地使用权的变更手续，发起人应拥有与生产经营有关的完整的土地使用权。

⑤发起人或股东以其持有的股权出资设立公司的，股权应不存在争议及潜在纠纷，发起人或股东能够控制且作为出资的股权所对应企业的业务，应与所组建公司的业务基本一致。

⑥关于出资来源问题，除了事关股东的资格认定，也涉及国有资产是否流失等更重要的问题，因此应该予以高度关注，确认出资过程不存在向国有单位借款，以国有产权和国有资产作为标的物通过抵押、质押、贴现等方式筹集资金的情形。如果出资来源是向亲友借款，则应关注借款是否偿还，如果尚未偿还，还应关注是否到期及是否存在导致股权被采取诉讼强制措施的可能。

2.关于出资瑕疵问题

在申请上市的公司中，大量存在与出资相关的各类瑕疵问题，这也是监管部门非常重视的问题。出资不实占当期注册资本比例超过20%的，原则上需规范运行1个会计年度（12个月）后再行申报；超过50%的，原则上应在规范后运行3个会计年度（36个月）再行申报。控股子公司也必须及时出资到位，参照母公司办理。

（1）出资瑕疵对上市的影响分析

出资瑕疵无疑会增加公司过会[①]的难度，甚至成为被否决的原因。如何判断特定种类的出资瑕疵是否构成上市的法律障碍以及如何解决，成为各方中介机构面临的较大挑战。迄今为止，尚无明确的规范性文件认定存在何种瑕疵将不能过会。原则上，报告期之前就补足的，不构成障碍（但如果由此推断股东丧失诚信则另当别论）；报告期内仍存在的，按照重要性原则考虑，必要时再运行12至36个月。

（2）出资瑕疵的解决方法

①如果能够弥补应尽可能弥补。

比如，出资不到位的，应尽快到位；财产权利还没有及时转给公司的，应尽快办理权利转让手续。弥补的手段应该依法进行。弥补结束后，股东间出具文件，相互不追究责任，对外共同承担责任；政府主管部门出具不予追究的证明文件。以债权补足出资的方式应慎用，因为出资之目的是供公司运营使用，债权因其变现性、流动性的缺陷，难以为公司发挥出资的应有作用。另外，出资瑕疵本身是违约之债，转化为合同权利后虽然改变了问题的属性，但是债的本质没有改变，问题并没

① 股份有限公司满足上市条件后，要向证监会发审委提出发行新股申请，发审委接受申请后，会安排发审会议对其进行审核，这个就叫企业“过会”。

有根本解决。

②出资置换。

关于出资置换可以从两个角度理解：一是将减资和增资混同处理，在此种情况下，程序本身就有瑕疵；另一个是股东合意变更出资方式，比如将产权不能过户的土地、房产、知识产权等用现金置换。后一角度需要履行股东会决议、修改章程、重新验资、政府部门出具不予追究的证明文件等程序。

出资置换虽然是个好方法，但应谨慎使用：

第一，其体现了违约股东改正错误的良好愿望，应予支持和正面评价。

第二，毕竟有瑕疵的资产也是公司资产，如果只是程序不严密的简单置换，可能导致实质上的减资、增资混同，在程序上缺乏法律依据。同时，针对以现金代替资产（尤其是增值空间较大的土地使用权）出资的情形，还存在以何种价值补足出资的问题。

第三，即使瑕疵消除，但当年因出资瑕疵导致的股权形成的基础问题和责任问题，仍未彻底解决。

第四，对到底应该使用出资置换的方式还是直接计提资产减值准备，业内有也有不同的见解。如果能够通过出资置换彻底解决问题，则资产置换因为其更积极、更有建设性而应该成为更优的选择。

现行审核政策并未限制或禁止出资置换的运用，但需充分考虑出资置换的原因、换出资产的瑕疵程度、换出资产对发行主体持续经营的重要性程度及该出资置换对公司业绩连续性的影响等方面。对于出资置换系为弥补原出资资产存在无法克服的瑕疵，并可有效保护发行主体的利益的情形，如该出资置换金额对公司业绩连续计算不构成重大影响的，完善相关程序和手续后，应不为审核政策所禁止；但是，如不存在权属瑕疵，仅因该置换的资产对股东具有特别重要的意义，则建议慎重操作，否则如对出资置换的原因解释不清且该换出资产亦为发行主体生产经营所必需，则涉嫌控股股东滥用股东权利和损害发行主体利益。

（3）未分配利润弥补

出资不实的股东也可以通过利润分配的方式弥补出资。依据《公司法》第三十七条、第四十六条的规定，公司利润分配方案应由董事会制订，并经股东会审议批准。如果股东会做了分配利润的决议，股东依据决议内容就享有了股利分配请求权，在股东与公司之间也就产生了现实的债权债务关系。此时，出资不实的股东可以其对公司的债权抵销所欠的出资份额。就公司而言，也可以依据《合同法》的有关规定行使抵销权，直接扣留股东应分得的股利，以填补股东所欠出资（但公司已进入破产程序的除外）。

需要说明的是，在没有形成公司股东会的利润分配决议的情况下，股东仅仅以公司已经实际盈利、自己可分配利润完全可以弥补所欠出资数额为由主张出资已经实际到位是不能成立的，因为公司利润的分配只属于公司自治的范畴，股东并不具有确定性的股利请求分配权。利润分配决议只有经股东会批准，才能使股东的分配请求权得以实现。在利润分配前，无论公司盈利多少，都是公司的独立财产，并非股东的财产，两者之间有着明确的界限，公司的实际盈利无法改变股东未实际出资的事实，股东应承担出资不实的法律责任。

(4) 用未分配利润出资应该注意履行严密的法律程序

在某一已过会案例中，两个股东出具《承诺书》，其主要内容是第三个股东对公司贡献较大，所以这两个股东决定放弃未分配利润的享受权，全部归第三个股东所有，作为资本金投入原有限公司，关于这两个股东放弃未分配利润享受权事宜，业已经原有限公司股东会确认。

此操作方案在本质上是合法的，但存在程序瑕疵，因为在股东会明确进行利润分配的决议之前，公司的账面盈利在以法定形式分配之前是公司的独立财产。这两个股东只享有股利分配请求权，这是一种期待权，不享有对公司的直接债权。这种期待权能否转让尚有争议，更重要的是，受让方仅凭受让的期待权不能直接用未分配利润转增股本。正确的做法是，在股东会决议中对利润分配进行明确规定，两个股东将已经实现的期待权（即债权性质的股利给付请求权）转让给第三位股东。

8.3.2 股东

1.不适格股东

股东是公司存在的基础，是公司的核心要素之一，没有股东就不可能有公司。从一般意义上说，股东是指持有股份公司股份或向公司出资者，但并不是所有的主体都可以成为公司股东。

(1) 自然人的投资限制

①国家公务员以及依照（各省市编办认定的行政事务执行机构）和参照（党的机关、工青妇机关、市委组织部认定的参照公务员管理的民主党派机关、社会团体机关）公务员管理的机关人员；

②国有企业领导人员，国有企业领导人员的配偶、子女及其他特定关系人；

③国有企业的职工、管理人员；

④无民事行为能力人和限制民事行为能力人；

⑤处级以上领导干部配偶、子女；

⑥党政机关的干部和职工；

⑦现役军人；

⑧县以上党和国家机关退（离）休干部。

(2) 法人的投资限制

①一个自然人只能投资设立一个一人有限责任公司，该一人有限责任公司不能投资设立新的一人有限责任公司。

②有限责任公司和股份有限公司可以对公司制企业、集团所有制企业投资，但其所设立的分公司不能对外投资。

③商业银行原则上不得成为非金融机构和企业的股东，但国家另有规定的除

外，如商业银行依司法判决或因行使抵押权、质权而取得股权的，不属于主动投资行为，属于抵债资产。

④各地民政部门暂不对企业内部职工持股会进行社团法人登记。据此，职工持股会不具有社团法人的主体资格，其作为股份有限公司的发起人缺乏法律依据，不能成为公司股东。

⑤对拟上市公司而言，受理其发行申请时，应要求发行人的股东不属于职工持股会及工会持股，同时，应要求发行人的实际控制人不属于职工持股会及工会持股。

⑥国家立法机关、行政机关、司法机关和军事机关原则上禁止投资公司成为股东。

⑦具有社会公益性的事业单位法人，如高校、图书馆等，一般禁止兴办企业，按中央和地方各级政府的具体规定办理。

(3) 从发行上市角度不能成为股东的主体

如果不考虑上市，对以下主体对外投资成立公司并无禁止性法律规定，但从上市角度考虑则不合格，必须进行规范清理：

①代持。代持问题产生的原因主要有以下方面：

第一，规避旧《公司法》中有限责任公司两人以上股东的规定；

第二，规避新《公司法》中有限责任公司股东在50人以下、股份有限公司股东在200人以下的规定；

第三，股权激励未最终行权；

第四，产权界定时没有具体到个人；

第五，委托他方受让股权。

《公司注册资本登记管理规定》第八条规定，“股东或者发起人必须以自己的名义出资”。同时，考虑到股权清晰等要求，代持为上市审核所不容。

②信托持股。

③处理方法。

对于上述从上市审核角度看不规范的种种持股情况，按照目前的审核政策，公司必须在申请上市前进行清理、规范。根据有关法律规定和存在类似情况的已过会公司的操作实践，总结出如下基本步骤和操作要点：

第一，确权。确权，即清查股权来源、形成过程和转让变化过程并最终确定真正的权利主体，此为下一步规范的基础和消除争议隐患的前提。在股权来源和形成过程方面，相对简单的主要有工会或职工持股会集资投资持股、规避旧《公司法》禁止1人股东的规定、股权激励股份由控股股东等代持、规避股东数不超过200人问题、委托他人代为投资等情况；相对复杂的主要有国有或集体产权量化给个人，特别是此种量化没有直接具体到个人，但实际已经分配给个人的情况。

第二，规范。在确权的基础上，按照个案的实际情况进行规范，对于工会和职工持股会持股、代持、200人以上股东等情况，主要通过确权书、股权转让、股权赠与等形式让真实的“股东”浮现出来，成为显名股东。对于信托持股，首先解除信托协议，然后再做进一步的相应规范。

2.股份锁定问题

股份锁定是指在特定期间内股东不得转让股份。从公司是否为上市公司的角度，可以将股份锁定分为一般股份公司的股份锁定规定和上市公司的股份锁定规定，后者还可以分为《公司法》的基本锁定规定和各种上市、交易规则所确定的股份锁定。从锁定的力度角度，可以将股份锁定分为禁止转让和限制转让。

发起人持有的本公司股份，自公司成立之日起1年内不得转让。公司公开发行股份前已发行的股份，自公司股票在证券交易所上市交易之日起1年内不得转让。

控股股东和实际控制人自发行人股票上市之日起36个月内，不转让或者委托他人管理其直接或间接持有的发行人公开发行股票前已发行的股份，也不由发行人回购该部分股份。

公司董事、监事、高级管理人员应当向公司申报所持有的本公司的股份及其变动情况，在任职期间每年转让的股份不得超过其持有本公司股份总数的25%；上述人员所持本公司股份自公司股票上市交易之日起1年内不得转让；上述人员离职后半年内，不得转让其所持有的本公司股份；公司章程可以对公司董事、监事、高级管理人员转让其所持有的本公司股份作出其他限制性规定。

3.交叉持股

（1）交叉持股的含义

交叉持股是指两个公司直接或者变相直接相互持有对方的股权，继而相互成为对方股东的情形。当公司A直接控制公司B，而公司B又持有公司C的股权，公司C反过来又持有控制公司A的股权时，公司A和公司B事实上可以视为一个公司，变相直接持有公司C的股权。

（2）法律规定的空白

交叉持股问题在我国法律规则领域还是空白，相关法律规定仅见于《证券公司设立子公司试行规定》，该规定第十条规定，“子公司不得直接或间接持有其控股股东、受同一证券公司控股的其他子公司的股权和股份，或者以其他方式向其控股股东、受同一证券公司控股的其他子公司投资”。但是，该规定仅适用于证券公司，对于其他亟待规范的投资公司和上市公司并没有涉及。

（3）交叉持股可能存在的问题

①虚增资本。

两个公司之间的交叉持股会导致资本虚增，因为此时事实上只是同一资金在两个公司之间来回流动，每流动一次都会导致两个企业同时增加资本额。例如，A公司原有200万元注册资本，再向B公司定向增发200万股份；同时，B公司也向A公司增发200万股份。两个公司的资本总额增加到400万元，但事实上等于A公司与B公司相互退还了出资，两个公司的净资本根本没有增加。这实际上违反了《公司法》中的法定资本原则，对公司债权人的利益产生了严重的损害，因此可能会在上市审查时受到规制和质疑。

②诱发内幕交易和关联交易。

交叉持股一般都伴随着大股东利用资讯优势炒作股票的行为。大股东、实际控制人以及管理层往往以交叉持股为通道进行关联交易，而这种关联交易的背后往往是利益输送。

③可能形成行业垄断。

公司之间可以通过交叉持股建立策略联盟，维系彼此之间的生产、供销等关系，以强化竞争优势，但同时它也可能造成垄断联合，特别是在具有竞争关系的公司之间，利用交叉持股可以产生排挤其他竞争对手、牟取垄断利润的行为。

综上所述，发行人及其控股子公司之间最好避免交叉持股现象，已经存在的，可以考虑通过股权转让甚至减资的方法规范解决。

4.一股独大

中小企业，特别是其中的家族企业往往存在一股独大现象，即独家持股或家族持股合计达到绝对控股，实际控制人往往能够通过股东大会和董事会行使表决权，对发行人实施控制和重大影响，有能力按照其意愿实施选举发行人董事和间接挑选高级管理人员、确定股利分配政策、促进兼并收购活动以及修改公司章程等行为。一股独大并非一无是处，在决策效率、股东对公司忠诚度方面都有优势，但是也有相应弊端，主要集中在缺乏纠错机制、法人治理容易流于形式、缺乏中小股东权益保护制衡等方面。

对于家族控股的拟上市企业，中介机构应该重点关注企业是否有完善的制度设计和治理结构，能否在上市后保障中小投资者的合法权益，使得监管部门在审核中有充分理由相信，此类一股独大的公司有完善的制度设计和保障机制，不会出现实际控制人滥用其控股地位侵害小股东权益的情况发生。比如，在人员安排上，降低家族成员在董事会和管理层的职位比例，引进职业经理人模式，有效降低控股股东的决策风险；在公司制度方面，通过控股股东签署《避免同业竞争承诺函》以及发行人在公司章程、股东大会议事规则、董事会议事规则和关联交易决策制度等一系列制度中对关联交易作出严格规定，包括关联交易的回避表决制度、决策权限、决策程序等内容，确保中小股东利益免受侵害。

5.预防PE腐败

PE即private equity，指私募股权投资。在主板上市规则和创业板上市规则方面，监管部门分别针对突击入股特别是PE突击入股做了相应的制度设计和安排，在实务审核中“相对宽松、定向紧缩”。“相对宽松”是指在宏观上对PE行业奉行自我管理为主、行业管理为辅、行政管理为次的监管原则；“定向紧缩”是指在微观上对PE机构的投资环节予以特别关注，严防PE腐败，严审利益输送事项。

主要审核方法是推行“穿透追溯”，即对IPO涉及PE机构的核查及披露要求追溯至该PE机构终极出资自然人，同时，将“国家公职人员、公职人员亲属、银行从业人员亲属、中介人员亲属”这四类人员作为重点关注对象，进行充分的信息披露，包括PE基金基本情况、财务状况、投资项目列表，作为合伙人的法人、自然人的背景简历、财务状况等。

核查的重点问题是发行人及其他股东、中介有无关联关系，有无特殊协议及安排，是否利用有限合伙规避200人股东限制，是否具备投资发行人的资格，注册资本和实际缴付出资额是否远高于发行人的出资金额，认购发行人增资是否仅为其投资项目之一等事项。

8.3.3 实际控制人的判断和认定

1.判断的依据

随着《证券期货法律适用意见第1号——〈首次公开发行股票并上市管理办法〉第十二条“实际控制人没有发生变更”的理解和适用》（证监法律字〔2007〕15号）的出台，对实际控制人的认定标准得到了较大程度的统一，既然有了权威性规定，就应该以此为标准。对于该规定没有涵盖的部分，以该规定的原则精神进行认定。

认定实际控制人的标准还是基于事实和法律原则，“事实”就是“股权投资关系，对发行人股东大会或董事会决议的实质影响，对董事和高级管理人员的提名及任免所起的作用”，“法律”就是《公司法》《首次公开发行股票并上市管理办法》《证券期货法律适用意见第1号》等法律法规。

2.判断的原则

实质重于形式，控股比例等仅为判断因素之一，不是必然的前提，因此还应根据具体情况进行分析。

高度尊重立法本意，判断实际控制人的目的是避免因为公司控制权发生变化而给公司持续发展和持续盈利带来重大不确定性。因此，判断的依据不仅在于历史的“稳定”，更要关注未来的“维稳”，如果没有股权方面的直接保证，则务必采取足够有效措施保证在可预计的未来最低3年内不发生实际控制人的变更。

除非有相反证据，股权投资关系的证明力最大，可按照股权投资关系追溯出实际控制人，第一大股东变更可以推定为实际控制人发生变更。不过，这些结论也不是绝对的，可以被协议控制、其他安排、控制外资企业董事会一半以上董事会席位的第二大股东等推翻。

除非有非常确定的真实性证明（如当年的公证、提交主管部门的法律执行文件、法律判决、法定继承），否则务必慎重仅依赖“一致行动协议”“代持关系”等对报告期内下“没有发生变动”的结论，同时从一般角度而言，也不鼓励这些特殊安排。

认定实际控制人应一直追溯到自然人、国有资产管理部门或集体企业等特别主体。

第8章要点回顾

复习思考题

1.为什么说“改制重组是否规范，直接影响到企业的上市成功与否”？

2.有限责任公司整体变更为股份有限公司，如果希望这种变更能够连续计算公司的经营业绩，对有限公司责任主要有何要求？

3.有限责任公司整体变更为股份有限公司的一般程序是怎样的？

4.改制重组后，拟上市公司应该达到何种标准？

5.有限责任公司整体变更为股份有限公司应注意哪些问题？

6.上市审查的主要内容有哪些？

7.拟上市公司出资瑕疵问题的解决方法有哪些？

8.从发行上市角度考虑，不能成为股东的主体有哪些？

9.实践中，实际控制人判定的一般原则是什么？

第9章

企业投资与并购[①]

学习要点

◇ 企业对外投资方式的类型
◇ 新设投资与并购投资
◇ 股权并购与资产并购
◇ 股权并购的风险
◇ 股权并购的方式
◇ 股权并购的出资方式和支付方式
◇ 上市公司并购
◇ 上市公司重大资产重组
◇ 企业投资与并购中的税务问题

9.1 企业对外投资方式的基本分类

企业的全部投资方式可以分成两类：新设投资和并购投资。本章不讨论公司财务上的临时性投资。

9.1.1 新设投资

1.什么是新设投资

新设投资方式是指投资公司以新公司设立人的身份独立设立或者与其他投资人共同设立另一家新公司，依约向新公司出资，并依据出资份额对新公司享有权益的投资行为。采用新设投资方式进行投资的投资公司需要履行新公司的设立程序和出资义务，以达成新公司登记成立、购建固定资产和流动资产，据以开展经营业务并承担其中的风险的目标。

① 本章内容主要参考了张远堂的相关著作与中国证监会发布的有关文件。

2.新设投资的优点

新设投资方式与并购投资方式相比，具有如下优点：

①新公司的厂房、机器、设备等一般都是新构建的，不仅是崭新的，而且容易采用最新的技术。这对提高新公司的产品质量和实现产品的升级换代，降低生产成本，开拓产品市场具有重要意义。这是新设投资方式的主要优点。

②新公司是新登记成立的，因此不存在继承问题，进而不会像并购投资那样有遭遇或然负债的风险。

3.新设投资的两种方式

新设投资有两种方式：一种为单独投资；另一种为合资投资。单独投资是指投资公司作为投资人单独完成新公司的设立，单独向新公司注资，新公司是投资公司的独资子公司。合资投资是指投资公司与其他投资主体合资设立新公司，共同向新公司注资，新公司是投资公司的合资子公司。独资子公司就是《公司法》规定的“一个法人股东的有限责任公司”；合资子公司可以是有限责任公司，也可以是股份有限公司。

9.1.2 并购投资

并购投资也是企业对外投资的基本方式之一。企业并购可以分为股权并购和资产并购两种基本方式。并购投资适用的情况与新设投资不同，而且程序较新设投资复杂，风险较新设投资大，但预期利益也可能比新设投资大。

1.什么是并购投资

并购投资是指投资公司通过对业已存在的目标公司实行股权并购或资产并购，使投资公司成为目标公司的控股股东或者接管目标公司的资产和业务，进而取代目标公司的市场地位的投资行为。并购投资的直接目的是通过交易控制目标公司或者目标公司的业务，为整合目标公司和目标公司的业务创造条件，进而扩大投资公司及其业务的规模，取得市场竞争的优势和规模效应。

2.并购投资的优点

并购投资方式，无论是股权并购方式还是资产并购方式，与新设投资方式相比，都具有如下优点：

（1）转化竞争对手，减弱竞争强度，有利于投资公司取得规模效应

在新设投资的情况下，原有的市场竞争主体依然存在，投资公司的加入只能使同行业的竞争者增加，市场竞争强度更高，竞争者的销售费用增加、利润减少。在并购投资的情况下，投资公司通过并购投资控制了原有的竞争对手，或者取代了原有竞争对手的市场地位，原来的竞争者现在成为竞争的盟友，势必减少同行业的竞争主体，减弱相关市场的竞争强度，使投资公司更容易取得规模效应。这是并购投资的最大优点，正因为如此，对竞争对手的并购是最好的并购。

（2）进入市场时间短，投资收效快

从企业并购的实践看，目标公司一般都是较为成熟的企业，不仅生产经营管理

有较好的基础，而且其产品和品牌占有一定的市场地位和份额。这就使得投资公司在并购后能够在目标公司原有的基础上迅速取得投资收益，而无须像新设投资那样从基础做起。

(3) 产品销售和业务开展的起步点高

在股权并购的情况下，产品销售的市场主体不变，仍是目标公司，投资公司直接继承了目标公司原有的产品销售渠道和市场份额以及业务关系，产品销售和业务开展无须从零开始。在资产并购的情况下，虽然市场主体不再是目标公司，但是投资公司会取代目标公司现有的市场地位、产品渠道和市场份额，取得与股权并购一样的效果。

(4) 技术、管理人员队伍和普通员工队伍是现成的，省去了大量的培训时间和培训经费

在股权并购的情况下，除目标公司的高管人员会有所调整外，其他员工与目标公司的劳动合同将会继续有效，除非双方协议解除，因此投资公司无须大量招聘、培训员工和管理人员。在资产并购的情况下，虽然从法律原则上说，投资公司或者投资公司新设的子公司不能继承目标公司与员工之间的劳动关系，但是投资公司可以优先甚至全部聘用目标公司的员工和管理人员，从而达成与股权并购一样的效果。

(5) 对生产型企业来说，可以节约基本建设时间

在新设投资的情况下，新公司需要在完成基本建设后才能从事生产经营活动，而这个需要一年以上甚至几年的时间。在股权并购的情况下，投资公司无须进行基本建设即可直接从事经营生产活动，很可能获得当年投资当年见效的效果。

(6) 节约宣传费用和开发费用

并购投资可以节约大量的新企业、新产品、新市场、新渠道的宣传费用和开发费用，因此，并购投资一般不会像新设投资那样在经营之初出现亏损期。

3.并购投资的缺点

与新设投资方式相比，并购投资具有如下缺点：

(1) 并购投资的成本一般会高于新设投资的成本

这是因为在并购投资中，投资公司交易的不是普通商品，而是资本，而资本有价值积累功能，在这一点上，并购成本会高于新设投资的购建成本。

(2) 并购后一般需要对目标公司进行改造扩建，会有追加投资的问题

这是因为目标公司的机器设备往往是陈旧的，一般不能满足投资公司生产新产品或者产品升级的要求。

(3) 并购投资受反垄断法的限制

无论是资产并购还是股权并购，都会导致经营者的集中，都会导致竞争的削弱，因此受到反垄断法的限制。

(4) 成功率低

新建是一种资本的投放，只要有资源，多数可以完成；而并购是一种交换，而

且是关于资本的交换，故成功率必然较低。如果并购不成功，投资公司就会白白支出许多人力和物力以及时间。

9.2 股权并购与资产并购

9.2.1 股权并购

1.什么是股权并购

股权并购是指投资公司作为并购方通过与目标公司股东进行有关目标公司权益的交易，使投资公司成为目标公司的控股股东的投资并购行为。这种投资并购行为可以表现为股权受让、增资入股、公司合并等具体操作方式。每种操作方式，根据支付或者出资方式的不同，可以再做细分。股权并购交易的标的和内涵是股东对目标公司的权益，这是股权并购的本质特征，也是股权并购区别于资产并购的核心所在。

股权并购程序复杂、风险大，不仅有一般投资具有的投资风险，而且有其独特的并购过程的风险。从实务中看，并购投资方式是公司对外投资的主要形式之一，而股权并购又是并购投资方式的主要形式。

2.股权并购的优点

股权并购与资产并购相比具有如下优点：

（1）可以节约流转税

在资产并购的情况下，交易的标的和内涵是目标公司资产的所有权，投资公司对其中的不动产和土地使用权需要依法缴纳契税，对存货资产和货物类固定资产需要缴纳增值税，签署合同需要缴纳印花税，发生增值税和消费税的还可能发生附加税，最后需要根据收益情况缴纳企业所得税。而在股权并购的情况下，目标公司的不动产、土地使用权和无形资产不存在转移所有权的问题，即使因目标公司变更企业名称而需要变更有关产权证照上所有人的名称，也不存在所有权转移，投资公司均无须缴纳契税和增值税，只需缴纳印花税并根据收益情况缴纳企业所得税。

（2）无须投入大量资金

因为股权并购是投资公司与目标公司股东之间对目标公司权益的交换，而权益相当于目标公司总资产额减去目标公司的总负债额，因此，在投资公司向目标公司投资之前，目标公司已经为投资公司准备了借贷资金。从这一点看，投资公司无须再去融资，或者投入大量的资金。而在资产并购的方式下，由于投资公司一般不接受目标公司的负债，因而可能需要注入大量资金。

（3）无须设立新的企业平台

在资产并购的情况下，投资公司一般需要在目标公司所在地设立子公司或者分公司作为经营平台，运营并购资产。而在股权并购的情况下，投资公司理论上无须重新设立企业平台，而是通过目标公司这个已有的企业平台从事生产经营活动。

（4）可以继承目标公司的资质和声誉

在资产并购的情况下，由于投资公司需要在目标公司之外另设经营平台，原则上很难继承或者购买目标公司的资质和声誉。但是，在有些项目中，目标公司的资质对投资公司非常重要，如果采用股权并购的方式，目标公司的资质和声誉则可直接为投资公司所用。因此，从企业并购的实务看，凡是投资公司需要借助目标公司的资质才能从事生产经营的，或者这种资质比较难办或者为稀缺资源的，大多采用股权并购的方式进行投资。

3.股权并购的缺点

（1）或然负债风险

由于股权并购前后目标公司作为民事主体是持续存在的，有关民事权利义务是延续的，因此，由出让方披露不真实、不全面导致目标公司遭受或然负债而使投资公司遭受间接损失的风险比较普遍地存在。这是股权并购重要的风险，也是一种最难预防的风险。在资产并购的情况下，由于以新设公司或者分公司作为经营平台，除合同有约定外不存在继承问题，因此，一般不存在目标公司或然负债的风险。

（2）冗员问题

由于目标公司与员工之间的劳动合同继续有效，股权并购往往面临目标公司冗员的处理，这不仅容易激化劳资矛盾，而且会增加目标公司的经济负担。而在资产并购的情况下，新设的企业平台不存在冗员问题。

（3）并购程序复杂

受让股权需要征得目标公司存续股东同意，修改目标公司的章程需要与存续股东进行谈判，为防避或然负债，投资公司需要进行大量的尽职调查工作，因此股权并购的工作成本要比资产并购高。

（4）股权并购后的整合难度大，投资公司对目标公司行使管理权的阻力大

在股权并购的情况下，投资公司往往仅能向目标公司派入主要负责人和关键岗位的管理者，目标公司的组织结构、人际关系、文化习惯等依然存在，因此对目标公司的整合会遇到困难。在投资公司相对控股的情况下，并购后的整合及投资公司对目标公司行使管理权会遇到更大的困难。而在资产并购的情况下，投资公司新设企业平台不会存在前述现象，因此整合容易得多。

4.股权并购适用的条件

（1）目标公司必须是公司类型的企业，而不能是合伙企业或私营个体企业

（2）对管理不规范的公司不宜适用股权并购

虽然从理论上说，凡是公司类型的企业都适用股权并购投资方式，但如果目标公司管理不规范，特别是对没有规范、严谨的财务制度、财务记录、财务核算和财务凭证的公司，或者资产、财务、纳税、合同管理混乱的公司，最好不使用股权并购，因为投资公司面临的风险太大。

（3）信息披露不充分、没有公允市价的公司不宜采用股权并购

在出让方无法或不愿意对目标公司进行披露，而投资公司又不能从其他渠道获

得足够的信息资料，且目标公司的股份没有公允市价的情况下，也不宜采用股权并购的方式进行投资。这是因为股权交易实质上是股东之间对其享有的目标公司权益的交易，如果投资公司不能充分占有有关目标公司的信息资料，在目标公司的股份没有公允市价的情况下，就无法对出让股份者享有的目标公司权益作出正确的判断，也就无法进行股权并购。

（4）目标公司的股东特别是出让股权的股东不存在虚假出资和出资违约的情况，不存在依法应当对公司债务承担连带责任的情况

（5）目标公司的产品、市场份额、销售渠道、品牌、机器设备、场地等应当对投资公司有利用的价值

如果没有利用价值，投资公司就没有并购的必要。当然，如果投资公司需要目标公司的壳则另当别论。

（6）剥离不需要的或不能持有的目标公司资产、业务

在某些情况下，目标公司的资产和业务横跨几个行业，其中有投资公司不需要的，或者投资公司不能持有的，或者已经是垃圾资产的，如果投资公司拟对目标公司进行股权并购，就应当要求目标公司对没有利用价值的资产或者投资公司不能持有的资产、业务进行剥离，或者采用资产并购的方式将垃圾资产甩掉。

9.2.2 资产并购

1.什么是资产并购

资产并购是指投资公司通过受让目标公司资产的方式取得目标公司的业务，取代目标公司的市场地位，从而并购目标公司的一种并购方式。在股权并购的情况下，投资公司通过获得目标公司股份的方式实现自己对目标公司的并购；在资产并购的情况下，投资公司通过获得目标公司资产和业务的方式实现自己对目标公司的并购。因此，股权并购的交易标的和内涵是股东持有的目标公司的股权，交易对方是目标公司的股东；而资产并购交易的标的和内涵是目标公司的资产，交易对方是目标公司。可见，虽然目的都是实现对目标公司的并购，但是资产并购与股权并购是有着本质区别的两种交易方式。

在资产并购的情况下，虽然交易的标的直接表现为公司的资产，但是投资公司必须注意取得资产只是手段，通过取得资产取得目标公司的业务，进而取代目标公司的市场地位才是目的，如果不能实现这一目的，并购对投资公司将失去意义。

2.资产并购的优点

资产并购与股权并购相比有如下优点：

（1）适用对象即目标公司不受企业类型的限制

股权并购要求目标公司必须是公司类型的企业，而资产并购适用各种类型的企业，合伙企业、私营企业、未改制的国有企业和未改制的集体企业等均可采用资产并购的方式，只要这些企业可以有效地出售资产即可。

（2）可以不要求目标公司对其经营状况做全面的披露

由于资产并购后的经营活动并不借助目标公司这个经营平台，而是另起炉灶设立新的经营平台，因此可以不像股权并购那样对目标公司的经营状况做全面、翔实的了解，而是在资产出让方对公司经营、财务、管理机构等作有限披露的情况下，对目标公司进行资产并购。从实务中看，投资公司只要对并购资产的构成、性能、效率、状况、市场、品牌、竞争态势等有准确的了解，能够确定目标公司出让资产的行为合法有效，就可以进行资产并购。

（3）资产并购一般不会遭受目标公司或然负债的损失

这是资产并购方式的最大特点，也是最大优点。在股权并购的情况下，投资公司借助目标公司这个企业平台继续经营，而并购前后的目标公司始终如一，因此不管出让方在并购估价中是否披露或然负债额，目标公司都要依法承担义务，投资公司也会因目标公司的或然负债遭受损失。而在资产并购的情况下，投资公司并不使用目标公司这个经营平台从事经营，目标公司作为资产的出让方仍是独立于投资公司而存在的，故目标公司的债权人依法不能向投资公司追及，投资公司也就无遭受或然负债损失之虑。

（4）资产并购与股权并购一样可以减少目标市场的竞争对手，改变目标市场的竞争态势

（5）并购后整合的难度大于新设投资方式，但小于股权并购方式

这主要是因为在资产并购的情况下，公司的架构、决策层和管理团队往往是全新的，完全摆脱了目标公司的影响。

（6）无须剥离不需要或不能持有的资产、业务

在资产并购的操作方式下，即使目标公司的资产和业务中有投资公司不需要的或者不能持有的，也无须像股权并购那样必须进行剥离。因此，就这一点来说，资产并购方式更适合于目标公司经营业务广泛，只出让一部分资产和业务，出让后仍做其他业务的情况。

3.资产并购的缺点

资产并购与股权并购相比有如下缺点：

（1）资产并购一般需要履行新公司设立和受让资产两个法律程序

从实务中看，绝大多数资产并购需要在资产所在地设立新的公司，以该新设公司为企业平台对并购资产进行运营。因此，从程序角度来说，资产并购要比简单的股权并购多履行一个法律程序。

（2）在多数情况下，出让资产的目标公司需要履行清算程序

目标公司出让资产后仅剩下一个壳，但股东或者投资者未经清算程序不能从公司取回投资，所以多数目标公司会走向清算解散。

（3）税务负担比股权并购重

股权并购一般仅发生印花税，股权出让方也可能发生所得税，但资产并购不仅发生印花税和所得税，还可能发生契税及房产税等。

（4）资产并购一般不能继承目标公司的资质

国家许可的企业资质带有人格的属性，在多数情况下，投资公司新设立的经营平台不能当然继承目标公司的资质，而重新申请企业特许经营权费时费力。

（5）需要处理劳动关系问题

在资产并购的情况下，目标公司由于已经将资产出让，无法从事原有的生产经营活动，需要解除员工的劳动合同，这可能会发生相关费用。而投资公司要组织生产经营活动，往往需要招聘目标公司的员工，这就需要与这些员工订立劳动合同，在这个过程中，如果处理不好，容易引发劳资矛盾。

（6）资产并购与股权并购一样，也要受到反垄断法的限制

9.3 股权并购的方式

股权并购作为企业并购的基本方式之一，可以进行再分类。从实务中看，股权并购需要通过三种基本操作方式之一来实现：受让股权并购、增资并购和合并并购。这三种基本操作方式，交易的标的和内涵相同，都是股东拥有对目标公司的权益，但适用的具体情况、操作流程各不相同。

9.3.1 受让股权并购

受让股权并购是指投资公司通过向目标公司的股东购买股权的方式，使自己成为目标公司的控股股东的一种股权并购的操作方式。受让股权并购是三种操作方式中最简单、最基本也是使用最多的一种。

采用受让股权方式进行并购的核心问题有两个：一是受让股权占目标公司总股本的比例；二是股权的转让价格。受让股权的比例之所以与转让价格一样成为核心问题，是因为它关系到投资公司能否控制目标公司，影响投资公司对目标公司的整合。受让股权并购方式适用于目标公司原有股东欲出让股权的情况，需要履行股权转让的有关法律程序。受让股权作为一种股权并购操作方式，可以与其他操作方式并用，如在受让目标公司股权的同时向目标公司增资，在公司合并的同时向目标公司的部分股东受让股权，从而扩大投资公司在合并后的公司中的占股比例。

受让股权的交易主体是投资公司和目标公司出让股权的股东，一般需要履行股权转让法律程序和公司章程修改以及公司变更登记的法律手续。在有些情况下，需要目标公司的存续股东放弃对交易股权的优先购买权和参与修改公司章程。受让股权可以是购买目标公司的全部股权，也可以是购买目标公司的部分股权，以达到对目标公司的控制或共同控制为目标。不参与对目标公司管理的短期股票买卖行为，不属于并购讨论的范畴。

9.3.2 增资并购

增资并购是投资公司通过向目标公司投资，增加目标公司注册资本，从而使投

资公司成为目标公司新股东的一种股权并购方式。增资并购从表面上可能表现为投资公司与目标公司之间的投资关系，甚至在股份有限公司的情况下，增资协议也由双方公司来签署，但实际上，与受让股权并购一样，这仍然是投资公司与目标公司股东之间的交易，是投资公司与目标公司股东之间的共同投资关系，目标公司不是交易的主体。

在增资并购实务中，如果不能给目标公司的权益（资产）充分估价，遭受损失的不是目标公司，而是目标公司的股东。增资并购经常被那些发展前景好但苦于缺少资金的目标公司和具有一定规模但欲吸收战略投资者的企业采用。增资并购的特点在于既满足了目标公司对资金的需求，又不使目标公司的股东退出投资领域。

增资并购的核心问题有两个：一是增资后投资公司对目标公司的持股比例；二是目标公司全部股权的作价额是多少。增资后投资公司在目标公司的持股比例，与受让股权并购中受让股权的比例一样，都涉及目标公司的控制权问题，是一个大是大非问题，不容忽视。如果增资后投资公司不能持有目标公司的控制权，投资公司就无法实现自己投资的目的，也就会丧失投资的积极性。

目标公司全部股权的作价额能不能用投资公司与目标公司股东商定的增资后投资公司在目标公司的持股比例和目标公司的注册资本额换算出来呢？不能。这是因为目标公司的注册资本额虽然表现为一定数量的货币，但它不是资本。资本可能增值或者减值。比如，甲公司于2010年成立，注册资本为1 000万元，由5位自然人投入，至2018年末，甲公司股东权益合计1 500万元（实收资本1 000万元，公积金300万元，未分配利润200万元）。乙公司拟向甲公司增资，双方商定增资后乙公司持股50%，如果乙公司仅向甲公司投入1 000万元，显然是不妥的。

那么，应该如何计算投资公司对目标公司的增资额呢？如果目标公司是上市公司，这个问题非常好解决，因为上市公司的股票有市价：可以由投资公司与目标公司参考股票的市价，协商定向发行股票（目标公司向投资公司定向发行股票）的价格，然后可以计算出投资公司向目标公司的投资额。比如，丙公司为上市公司，总股本为1亿元，每股面值为1元，市场价格在6.8元至7元之间。现丁公司拟对丙公司进行增资并购，双方商定丙公司向丁公司定向增发股票3 000万股，每股价格参考市价定为6.8元，如此，丁公司应当向丙公司投入20 400万元，其中丙公司确认实收资本3 000万元，确认资本公积17 400万元。

当目标公司为非上市公司时，由于其股权没有市场价格供参考，要确定投资公司对目标公司的投入额，就需要投资公司与目标公司股东通过协商确定一个作价额，然后再根据这个作价额来换算出投资公司应当投入的货币额。以前例甲公司来说，虽然甲公司注册资本为1 000万元，股东权益为1 500万元，但由于业绩好，经乙公司与甲公司的5位自然人协商一致，将甲公司的全部股权作价4 000万元，如果增资后乙公司持股50%，乙公司就需要投资4 000万元，而不是1 000万元。甲公司在收到这4 000万元后将1 000万元登记为实收资本，将3 000万元登记为资本公积，同时修改公司章程，进行公司变更登记。

在增资并购中，从表面上看，投资公司与目标公司的原股东不发生股权交易关系，但实际上投资公司要与目标公司的全体股东之间发生权益对价关系，即要给目标公司股东拥有的全部资本作价，且作价的高低不涉及目标公司的利益，直接影响目标公司股东的利益。

增资并购适用于目标公司需要扩大投资，且目标公司的股东同意吸纳投资公司为目标公司新股东的情况。增资并购比受让股权并购复杂，操作难度也大，需要履行目标公司原股东权益与投资公司增资额的比价程序和目标公司增资的法律程序。

增资并购也可以与其他操作方式并用，如投资公司在向目标公司增资的同时，受让目标公司部分股东的股权；在公司合并的同时向合并后的公司增资。增资并购的目标是投资公司通过向目标公司增资实现对目标公司的控制或共同控制。增资并购从出资方式上也可以再细分为货币出资、股权出资和其他资产出资。

9.3.3 合并并购

合并并购是指投资公司或者投资公司安排自己的子公司通过与目标公司合并，从而取得对目标公司控制权的一种股权并购操作方式。

从实务中看，合并并购的核心问题也是两个：一是投资公司在合并后公司的持股比例；二是参加合并的各公司股东股权的作价额。合并并购与增资并购一样，都是股权并购的操作方式，因此其核心和规则是一致的，所不同的是增资并购一方拥有的是资本，另一方拥有的是货币，而在合并并购的情况下，参加合并的各方拥有的和投入的都是资本，所以需要对参加合并的各公司的全部股权协商作价。比如，甲公司对乙公司进行合并并购，甲公司注册资本为1 000万元，乙公司的注册资本也是1 000万元，双方商定合并后甲公司占股60%，乙公司占股40%。在评估的基础上，经过协商，双方同意甲公司全体股东的股权作价7 000万元，乙公司全体股东的股权作价4 000万元。合并后，根据双方商定的股份比例及双方投入权益的价格，乙公司的股东将向甲公司的股东支付差价400万元，公司注册资本为2 000万元。

公司合并从表面上看是公司与公司之间的投资关系，但实质上仍是参加合并的各公司股东权益的交易，仍需要按照各方拥有的权益和商定的各方在合并后公司中所持的股份比例进行交易，所以合并并购仍然属于股权并购的一种操作形式。

合并并购以参加合并的各公司有合并的可能和需要，且各公司的股东同意公司合并为条件。合并并购需要履行公司合并的法律程序，重点和难点是参加合并的各公司股东之间权益的比价，因为这关系到股东的切身利益。合并并购比增资并购更复杂，但可以在不增加投资的情况下，扩大投资公司的控制规模。同样，合并并购也可以与其他并购操作方式同时使用。

9.4 出资方式和支付方式

9.4.1 新设投资下的各种出资方式

1.货币出资

公司以货币向新设公司履行出资义务不会有任何法律障碍，但是货币出资对投资公司产生的资金压力大，而且不利于知识产权资本化和活化投资公司的沉淀资产。

2.有形资产出资

企业的有形资产包括固定资产和存货等，而企业的固定资产在法律上又可分为不动产和动产。不动产包括未单独计价的土地使用权和房屋建筑物等，动产包括机器设备、运输工具和存货。因此，财务上的固定资产与存货，法律上的不动产与动产这两组概念是交叉的。但是不管怎样，企业的有形资产有使用价值和价值，符合《公司法》关于“可以用货币估价，并可以依法转让”的要求，所以可以用作公司对外投资的出资手段。

（1）公司以有形资产对外出资的条件

有形资产可以用来向新设公司出资，但是有形资产并非一般等价物，因此公司以有形资产向新设公司出资时，应当具备如下条件：

①应征得新设公司其他股东同意。如果公司以有形资产出资与其他投资者共同组建新合资公司，必须征得其他投资者同意。实务中，应当在有关合同和协议以及新公司章程中载明公司出资有形资产的名称、质量、数量、单价及总金额等内容。如果公司以有形资产出资设立独资子公司，应当在公司章程的出资方式条款中写明用于出资的有形资产的名称、质量、数量、单价和总金额等。

②公司用于出资的有形资产应当通过评估作价。评估应当由有资格的资产评估事务所进行，并出具评估报告。在实务中，如果公司以有形资产向新设合资公司出资，其作价应当在评估的基础上经各方股东协商一致，并且股东协商的价格不得高于评估的价格，否则公司无法通过验资。当然，如果其他股东认为公司的出资资产的评估价格过高，不予接受的，公司也无法实现出资。因此，对有形资产出资的作价不仅应当通过评估，而且应当经过股东协商一致。

③公司用于出资的有形资产必须是依法可以转让的。公司在以有形资产对新设公司出资的情况下，无论有形资产是公司自产的还是公司外购的，或者是公司委托加工的，均不受限制，但是该有形资产必须是依法可以转让的。如果国家有关法律、行政法规规定不允许转让，该有形资产就不能用来对外投资。如果国家有关法律、行政规定限制转让，就必须考虑新设公司依法是否可以接受。

（2）以有形资产出资应当履行的义务

①以存货出资的义务。《物权法》第二十三条规定，动产物权的设立和转让，

自交付时发生效力，但法律另有规定的除外。在公司以存货为出资资产的情况下，公司有义务按照相关合同或协议的约定向新公司交付存货，从而达成转移存货所有权的法律效力。在这其中，公司应当就存货的交付质量、数量、费用、物权的转让等履行《合同法》关于买卖合同中卖方的相关义务规定。

②以不动产、车船出资的义务。《公司法》第二十八条规定，股东以非货币资产出资的，应当依法办理其财产权的转移手续。《物权法》第九条规定，不动产物权的设立、变更、转让和消灭，经依法登记，发生效力；未经登记，不发生效力，但法律另有规定的除外。《物权法》第二十四条规定，船舶、航空器和机动车等物权的设立、变更、转让和消灭，未经登记，不得对抗善意第三人。

在公司用不动产、船舶、航空器和机动车向新公司出资的情况下，公司有义务完成物权登记的变更，将出资财产的物权登记到新公司的名下，否则将视为未完成出资义务。在物权变更登记过程中发生的相关费用，应当由投资公司承担，除非在有关合同和协议中另有规定。

9.4.2 受让股权的各种支付方式

1.货币支付

货币支付是受让股权最常见、最简单的支付方式。

2.股权支付

（1）上市公司定向增发股份支付

这种支付方式要求投资公司是上市公司，能够向特定对象发行股票。在这种支付方式下，投资公司与出让股权的目标公司股东约定，投资公司不以货币支付对价，而是以向目标公司股东发行股票的方式支付受让股权的价款。比如，上市公司甲受让乙公司股东持有的占乙公司全部注册资本60%的股权，双方协商一致总转让价为2.5亿元。同时，双方商定，甲公司用发行股票的方式向乙公司股东支付股权转让价款。甲公司的股票面值为1元，增发前总股本为9 000万元，股票市场上交易价格在每股24元到27元之间，经双方协商，甲公司向乙公司股东定向发行股票的价格为每股25元。据此，投资方甲公司就向股权出让方乙公司股东定向增发1 000万股股票作为受让股权的价款。

定向增发股份支付受让股权对价的财务处理：在本例中，股权出让方乙公司按照收到股票的公允价值2.5亿元确认长期股权投资，同时确认转让股权的收益。如果乙公司出让股权的成本为1亿元，那么就需要确认当期收益为1.5亿元，并缴纳所得税。投资方甲公司也需要按照受让股权的公允价值2.5亿元确认长期股权投资，同时确认实收股本1 000万元，资本公积2.4亿元。由于用于支付股权对价的股票是甲公司发行的，虽然股票的面值为1元，而发行价格为25元，但这属于溢价发行股票，根据《公司法》和《企业所得税法》的相关规定，公司发行股票的溢价所得不需要纳税，直接登记为公司的资本公积。

定向增发股份支付受让股权价格的法律结果是，投资公司成为目标公司的控股公司。在本例中，投资公司持有目标公司60%的股权，实现了并购的目的，目标公司的股东成了投资公司的小股东，持有增资之后投资公司10%的股权。从这个结果看，目标公司的股东虽然让出了股权，但是并没有退出投资领域，只是让出了对目标公司的控制权，从这个角度来说，这种以股权置换股权的企业并购更具有企业重组的意义。

（2）有限责任公司股东用股权向投资公司增资

这种支付方式与上述上市公司定向增发股份支付股价的法律关系、法律结果、财务处理完全相同。但是，当投资公司是有限责任公司时，我们习惯将这种支付方式称为目标公司股东用股权向投资公司增资。如果用上面的例子打比方，我们就会说，乙公司用其持有的占目标公司全部注册资本60%的股权，作价2.5亿元向甲公司增资，从而获得占甲公司增资后全部注册资本10%的股权。之所以出现这种情况，大概是因为凡是对有限责任公司，我们总是愿意以股东为主动、以公司为被动阐述资本活动，比如股东向公司出资，而凡是对股份有限公司，我们总是愿意以公司为主动、以股东为被动阐述资本活动，如公司发行股份。因此，股权支付的第二种方式与第一种方式实际是一种方式，只是称呼不同而已。

（3）股权换股权

股权换股权这种支付方式是指投资公司用其持有的子公司的股权作为其受让目标公司股份的支付手段。比如，投资公司向目标公司A的股东受让占目标公司全部注册资本70%的股权，双方商定总价格为7 000万元。同时，双方又商定投资公司不用货币支付受让股权的价格，而是用其持有的占B公司全部注册资本40%的股权作价7 000万元支付。这种支付方式与前两种支付方式不同的是，作为支付手段的股权不是投资公司新增资所形成的股权，而是投资公司早就持有的其他公司的股权。

这种以股权换股权对价方式的财务处理是，投资公司按照换入股权的公允价值7 000万元确认对A公司的长期股权投资和转让B公司股权的收益，A公司股东按照换入股权的公允价值确认对B公司的长期股权投资，同时确认转让A公司股权的收益。因为在这种股权换股权的情况下，上市的投资公司不再发行股票，非上市的投资公司也不再是“目标公司的股东用股权向投资公司增资”，所以不仅目标公司的股东需要确认转让股权的收益并缴纳所得税，而且投资公司也需要确认转让股权的收益，并缴纳企业所得税。

但是，以股权支付股权对价这种支付方式更具有企业重组的意义。所以，根据国家税务总局相关文件的规定，这类用股权支付股权对价的企业并购，如果并购的股权达到目标公司全部股权的75%以上，用股权支付的对价达到全部对价的85%以上，可以适用所得税的特殊处理：出让股权的目标公司股东不用确认转让股权的所得，从而不会发生所得税的纳税义务，用其持有的第三方股权作为支付对价的投资公司，也不用确认支付股权的所得，也不发生所得税的纳税义务。

9.4.3 增资并购下的各种出资方式

1.以货币履行增资出资义务

以货币履行增资出资义务与以货币履行新设出资义务无多大区别，但是出资额的计算及财务处理是有差异的。在用货币向新设公司出资的情况下，各方按照出资额的比例确定股权的比例，而在增资并购的情况下，增资方与其他股东的股权比例是不能按照出资额计算的。

增资并购的财务处理是，投资公司一方根据出资额确认长期股权投资，目标公司根据双方商定的投资公司持股比例和本公司增资前的注册资本额确定新增实收资本额，同时将投资公司其余部分的出资确认为本公司的资本公积。

2.以股权履行增资出资义务

以股权履行增资出资义务与以股权履行新设出资义务的法律手续、法律结果和财务处理并无多大区别。需要注意的有两点：一是不但要给作为出资的股权作价，还要给目标公司增资前的全部股权作价，否则无法确定投资公司的投资额；二是作为增资的股权只能是投资公司持有的对第三方的股权，不能是投资公司自己发行的股权。在投资公司以股权向目标公司增资的情况下，法律结果是投资公司成为目标公司的控股公司，目标公司从投资公司的子公司变为投资公司的孙公司，扩大了投资公司的控制范围。

9.5 上市公司并购

9.5.1 概述

1.《上市公司收购管理办法》适用的收购行为

《上市公司收购管理办法》适用于投资者对在境内证券交易所上市交易的上市公司的收购行为，不适用于收购仅在境外发行并上市的H股、N股等公司。在内地和香港两地上市的A股加H股公司适用于《上市公司收购管理办法》，有关上市公司收购及相关权益变动的信息披露，要按照从严原则遵守两地监管部门的规定，两地监管规定不一致的，将由两地监管部门协商解决。

2.对收购主体资格的规定

有下列情形之一的，不得收购上市公司：

①收购人负有数额较大债务，到期未清偿，且处于持续状态；

②收购人最近3年有重大违法行为或者涉嫌有重大违法行为；

③收购人最近3年有严重的证券市场失信行为；

④收购人为自然人的，存在《公司法》第一百四十六条规定情形；

⑤法律、行政法规规定以及中国证监会认定的不得收购上市公司的其他情形。

3.收购方收购上市公司可以采取的方式

《上市公司收购管理办法》规定，收购方可以依收购股份多少的不同而采取多种方式收购上市公司，比如通过证券交易所交易（即二级市场举牌收购）、要约收购、协议收购、定向发行、间接收购、行政划拨等。这些方式既可以单独采用，也可以组合运用。

4.对一致行动人的界定

针对实践中有的收购方通过一致行动来规避信息披露义务和要约义务的情形，《上市公司收购管理办法》除对一致行动人作出概括性界定外，还采取列举方式对构成一致行动人的情形作了较为详尽的规定。投资者认为自己不属于一致行动人的，可以提出反证。由投资者承担举证责任，有利于提高上市公司控制权变化的透明度。

9.5.2 权益披露[①]

（1）投资者在一个上市公司中拥有的权益，包括登记在其名下的股份和虽未登记在其名下但该投资者可以实际支配表决权的股份。投资者及其一致行动人在一个上市公司中拥有的权益应当合并计算。

（2）通过证券交易所的证券交易（或协议转让、行政划转），投资者及其一致行动人拥有权益的股份达到一个上市公司已发行股份的5%时，应当在该事实发生之日起3日内编制权益变动报告书，向中国证监会、证券交易所提交书面报告，通知该上市公司，并予公告；在上述期限内，不得再行买卖该上市公司的股票。

前述投资者及其一致行动人拥有权益的股份达到一个上市公司已发行股份的5%后，通过证券交易所的证券交易，其拥有权益的股份占该上市公司已发行股份的比例每增加或者减少5%，应当依照前款规定进行报告和公告。在报告期限内和作出报告、公告后2日内，不得再行买卖该上市公司的股票。

（3）投资者及其一致行动人不是上市公司的第一大股东或者实际控制人，其拥有权益的股份达到或者超过该公司已发行股份的5%，但未达到20%的，应当编制包括下列内容的简式权益变动报告书：

①投资者及其一致行动人的姓名、住所，投资者及其一致行动人为法人的，其名称、注册地及法定代表人；

②持股目的，是否有意在未来12个月内继续增加其在上市公司中拥有的权益；

③上市公司的名称，股票的种类、数量、比例；

④在上市公司中拥有权益的股份达到或者超过上市公司已发行股份的5%或者拥有权益的股份增减变化达到5%的时间及方式；

⑤权益变动事实发生之日前6个月内通过证券交易所的证券交易买卖该公司股票的简要情况；

---

① 更详细的条文，读者可自行访问中国证监会官网下载查阅。

⑥中国证监会、证券交易所要求披露的其他内容。

前述投资者及其一致行动人为上市公司第一大股东或者实际控制人，其拥有权益的股份达到或者超过一个上市公司已发行股份的5%，但未达到20%的，还应当披露《上市公司收购管理办法》第十七条第一款规定的内容。

（4）投资者及其一致行动人拥有权益的股份达到或者超过一个上市公司已发行股份的20%但未超过30%的，应当编制详式权益变动报告书，除须披露前条规定的信息外，还应当披露以下内容：

①投资者及其一致行动人的控股股东、实际控制人及其股权控制关系结构图；

②取得相关股份的价格、所需资金额、资金来源，或者其他支付安排；

③投资者、一致行动人及其控股股东、实际控制人所从事的业务与上市公司的业务是否存在同业竞争或者潜在的同业竞争，是否存在持续关联交易，存在同业竞争或者持续关联交易的，是否已作出相应的安排，确保投资者、一致行动人及其关联方与上市公司之间避免同业竞争以及保持上市公司的独立性；

④未来12个月内对上市公司资产、业务、人员、组织结构、公司章程等进行调整的后续计划；

⑤前24个月内投资者及其一致行动人与上市公司之间的重大交易；

⑥不存在《上市公司收购管理办法》第六条规定的情形；

⑦能够按照《上市公司收购管理办法》第五十条的规定提供相关文件。

前述投资者及其一致行动人为上市公司第一大股东或者实际控制人的，还应当聘请财务顾问对上述权益变动报告书所披露的内容出具核查意见，但国有股行政划转或者变更、股份转让在同一实际控制人控制的不同主体之间进行、因继承取得股份的除外。投资者及其一致行动人承诺至少3年放弃行使相关股份表决权的，可免于聘请财务顾问和提供前款规定的文件。

9.5.3 收购方式

1.要约收购

（1）投资者自愿选择以要约方式收购上市公司股份的，可以向被收购公司所有股东发出收购其所持有的全部股份的要约（以下简称全面要约），也可以向被收购公司所有股东发出收购其所持有的部分股份的要约（以下简称部分要约）。

（2）通过证券交易所的证券交易，收购人持有一个上市公司的股份达到该公司已发行股份的30%时，继续增持股份的，应当采取要约方式进行，发出全面要约或者部分要约。

（3）收购人为终止上市公司的上市地位而发出全面要约的，或者向中国证监会提出申请但未取得豁免而发出全面要约的，应当以现金支付收购价款；以依法可以转让的证券（以下简称证券）支付收购价款的，应当同时提供现金方式供被收购公司股东选择。

（4）以要约方式收购上市公司股份的，收购人应当编制要约收购报告书，聘请财务顾问，通知被收购公司，同时对要约收购报告书摘要作出提示性公告。

（5）收购人按照《上市公司收购管理办法》第四十七条拟收购上市公司股份超过30%，须改以要约方式进行收购的，收购人应当在达成收购协议或者作出类似安排后的3日内对要约收购报告书摘要作出提示性公告，并按照《上市公司收购管理办法》第二十八条、第二十九条的规定履行公告义务，同时免于编制、公告上市公司收购报告书；依法应当取得批准的，应当在公告中特别提示本次要约须取得相关批准方可进行。未取得批准的，收购人应当在收到通知之日起2个工作日内，公告取消收购计划，并通知被收购公司。

2.协议收购

（1）收购人通过协议方式在一个上市公司中拥有权益的股份达到或者超过该公司已发行股份的5%，但未超过30%的，按照《上市公司收购管理办法》第二章的规定办理。

收购人拥有权益的股份达到该公司已发行股份的30%时，继续进行收购的，应当依法向该上市公司的股东发出全面要约或者部分要约。符合《上市公司收购管理办法》第六章规定情形的，收购人可以向中国证监会申请免除发出要约。

收购人拟通过协议方式收购一个上市公司的股份超过30%的，超过30%的部分，应当改以要约方式进行；但符合《上市公司收购管理办法》第六章规定情形的，收购人可以向中国证监会申请免除发出要约。收购人在取得中国证监会豁免后，履行其收购协议；未取得中国证监会豁免且拟继续履行其收购协议的，或者不申请豁免的，在履行其收购协议前，应当发出全面要约。

（2）以协议方式收购上市公司股份超过30%，收购人拟依据《上市公司收购管理办法》第六章的规定申请豁免的，应当在与上市公司股东达成收购协议之日起3日内编制上市公司收购报告书，提交豁免申请，委托财务顾问向中国证监会、证券交易所提交书面报告，通知被收购公司，并公告上市公司收购报告书摘要。

收购人自取得中国证监会的豁免之日起3日内公告其收购报告书、财务顾问专业意见和律师出具的法律意见书；收购人未取得豁免的，应当自收到中国证监会的决定之日起3日内予以公告，并按照《上市公司收购管理办法》第六十一条第二款的规定办理。

3.间接收购

收购人虽不是上市公司的股东，但通过投资关系、协议、其他安排导致其拥有权益的股份达到或者超过一个上市公司已发行股份的5%但未超过30%的，应当按照《上市公司收购管理办法》第二章的规定办理。

收购人拥有权益的股份超过该公司已发行股份的30%的，应当向该公司所有股东发出全面要约；收购人预计无法在事实发生之日起30日内发出全面要约的，应当在前述30日内促使其控制的股东将所持有的上市公司股份减持至30%或者30%以下，并自减持之日起2个工作日内予以公告；其后收购人或者其控制的股东拟继续增持的，应当采取要约方式；拟依据《上市公司收购管理办法》第六章的规定申请豁免的，应当按照《上市公司收购管理办法》第四十八条的规定办理。

9.5.4 豁免申请

符合《上市公司收购管理办法》第六十二条、第六十三条规定情形的，投资者及其一致行动人可以向中国证监会申请下列豁免事项：

①免于以要约收购方式增持股份；

②存在主体资格、股份种类限制或者法律、行政法规、中国证监会规定的特殊情形的，可以申请免于向被收购公司的所有股东发出收购要约。

未取得豁免的，投资者及其一致行动人应当在收到中国证监会通知之日起30日内将其或者其控制的股东所持有的被收购公司股份减持到30%或者30%以下；拟以要约以外的方式继续增持股份的，应当发出全面要约。

9.6 上市公司重大资产重组

2020年3月20日，中国证券监督管理委员会正式发布了修订后的《上市公司重大资产重组管理办法》。

9.6.1 基本概念

上市公司重大资产重组是指上市公司及其控股或者控制的公司在日常经营活动之外购买、出售资产或者通过其他方式进行资产交易达到规定的比例，导致上市公司的主营业务、资产、收入发生重大变化的资产交易行为（以下简称重大资产重组）。

上市公司及其控股或者控制的公司购买、出售资产，达到下列标准之一的，构成重大资产重组：

（1）购买、出售的资产总额占上市公司最近一个会计年度经审计的合并财务会计报告期末资产总额的比例达到50%以上；

（2）购买、出售的资产在最近一个会计年度所产生的营业收入占上市公司同期经审计的合并财务会计报告营业收入的比例达到50%以上；

（3）购买、出售的资产净额占上市公司最近一个会计年度经审计的合并财务会计报告期末净资产的比例达到50%以上，且超过5 000万元人民币。

9.6.2 重大资产重组的程序

1.初步磋商

上市公司与交易对方就重大资产重组事宜进行初步磋商时，应当立即采取必要且充分的保密措施，制定严格有效的保密制度，限定相关敏感信息的知悉范围。

2.聘请证券服务机构

上市公司应当聘请独立财务顾问、律师事务所以及具有相关证券业务资格的会计师事务所等证券服务机构就重大资产重组出具意见。

独立财务顾问和律师事务所应当审慎核查重大资产重组是否构成关联交易，并依据核查确认的相关事实发表明确意见。重大资产重组涉及关联交易的，独立财务顾问应当就本次重组对上市公司非关联股东的影响发表明确意见。

3.董事会决议

(1) 上市公司董事会应当就重大资产重组是否构成关联交易作出明确判断，并作为董事会决议事项予以披露。

(2) 上市公司独立董事应当在充分了解相关信息的基础上，就重大资产重组发表独立意见。重大资产重组构成关联交易的，独立董事可以另行聘请独立财务顾问就本次交易对上市公司非关联股东的影响发表意见。

(3) 上市公司应当在董事会作出重大资产重组决议后的次一工作日至少披露下列文件：①董事会决议及独立董事的意见；②上市公司重大资产重组预案。

本次重组的重大资产重组报告书、独立财务顾问报告、法律意见书以及重组涉及的审计报告、资产评估报告或者估值报告至迟应当与召开股东大会的通知同时公告。上市公司自愿披露盈利预测报告的，该报告应当经符合《证券法》规定的会计师事务所审核，与重大资产重组报告书同时公告。

4.股东大会决议

上市公司董事会就重大资产重组作出的决议，应提交股东大会批准。

(1) 股东大会的召开。上市公司股东大会就重大资产重组事项作出决议，必须经出席会议的股东所持表决权的2/3以上通过。上市公司重大资产重组事宜与本公司股东或者其关联人存在关联关系的，股东大会就重大资产重组事项进行表决时，关联股东应当回避表决。

(2) 股东大会决议内容。上市公司股东大会就重大资产重组作出的决议，至少应当包括下列事项：

①本次重大资产重组的方式、交易标的和交易对方；

②交易价格或者价格区间；

③定价方式或者定价依据；

④相关资产自定价基准日至交割日期间损益的归属；

⑤相关资产办理权属转移的合同义务和违约责任；

⑥决议的有效期；

⑦对董事会办理本次重大资产重组事宜的具体授权；

⑧其他需要明确的事项。

(3) 股东大会决议的公告与上报。上市公司应当在股东大会作出重大资产重组决议后次一个工作日公告该决议，以及律师事务所对本次会议的召集程序、召集人和出席人员的资格、表决程序以及表决结果等事项出具的法律意见书。

上市公司全体董事、监事、高级管理人员应当出具承诺，保证重大资产重组申请文件不存在虚假记载、误导性陈述或者重大遗漏。

5.中国证监会审核

属于“上市公司自控制权发生变更之日起36个月内，向收购人及其关联人购买资产导致的重大资产重组”的，应当提交中国证监会上市公司并购重组审核委员会审核。

9.7 企业投资与并购中的税务问题

9.7.1 货币出资投融双方的税务分析

1.货币出资投资公司的税务问题

（1）增值税等

以货币对外出资是最常见的一种出资方式，也是税收成本最低的一种出资方式。根据现行税法，投资公司以货币为对外出资的，不发生增值税、契税、消费税、土地增值税、房产税和其他附加税的纳税义务，但需要对投资形成的资产进行会计确认，这涉及未来投资公司转让股权或进行重组时的纳税义务。

（2）会计处理

《企业会计准则第2号——长期股权投资》第六条规定，除企业合并形成的长期股权投资以外，以支付现金取得的长期股权投资，应当按照实际支付的购买价款作为初始成本。初始投资成本包括与取得长期股权投资直接相关的费用、税金及其他必要支出，但实际支付的价款中包含的已宣告但尚未领取的现金股利，应作为“应收股利”单独核算。据此，在投资公司以货币对外出资的情况下，无论是向新设公司出资还是向已有的公司增资，其会计处理只有一种情况：

借：长期股权投资

　贷：银行存款

（3）所得税

以货币对外出资的投资公司不会产生任何损益，投资公司的资产总额不会发生变化，因此也不会影响当期投资公司的所得税纳税义务，但投资公司对长期股权投资的会计处理关系到未来转让该投资时或者目标公司重组时，投资公司计算所得税时的扣除额。

比如，甲公司出资1 000万元获得乙公司50%的股权。甲公司的会计处理为：

借：长期股权投资——乙公司　　1 000万

　贷：银行存款　　1 000万

未来甲公司以2 000万元的价格转让其持有的乙公司的股权时，甲公司的会计处理为：

借：银行存款　　2 000万

　贷：长期股权投资——乙公司　　1 000万

　　投资收益　　1 000万

2.接受货币的融资公司的税务问题

投资公司以货币对外出资，融资公司就会收到投资公司出资的货币。

（1）增值税等

根据现行税法，融资公司接受货币出资的，不涉及增值税、契税、消费税、土地增值税和其他附加税等的纳税义务。

（2）所得税

在实务中我们可以将融资公司接受出资理解为发行股份。无论是有限责任公司还是股份有限公司，都可以平价发行股份，也可以溢价发行股份，但不可以折价发行股份。

平价发行是指以股票的票面金额为价格发行股份，会计处理是将全体股东对公司的出资额全部登记为公司的实收资本。从实务中看，新设有限责任公司股东出资和有限责任公司的股东按照原有的持股比例向公司增资的多为平价发行。在平价发行的情况下，融资公司将投资公司的货币出资额全部登记为本公司的实收资本。比如，根据乙公司章程的规定，甲公司作为乙公司的创始人向乙公司出资1 000万元，持有乙公司10%的股权，甲公司出资的1 000万元全部登记为乙公司的实收资本。其会计处理为：

借：银行存款　　1 000万

　　贷：实收资本　　1 000万

在融资公司平价发行股份的情况下，融资公司虽然收到了投资公司投入的货币，但全部登记为本公司的实收资本，并无损益可言，因此不会直接影响融资公司的所得税纳税义务。

溢价发行是指融资公司以高于股票面值的价格发行股份，会计处理是将收到的货币出资额中的一部分登记为融资公司的实收资本，其余登记为融资公司的资本公积。

比如，乙公司为上市公司，每一股票的面值（即股本额）为1元，现甲公司拟向乙公司增资1 000股（也称为乙公司向甲公司定向增发1 000股），双方参考股票的市场价格，商定发行价格为每股4元（溢价3元），这样甲公司的出资行为完成之后，双方的会计处理如下：

甲公司　借：长期股权投资——乙公司　　4 000万

　　　　　贷：银行存款　　4 000万

乙公司　借：银行存款　　4 000万

　　　　　贷：实收资本　　1 000万

　　　　　　　资本公积　　3 000万

在融资公司溢价发行股份的情况下，融资公司虽获得“收益”，但依法应当确认为资本公积，也不发生所得税的纳税义务。故此，在投资公司以货币向融资公司出资的情况下，无论融资公司是平价发行股份还是溢价发行股份，双方都不会直接发生所得税的纳税义务，也不会发生其他纳税义务。

9.7.2 货物类固定资产出资投融双方的税务分析

1.货物类固定资产出资投资公司的税务问题

货物类固定资产与不动产类固定资产一样，可以转让并且可以用货币估价，符合《公司法》第二十七条的规定，因此可以用来向新设公司出资，也可以用来向已有的公司增资。根据现行税法的有关规定，投资公司以货物类固定资产出资的，涉及所得税、增值税以及附加税的纳税义务。

（1）关于货物类固定资产出资投资公司的增值税问题

将货物类固定资产用于对外投资的，将被视同销售货物而征收增值税。

（2）关于货物类固定资产出资投资公司的所得税问题

投资公司以货物类固定资产对外出资时，也会涉及企业的所得税问题。这时的投资公司也会被确认为货物类固定资产的出让者和投资者双重身份。

根据《企业会计准则第7号——非货币性资产交换》的有关规定，当投资公司以资产（包括货物类固定资产）对外投资时，应当以公允价值和应支付的相关税费确定换入资产的计税成本，公允价值与换出资产账面价值的差额计入当期损益。公允价值是指按照市场价格确定的价值。《企业所得税法实施条例》第七十一条规定，通过支付现金以外的方式取得的投资资产以该资产的公允价值和支付的相关税费为成本。

也就是说，当投资公司以货物类固定资产对外投资时，如果评估值即资产的作价金额大于资产在投资公司财务账面上登记的价值（资产的账面净值），就会使投资公司产生当期收益，就会增加投资公司的企业所得税负担；如果评估值即资产的作价金额小于资产在投资公司财务账面上登记的价值（资产的账面净值），就会减少投资公司的当期收入，从而减少投资公司的当期所得税额。

为了鼓励投资，2014年年底，财政部和国家税务总局相继出台了《关于促进企业重组有关企业所得税处理问题的通知》（财税〔2014〕109号文）和《关于非货币性资产投资企业所得税政策问题的通知》（财税〔2014〕116号文），2015年国家税务总局又下发了40号公告《关于资产（股权）划转企业所得税征管问题的公告》。上述文件明确规定，公司以非货币资产向非全资子公司增资，可以分5年确认所得；以非货币资产向全资子公司出资的，可以按照原值划转，无须确认所得。

2.接受货物类固定资产的融资公司的税务问题

（1）关于接受货物类固定资产的融资公司的增值税问题

如果投资公司用2009年1月1日以后购进、进口或者自制的货物类固定资产对外进行投资，融资公司就应当要求投资公司为自己开具有效的增值税发票，并进行增值税进项税的抵扣。在此情况下，投资公司的出资额应当是价税合计额，但融资公司在确认货物类固定资产的计税成本时却应当按照净价进行确认。

（2）关于接受货物类固定资产的融资公司的所得税问题

在投资公司以货物类固定资产向新设公司投资或者向已有的公司增资时，接受出资的融资公司应当按照出资资产的净价额确认相关资产的计税成本，在融资公司平价发行股份时，不会产生收益，故不会影响融资公司的所得税纳税义务；在融资公司溢价发行股份时，溢价部分登记为融资公司的资本公积金，也不会影响融资公司的企业所得税纳税义务。

资本公积是因股东投资在注册资本以外形成的股东权益，与公司的日常经营行为无关，故虽然表现为融资公司股东权益的增加，但不纳入企业的应税所得，不征收企业所得税，但是融资公司需要按照作价额确认该固定资产的计税成本，并且依法逐年提取折旧，这会影响融资公司的所得税。

9.7.3 转增资投融双方的税务分析

转增资是指公司用未分配利润、盈余公积、资本公积转增公司的注册资本，这种增资在股份有限公司称为公司向股东派发红股，在有限责任公司一般称为转增资。转增资的意义在于可以使本来要流出公司的资源不再流出，也可能是出于其他需求，比如为了满足公司对注册资本的需要。转增资是公司全体股东按原有的持股比例向公司增资，因此不会改变公司的股份结构。转增资虽然也是增资，但与前面讨论的增资有很大区别。转增资不是交易，股东之间没有利益冲突，因此无须评估协商作价，甚至不用订立增资协议，只要公司的权力机构作出决议即可。转增资属于股东用留存在公司的财产权利出资，因此仅涉及所得税问题，不会涉及其他税收问题。

未分配利润是企业未作分配的利润，它可以在以后年度继续进行分配，在进行分配之前，它属于所有者权益的部分，是公司财产总值中属于股东的组成部分。从数量上说，未分配利润是期初上年结转未分配利润加上本期实现的净利润之和。

盈余公积包括法定盈余公积和任意盈余公积，都是企业利润完税后在分配前提取的，都可以转增公司的资本。根据《公司法》第一百六十八条的规定，法定公积金转为资本时，所留存的该项公积金不得少于转增前公司注册资本的25%。

既然未分配利润和盈余公积转增公司注册资本，属于公司向股东分配公司已缴完企业所得税后的利润，那么，以股份（股权）方式接受利润分配的股东是否应当缴纳所得税，就应当根据股东的身份和现行税法进行判断。居民企业的股东在税法上大致可以分为三类：（1）居民法人企业；（2）中国自然人和适用《个人所得税法》的企业（如合伙企业）；（3）境外投资者。本书讨论前两类。

1.未分配利润和盈余公积转增资，居民企业股东的所得税问题

根据《企业所得税法》第二十六条的规定，“符合条件的居民企业之间的股息、红利等权益性投资收益”为企业的免税收益，企业无须对此收益缴纳企业所得税。故此，居民企业从其他居民企业取得的股息、红利，包括以股份（股权）形式取得的利润和盈余公积，居民企业无须为此缴纳企业所得税。在公司以转增资方式向股东分配股份（股权）的情况下，转增资的价值都是公司已完税的收益，居民企业作为股东从公司分取的这部分收益，依据现行《企业所得税法》不再负有缴纳企业所得税的义务。

虽然公司用未分配利润和盈余公积转增注册资本，居民企业股东无须为所取得的股份缴纳企业所得税，但是可以根据增资额调整该项长期股权投资的计税成本。这是因为作为股东的居民企业从所投资企业取得的收入，需要进行会计确认，不缴税只是因为它取得的是一项免税收入。比如，甲公司向乙公司投资1 000万元，持有乙公司20%的股权。在投资之时甲公司的会计处理如下：

借：长期股权投资——乙公司　　1 000万

　贷：银行存款　　1 000万

两年之后乙公司用1 000万元的未分配利润转增公司的注册资本，甲公司分享乙公司新增资本中的20%。甲公司的会计处理为：

借：长期股权投资——乙公司　　200万

　贷：投资收益　　200万

这样甲公司对乙公司投资的计税成本就由原来的1 000万元调增至1 200万元。未来如果甲公司转让它持有的乙公司20%的股权，计算其应税所得时的扣除额就不再是1 000万元，而是1 200万元。可见，公司以未分配利润和盈余公积转增资本属于向股东分配利润，对此，居民企业依法不缴纳所得税，但可以相应调增该项长期股权投资的计税成本。

2.未分配利润和盈余公积转增资，自然人股东的所得税问题

税法上的个人包括自然人和适用《个人所得税法》的企业。自然人是指以个人名义进行持股投资的人。适用《个人所得税法》的企业是指私营个体企业和个人合伙等征收个人所得税的企业。根据《个人所得税法》的规定，利息、股息、红利所得，偶然所得和其他所得，以每次收入额为应纳税所得额，按照20%的比例税率征税。

对此，国家税务总局在《关于印发征收个人所得税若干问题的规定的通知》(国税发〔1994〕89号）关于派发红股的征税问题中明确：股份制企业在分配股息、红利时，以股票形式向股东个人支付应得的股息、红利（即派发红股），应以派发红股的股票票面金额为收入额，按股息、红利项目计征个人所得税。对于公司以股份（股权）形式向中国自然人和适用《个人所得税法》的企业分配利润的，公司负有代扣代缴义务。

与居民企业一样，个人股东接受公司用未分配利润和盈余公积转增资所形成的股份（股权）后，也应当调整该股权的计税成本，在股权转让时享有扣除的权利，所不同的是个人在取得时负有缴纳个人所得税的义务。

3.资本公积转增资，股东的所得税问题

资本公积也是公司财产中属于股东的部分，是公司股东权益的价值组成部分。无论是有限责任公司还是股份有限公司，其资本公积都可以转增资本。根据现行税法和《企业会计准则》，资本公积的主要来源是公司溢价发行股份中的溢价部分，说到底这不是从公司利润而来，而是从股东对公司的投入而来，是股东在公司注册资本以外对公司的投入。正是资本公积与未分配利润、盈余公积在来源上的这种区别，导致了两者在转增资时在所得税处理上的区别。这种区别从本质上来说就是，未分配利润和盈余公积转增注册资本是公司向股东分配利润，其来源为公司经营所得，而资本公积转增注册资本则是将股东在实收资本以外对公司的投入补充登记为公司的实收资本，其来源是股东对公司的投入。既然资本公积同注册资本一样也是股东对公司的投入，公司将其转化为注册资本向股东派发股份（股权），股东就无所得可言，也就不应当涉及所得税问题。

在公司用资本公积转增注册资本的情况下，对于接受资本公积转增资本所形成的股份（股权）的股东不应当调增该项长期股权投资的计税成本。这是因为股东在当初进行投资时，已经将构成资本公积的投入确认为公司的长期股权投资，再确认一次则为重复确认。

9.7.4 并购交易双方的税收分析

以货币支付股权转让价款，其原理与9.7.1小节所述基本相同。本小节主要阐述在以股权支付股价的情况下，交易双方的税收分析。

在投资公司以股权支付其受让目标公司股权的对价时，税法上将其分解为两个平行的股价转让行为：一个是投资公司向目标公司股东出让股权同时又购买股权的行为；另一个是目标公司的股东向投资公司出让股权同时又购买股权的行为。因此，双方就其出让股权而言都可能直接发生所得税，就其购入股权而言都会涉及所得税问题。

在以股权支付对价的情况下，投资公司可以用自己的股权作价支付，也可以用其持有的其他公司的股权作价支付，在这两种股权支付方式下，交易双方涉及的企业所得税问题不相同。根据现行税法，投资公司以股权作为支付手段受让目标公司的股权，无论是股权受让方还是出让方，都只涉及所得税和印花税，不涉及其他税种。

1. 以股权支付股价，企业所得税的一般性处理

根据财政部、国家税务总局《关于企业重组业务企业所得税处理若干问题的通知》（财税〔2009〕59号）的规定，“企业重组的税务处理区分不同条件，分别适用一般性税务处理规定和特殊性税务处理规定”。凡不符合本通知规定的适用特殊性税务处理规定条件的，一律适用一般性税务处理规定。适用一般性税务处理规定的，“被收购方应确认股权、资产转让所得或损失；收购方取得股权或资产的计税基础应以公允价值为基础确定；被收购企业的相关所得税事项原则上保持不变”。

（1）定向增发股份支付股价，投资公司所得税的一般性处理

用股权支付股价就是投资公司不用货币，也不用其他资产向股权出让方支付股权的对价，而是用股权支付受让股权的对价。根据财税〔2009〕59号文件中“本通知所称股权支付，是指企业重组中购买、换取资产的一方支付的对价中，以本企业或其控股企业的股权、股份作为支付的形式”的规定，投资公司可以用自己的股

权支付受让股权的对价，也可以用自己持有的其他公司的股权支付受让股权的对价。

在实务中，如果投资公司是一家上市公司，投资公司用自己的股权支付受让股权的对价，就是投资公司向出让股权的目标公司股东定向增发股份，即以定向增发的股份来换取目标公司的股权。比如，投资公司甲是一家上市公司，已发行股份9 000万股，每股股本1元，当前市场交易价格在8.1元至8.5元之间。B公司是一家有限责任公司，由股东A等出资设立，注册资本为8 000万元，A出资4 000万元，持有50%股权。现甲公司拟通过向股东A购买B公司股权的办法对B公司进行并购。双方商定甲公司购买B公司50%的股权，总价格为8 000万元，甲公司用向A定向增发股份的办法支付这8 000万元的股权转让价款。经双方协商，甲公司向A定向增发股份的价格为每股8元。如此，甲公司向A定向增发1 000万股股票，受让取得了B公司50%的股权。交易的结果是甲公司成为B公司的控股股东，A成为持有甲公司已发行股份10%的小股东。当然，在实务中也可能是投资公司向目标公司的股东定向增发部分股票（比如500万股），同时支付部分货币（比如4 000万元），但这并不影响我们对问题的讨论。

在上例中，投资公司全部用股票支付股权对价时，会计处理如下：

借：长期股权投资——B公司	8 000万	
贷：实收股本		1 000万
资本公积		7 000万

如果投资公司用部分股票、部分货币支付股权对价，投资公司的会计处理如下：

借：长期股权投资——B公司	8 000万	
贷：实收股本		500万
资本公积		3 500万
银行存款		4 000万

投资公司对新购入股权的会计确认，涉及投资公司未来出让该股权或重组时的所得税纳税义务。投资公司溢价发行股份的溢价部分不需要缴纳所得税，登记为公司的资本公积。由此可见，在投资公司用定向发行股票的方法支付受让股权的对价时，投资公司本身不会直接产生所得税负担，但对购入股权的会计确认会影响到投资公司以后的纳税义务。

在上例中，如果投资公司不是一家上市公司，而是一家有限责任公司，该公司用自己的股份支付股权对价的交易关系，我们不称之为投资公司向目标公司的股东定向增发股票，而称之为目标公司的股东以其持有的目标公司的股权向投资公司增资。两者的称谓不同，但法律关系、交易结果、会计处理、税收成本都是完全相同的。比如，同是上例，我们会说，经双方协商一致，A用其占有的占B公司全部注册资本50%的股权作价8 000万元向投资公司甲增资，交易的结果是投资公司甲持有目标公司B50%的股权，目标公司股东A持有投资公司甲10%的股权。投资公司的会计处理同为：

借：长期股权投资——B公司　　8 000万

　贷：实收资本　　1 000万

　　　资本公积　　7 000万

由上述分析可见，即使在适用一般性所得税处理规定的情况下，投资公司用自己的股份向目标公司的股东支付受让股权的对价（包括在投资公司是有限责任公司的情况下，目标公司的股东用其持有的目标公司的股权向投资公司增资），不管投资公司发行股份的价格溢价多少，也不管目标公司股东出让股权的价格溢价多少，投资公司都不会直接发生企业所得税的纳税义务。

（2）用其他公司股权支付股价，投资公司所得税的一般性处理

投资公司不仅可以用自己的股份支付受让股权的对价，还可以用自己持有的其他公司的股权支付受让股权的对价。比如，在上例中，如果投资公司甲持有乙公司30%的股权，该30%股权为投资公司以5 000万元的价格受让取得，投资公司甲和目标公司股东A双方也可以采用如下方法进行交易：投资公司用其持有的乙公司30%的股权作价8 000万元与目标公司股东A持有的B公司50%的股权对换。这也是投资公司用股权支付受让股权的对价，我们称之为股权换股权。

这种方式与上面讨论的定向增发股份支付股价的区别仅在于：①投资公司不再是发行股份融资，而是出让自己持有的股权；②不仅出让股权的目标公司股东可能直接发生所得税，投资公司也可能直接发生所得税；③交易完成后，交易双方（投资公司甲和目标公司股东A）之间不存在投资关系。在这种支付方式中，投资公司甲也向目标公司股东A出让了自己持有的乙公司的股权，同时，又用出让所得购买了A持有的B公司的股权。投资公司甲不仅是股权的买方，同时也是股权的卖方，它的会计处理如下：

借：长期股权投资——B公司　　8 000万

　贷：长期股权投资——乙公司　　5 000万

　　　投资收益　　3 000万

剔除其他因素的影响，在该笔交易中，投资公司甲发生企业所得税的纳税义务750万元（3 000万元乘以25%）。《企业所得税法》第六条明确规定，企业以货币形式和非货币形式从各种来源取得的收入为收入总额，其中包括转让财产收入。《企业所得税法实施条例》第十六条明确规定，《企业所得税法》第六条所称的转让财产收入，是指企业转让固定资产、生物资产、无形资产、股权、债权等财产取得的收入。

当然，在实务中双方对换的股权及其作价额不会正好相等，这可以通过用货币或其他财产找差的方法解决。比如，在上例中，投资公司甲持有的乙公司30%的股权经双方协商作价6 000万元，如此，投资公司除将这30%的股权支付（转让）给A外，还需要向A支付2 000万元的现金。这时投资公司甲的会计处理如下：

借：长期股权投资——B公司　　8 000万

　贷：长期股权投资——乙公司　　5 000万

贷：银行存款　　2 000万

　　投资收益　　1 000万

由上述分析可见，在投资公司以其持有的其他公司的股权作为受让股权的支付手段时，在适用一般性所得税处理规定的情况下，投资公司作为支付手段的股权将被视为转让，其作价额与计税成本之间的差额会直接影响投资公司的所得税纳税义务。在上例中，投资公司转让股权的收益应当并入公司的当期损益，计算缴纳所得税。

（3）以股权支付股价，股权出让方所得税的一般性处理

正如我们在上面讨论的一样，在股权支付股价的情况下，投资公司用作支付手段的股权有两种：一种是投资公司用自己的股权作为受让股权的支付手段；另一种是投资公司用其持有的其他公司的股权作为受让股权的支付手段。但是，对于目标公司的股东即股权出让方来说，只是出让自己持有的目标公司的股权，即面对投资公司股权支付的两种方式，股权出让方的会计处理和所得税事项是一样的。

为了方便讨论，我们仍以上例来分析。在上例中，无论投资公司甲用定向增发的股份向股权出让方A支付股价，还是用其持有的乙公司的股权向A支付股价，A作为股权的出让者，其持有的占B公司全部注册资本50%的股权都作价8 000万元。因此，在适用一般性所得税处理规定的情况下，A都需要确认这一股权转让行为的损益。

在上例中，A取得这些股权的计税成本为4 000万元，因此收益为4 000万元，剔除其他因素的影响，A需要缴纳企业所得税1 000万元（4 000×25%）。只不过在会计处理中，应支付股权的对象有所不同。在投资公司甲用定向增发的股份向A支付的情况下，A的会计处理如下：

借：长期股权投资——甲公司　　8 000万

　贷：长期股权投资——B公司　　4 000万

　　　投资收益　　4 000万

在投资公司甲用其持有的乙公司的股权向A支付股价的情况下，A的会计处理如下：

借：长期股权投资——乙公司　　8 000万

　贷：长期股权投资——B公司　　4 000万

　　　投资收益　　4 000万

在前后两种情况下，剔除其他因素的影响，A同样需要缴纳企业所得税1 000万元。对出让股权的A来说，区别仅在于前者他获得的是甲公司的股权，成为甲公司的股东；后者他获得的是乙公司的股权，成为乙公司的股东。

由上述分析可见，在适用一般性所得税处理规定的情况下，无论投资公司用定向增发自己的股份向股权出让方支付股价，还是用其持有的第三方的股权向股权出让方支付股价，对股权出让方的企业所得税纳税义务并无影响。股权出让方都需要按照出让股权的公允价值减除计税成本计算应纳税所得额，并入当期收益计算缴纳

企业所得税。

2.以股权支付股价，企业所得税的特殊性处理

以股权支付股价是一种纯粹意义上的企业重组、资源再分配，这可以在资源耗费相同的情况下实现更多的社会管理目标，因此大多数国家都给予其税收优惠。根据财政部、国家税务总局《关于企业重组业务企业所得税处理若干问题的通知》的规定，“企业重组的税务处理区分不同条件，分别适用一般性税务处理规定和特殊性税务处理规定”。企业重组同时符合以下条件的，适用特殊性税务处理规定：

①具有合理的商业目的且不以减少、免除或者推迟缴纳税款为主要目的；

②被收购、合并和分立部分的资产和股权比例符合本通知规定的比例；

③企业重组后的连续12个月内不改变重组资产原来的实质性经营活动；

④重组交易对价中涉及股权支付的金额符合本通知规定比例；

⑤企业重组中取得股权支付的原主要股东，在重组后12个月内，不得转让所取得的股权。

符合前述条件，同时收购企业购买的股权不低于被收购企业全部股权的75%，且收购企业在该股权收购发生时的股权支付金额不低于其交易支付总额的85%，可以选择适用特殊性所得税处理。

2014年12月25日，财政部、国家税务总局发出《关于促进企业重组有关企业所得税处理问题的通知》（财税〔2014〕109号）。该通知将《关于企业重组业务所得税处理若干问题的通知》中“股权收购，收购企业购买的股权不低于被收购企业全部股权的75%”的规定调整为“股权收购，收购企业购买的股权不低于被收购企业股权的50%”。

（1）定向增发股份支付股价，投资公司所得税的特殊性处理

我们举例来说明适用特殊性所得税处理规定时，交易双方的会计处理和所得税事项。比如，A公司投资500万元，持有B公司80%的股权，后作价1 000万元将其全部转让给投资公司甲。投资公司甲是一家上市公司，已发行股票4 500万股，每股股本1元，市场价格在10元至10.8元之间。经双方协商一致，投资公司甲受让A公司持有的B公司的股权全部用甲公司定向增发的股份（100万股）来支付，定向增发股份的价格为每股10元。

如果不适用特殊性所得税处理规定，出让股权的A公司的会计处理和所得税事项如下：

借：长期股权投资——甲公司	1 000万	
贷：长期股权投资——B公司		500万
投资收益		500万

出让股权的A公司需要确认转让长期股权投资收益500万元（1 000−500），剔除其他因素的影响，需要缴税所得税125万元（500×25%）。收购股权的甲公司的会计处理和所得税事项如下：

借：长期股权投资——B公司　　　　1 000万

贷：实收股本 100万

资本公积 900万

甲公司溢价发行股份的收益登记为公司的资本公积，不产生所得税的纳税义务，但其对购入的B公司的股权确认为1 000万元，如果未来转让该股份，其税前应扣除的项目金额为1 000万元。

如果适用特殊性所得税处理规定，则被收购企业的股东取得收购企业股权的计税基础，以被收购股权的原有计税基础确定。在这种情况下，股权出让方A公司的会计处理和所得税事项如下：

借：长期股权投资——甲公司 500万

贷：长期股权投资——B公司 500万

如此，虽然A公司转让股权实际获得了500万元的收益，但无须对其进行会计确认，进而无须并入当期损益计算缴纳企业所得税。A公司的该项企业所得税被递延缴纳了，即只要A公司不转让它从甲公司取得的股票，就不用缴纳这125万元的企业所得税。

我们再来看在适用所得税特殊性处理规定的情况下，受让股权的甲公司的会计处理和所得税事项。虽然甲公司在发行股票的情况下，不会直接发生企业所得税，但在适用特殊性所得税处理规定时，收购企业取得被收购企业股权的计税基础，以被收购股权的原有计税基础确定。甲公司的会计处理为：

借：长期股权投资——B公司 500万

贷：实收股本 100万

资本公积 400万

这样，虽然甲公司财务账上登记的资产总额比适用所得税一般性处理规定时少了500万元，但它的实际资产价值并没有减少。不过，如果投资公司未来转让它对B公司的股权，其扣除额就会比适用一般性所得税处理规定时少500万元，所得税纳税义务就会多125万元。由此可知，特殊性所得税处理规定主要是对被并购方给予优惠的一种税收政策。对投资公司来说，与所得税一般性处理规定相比，不但没有得到什么好处，而且会承担股权出让方的所得税纳税义务。

（2）用其他公司股权支付股价，投资公司所得税的特殊性处理

限于篇幅，有关用其他公司股权支付股价，投资公司所得税的特殊性处理，以及个人以股换股情况下的所得税问题，读者可根据以上原则自行推导，本书给出以下几点结论：

①在投资公司用自己的股份支付股价的交易中，如果适用所得税特殊性处理规定，获益的主要是出让股权的目标公司的股东，它递延了自己的所得税纳税义务，对受让股权的投资公司来说，不但没有享受任何税收优惠，反而会加重未来转股或重组时的税收负担。

②在投资公司用其持有的其他公司的股权支付股价的情况下，选择适用特殊性所得税处理规定，对股权出让方有利，对受让股权的投资公司自己也有利，双方都

可以享受到财税〔2009〕59号文件给予的税收优惠待遇，而且是股权溢价越多优惠越多。

③个人之间以股权换股权或者一方是个人的，所得税只能执行一般性处理规定，不能享受税收优惠。

第9章要点回顾

复习思考题

1.并购投资与新设投资相比，优点和缺点各是什么？

2.股权并购与资产并购相比，优点和缺点各是什么？

3.股权并购有哪几种方式？

4.如果以股权支付对价，其操作和注意点是什么？

5.简述《上市公司收购管理办法》的内容。

6.简述《上市公司重大资产重组管理办法》的内容。

7.分析货币出资投融双方的税务问题。

8.分析股权出资投融双方的税务问题。

9.分析“以货币支付股价，交易双方的税收成本”。

10.分析“以股权支付股价，交易双方的税收成本”。

11.分析“公司合并的税收成本”。

附录

《公司法》要点解读

A.1 《公司法》规定的股东权利义务

A.1.1 调整股东权利义务的两个原则

调整股东之间权利义务的方法有很多，基本原则有两个，就是"资本多数决"和"同股同权"原则。

"资本多数决"原则，就是指股东按照其出资比例或者所持股份对公司相关事项行使表决权。因此，股东享有的表决权的大小，与其出资比例或者股份多少成正比。股东出资比例越大，持有的股份越多，所享有的表决权就越大。

"资本多数决"原则又是建立在"同股同权"原则基础之上的。"同股同权"原则，是指同一类型的股权/股份应当享有一样的权利。根据等额资本形成的出资及股份，其所代表的权利应该是相同的，这样资本多数方方能决定公司的相关事项。

因此，股权结构的设计直接决定了各股东在公司决策事项及财产份额上的权重，也决定了控股股东对公司的控制权。当然，为了防止控股股东滥用其控制地位，保护中小股东的权益，《公司法》也赋予了中小股东特定的保护性权利，以制衡控股股东。

以上原则主要适用于资合为主的股份有限公司，对于人合为主的有限责任公司，《公司法》在一定程度上赋予了股东对其自身权利如表决权、分红权等予以协商调整的空间，不要求以资本为股东权利分配的唯一依据，可以由股东自由约定，这种灵活性给予了创业者和投资者更多的合法操作空间，能够激发出更多的创业勇气，有利于促进经济发展和增强经济活力。

根据《公司法》第三十四条的规定，有限责任公司股东按照实缴的出资比例分取红利；公司新增资本时，股东有权优先按照实缴的出资比例认缴出资。但是，全体股东约定不按照出资比例分取红利，或者不按照出资比例优先认缴出资的除外。

根据《公司法》第四十二条的规定，有限责任公司股东会会议由股东按照出资比例行使表决权；但是，公司章程另有规定的除外。因此，关于股东之间分红的权利、优先认缴出资的权利，只需股东之间自行协商约定即可，并非必须载入章程，但是如果股东之间的表决权不按出资比例等比分配的，必须载入章程，否则该种表决权的非等比分配并不能对抗第三人。

A.1.2 股东的八大权利

1.召集权

股东作为公司出资者，参与公司决策、选择管理者、决定资产分配方案等权利的实现途径就是参加股东会会议。虽然每一个股东不管出资数额、股权比例是多少，都有权参加股东会会议，行使表决权，但是，由于公司股东会会议的召集权集中在董事长手里，而董事长往往是大股东的代表，这就意味着话语权实际掌握在大股东手中。

为了防止股东会会议流于形式，使中小股东的知情权和参与决策权不能实现，《公司法》从保护中小股东利益出发，赋予了代表十分之一以上表决权的股东在特定情况下有权提议召开股东会会议的权利，对权利做了适当平衡。据此，小股东可以依据上述规定充分保护自己参与讨论和决策公司事务的权利。

2.表决权

股东会是公司的权力机构，《公司法》第三十七条第一款及第九十九条，对股东会及其职权做了明确规定，公司最重大的事项均由股东会会议决定。对于表决权，《公司法》规定的基本原则是按照出资比例行使表决权，但对于有限责任公司，特别规定“公司章程另有规定的除外”。因此，有限责任公司的出资者可以通过对表决权比例的灵活约定，实现出资比例与经营权利的适当分离。

3.分红权

根据《公司法》的规定，公司弥补以前年度亏损和提取公积金后所余税后利润，有限责任公司原则上按照实缴的出资比例进行分配，但是，全体股东之间约定不按出资比例分配的除外；股份有限公司原则上按照股东持有的股份比例分配，但股份有限公司章程规定不按持股比例分配的除外。因此，公司股东可以灵活约定分红比例，可以恰当地体现投资与经营的贡献大小。

4.转让权

根据《公司法》的有关规定，一般情况下，股份有限公司的股票若不存在禁售等相关限制的，均可自由转让，但是，有限责任公司股权的转让则存在较多的限制。基本上，有限责任公司股东转股的途径有三种：一是向公司的其他股东转让；二是向股东以外的第三人转让；三是在特定情况下可以要求公司回购股东所持股权。

相比内部股东之间转让股权，股东向股东以外的第三方转让股权受到一定的限制。《公司法》第七十一条规定，股东向股东以外的人转让股权，应当经其他股东过半数同意。经股东同意转让的股权，在同等条件下，其他股东有优先购买权。但是，上述条款也明确规定，“公司章程对股权转让另有规定的，从其规定”。因此，对于股权转让的方法，可以简单理解为自由约定优先。这种灵活规定尤其适合于人合性质的有限责任公司，因为出资者均希望维持长久而稳定的合作关系，所以一般会对股权转让设置各种条件甚至障碍，《公司法》赋予出资者约定优先的权利，正是考虑这一因素。

《公司法》对公司收购股东所持股权的限制最为严格。因为让公司收购股东的股权会导致公司的注册资本减少，所以《公司法》第七十四条规定，只有在三种情形下，对股东会该项决议投反对票的股东可以请求公司按照合理的价格回购其持有的股权：①公司连续五年不向股东分配利润，而公司该五年连续盈利，并且符合《公司法》规定的分配利润条件的；②公司合并、分立、转让主要财产的；③公司章程规定的营业期限届满或者章程规定的其他解散事由出现，股东会会议通过决议修改章程使公司存续的。

5.优先认购权

根据《公司法》第三十四条的规定，有限责任公司新增资本时，股东有权优先按照实缴的出资比例认缴出资。但是，全体股东约定不按照出资比例优先认缴出资的除外。之所以有除外规定，主要是考虑有限责任公司人合性的特点，允许有限责任公司股东就其优先认购权通过协议的方式另行安排。而对于股份有限公司，《公司法》则未强制规定其股东在公司新增资本时享有优先认购的权利，这充分体现了资合的特点。

6.剩余财产分配权

根据《公司法》第一百八十六条第二款的规定，公司财产在分别支付清算费用、职工的工资、社会保险费用和法定补偿金，缴纳所欠税款，清偿公司债务后的剩余财产，有限责任公司按照股东的出资比例分配，股份有限公司按照股东持有的股份比例分配。这个分配比例与表决权、分红权不同，它是强制按照出资比例和股份比例，不能由股东自由约定。

7.知情权

根据《公司法》第三十三条的规定，股东有权查阅、复制公司章程、股东会会议记录、董事会会议决议、监事会会议决议和财务会计报告。股东可以要求查阅公司会计账簿。股东要求查阅公司会计账簿的，应当向公司提出书面请求，说明目的。公司有合理根据认为股东查阅会计账簿有不正当目的，可能损害公司合法利益的，可以拒绝提供查阅，并应当自股东提出书面请求之日起十五日内书面答复股东并说明理由。公司拒绝提供查阅的，股东可以请求人民法院要求公司提供查阅。

《公司法》第一百六十五条相应规定，有限责任公司应当依照公司章程规定的期限将财务会计报告送交各股东。股份有限公司的财务会计报告应当在召开股东大会年会的二十日前置备于本公司，供股东查阅；公开发行股票的股份有限公司必须公告其财务会计报告。

因此，《公司法》关于股东知情权部分的规定是比较详细的，但在如何平衡股东知情权和公司经营管理权的矛盾方面仍有不足。

一方面，公司有合理根据认为股东有不正当目的，可能损害公司合法利益的，可以拒绝提供查阅，但在司法实践中，如何准确把握该条款，相关举证责任如何分配，是一个难题。另一方面，股东在查阅会计账簿时是否可以委托会计师事务所进行审计？审计范围是否可以包括原始凭证？如果答案是否定的，股东单凭自己的知识和力量，显然无法充分了解公司财务情况，知情权就等同于空谈了；如果公司必须按照股东要求提供所有原始凭证并配合股东所委托会计师事务所进行审计，则难免导致公司的相关财务状况在一定范围内公开，甚至导致商业秘密外泄。因此，股东如何行使知情权、知情权的具体指向包含哪些范畴，还有待相关法律或司法解释予以规范、明确。

8.诉权

根据《公司法》，股东会或者股东大会、董事会的会议召集程序、表决方式违反法律、行政法规或者公司章程，或者决议内容违反公司章程的，以及董事、高级管理人员违反法律、行政法规或者公司章程的规定，损害股东利益的，股东可以自身名义向人民法院起诉。而在董事、监事、高级管理人员或者其他主体损害公司利益时，股东的诉权受到一定的限制：股东只能首先请求董事会（执行董事）或者监事会（不设监事会的监事）起诉；当董事会或者监事会拒绝、延迟起诉，或者情况紧急时，股东亦可直接以自己的名义向法院起诉。

A.1.3 六个比例节点

在公司章程当中，有如下六个比例节点需要重点关注：

1.100%——一致同意

根据《公司法》第三十七条的规定，在有限责任公司中，对股东会职权范围内的表决事项，全体股东以书面形式表示同意的，可以不开股东会会议，直接作出决定。

2.10%——可提议召开临时股东会会议、召集和主持股东会会议、召集和主持董事会会议、请求解散公司

（1）提议召开临时股东会会议

根据《公司法》第三十九条第二款的规定，有限责任公司中代表10%以上表决权的股东可提议召开临时股东会会议。

根据《公司法》第一百条的规定，股份有限公司单独或者合计持有公司10%以上股份的股东请求时，应在2个月内召开临时股东大会。

（2）召集和主持股东会会议

根据《公司法》第四十条第三款的规定，在有限责任公司中，董事会或者执行董事不能履行或者不履行召集股东会会议职责的，由监事会或者不设监事会的公司监事召集和主持；监事会或者监事不召集和组织的，代表10%以上表决权的股东可以自行召集和主持。

《公司法》第一百零一条第二款规定，在股份有限公司中，董事会不能履行或者不履行召集股东大会会议职责的，监事会应当及时召集和主持；监事会不召集和主持的，连续90日以上单独或者合计持有公司10%以上股份的股东可以自行召集和主持。

（3）召集和主持董事会会议

根据《公司法》第一百一十条第二款的规定，股份有限公司代表10%以上表决权的股东、1/3以上董事或者监事会，可以提议召开董事会临时会议。

（4）请求解散公司

根据《公司法》第一百八十二条的规定，公司经营管理发生严重困难，继续存续会使股东利益受到重大损失，通过其他途径不能解决的，持有公司全部股东表决权10%以上的股东，可以请求人民法院解散公司。

3.67%——重大事项决议

根据《公司法》第四十三条第二款、第一百零三条的规定，有限责任公司股东会会议作出修改公司章程、增加或者减少注册资本的决议，以及公司合并、分立、解散或者变更公司形式的决议，必须经代表2/3以上表决权的股东通过；股份有限公司股东大会作出前述重大事项，必须经出席会议的股东所持表决权的2/3以上通过。

根据《公司法》第一百二十一条的规定，上市公司在一年内购买、出售重大资产或者担保金额超过公司资产总额30%的，应当由股东大会作出决议，并经出席会议的股东所持表决权的2/3以上通过。

根据《公司法》第一百八十一条的规定，公司章程规定的营业期限届满或者公司章程规定的其他解散事由出现的，可通过修改公司章程使公司存续。依此修改公司章程的，有限责任公司须经持有2/3以上表决权的股东通过，股份有限公司须经出席股东大会会议的股东所持表决权的2/3以上通过。

4.50%——一般事项表决、对内担保决议、股权对外转让决议

（1）一般事项表决

根据《公司法》第一百零三条第二款的规定，除重大事项外，股份有限公司的股东大会作出决议，必须经出席会议的股东所持表决权过半数通过。

（2）对内担保决议

《公司法》第十六条第二款、第三款规定，公司为公司股东或者实际控制人提供担保的，必须经股东会或者股东大会决议。接受公司担保的股东或者接受公司担保的实际控制人支配的股东，不得参加该担保事项的表决。该项表决由出席会议的其他股东所持表决权的过半数通过。

（3）股东对外转让协议

根据《公司法》第七十一条第二款的规定，有限责任公司股东向股东以外的人转让股权，应当经其他股东过半数同意。

5.3%——提出临时提案

根据《公司法》第一百零二条第二款的规定，在股份有限公司中，单独或者合计持有公司3%以上股份的股东，可以在股东大会召开10日前提出临时提案，并书面提交董事会。

6.1%——股东代表诉讼

根据《公司法》第一百五十一条第一款的规定，董事、高级管理人员、监事执行公司职务时违反法律、行政法规或者公司章程的规定，给公司造成损失的，应当承担赔偿责任。对于前述董事、高级管理人员，有限责任公司的股东、股份有限公司连续180日以上单独或者合计持有公司1%以上股份的股东，可以书面请求监事会或者不设监事会的有限责任公司的监事向人民法院提出诉讼；对于前述监事，前述股东可以书面请求董事会或者不设董事会的有限责任公司的执行董事向人民法院提出诉讼。

监事会、不设监事会的有限责任公司的监事，或者董事会、执行董事收到前款规定的股东书面请求后拒绝提起诉讼，或者自收到请求之日起30日内未提起诉讼，或者情况紧急、不立即提起诉讼将会使公司利益受到难以弥补的损失的，上述股东有权为了公司的利益以自己的名义直接向人民法院提起诉讼。他人侵犯公司合法权益，给公司造成损失的，上述股东可以依照上述规定向人民法院提起诉讼。

A.1.4 股东会与董事会的制衡

1.董事会职权设置对股东权利的影响

根据《公司法》的相关规定，股东大会及董事会各自享有11项职权。其中，股东大会及董事会的第11项职权均为公司章程规定的其他职权。

实践中，《公司法》规定的股东大会的第1项至第10项职权，以及董事会的第1项至第10项职权都属于法定职权，原则上公司不得自行将前述法定职权在股东大会与董事会之间予以重新分配。但是，上述法定职权外与公司相关的其他职权，则允许通过章程在股东大会与董事会之间进行设定。如《公司法》第十六条第一款规定，公司向其他企业投资或者为他人提供担保，依照公司章程的规定，由董事会或者股东会、股东大会进行决议。

有权委派多数董事或控制董事会的股东，通常为控股股东。控股股东为加强其对公司的控制，可在法定职权之外，通过章程规定的方式，赋予董事会更多的职权。而公司的中小股东，在董事会被控股股东控制的情况下，则应争取限制章程赋予董事会更多的职权，以免公司完全被控股股东操控。

2.董事会组织架构的设置对股东权利的影响

根据《公司法》的规定，董事会行使职权的方式是董事会决议，而董事会决议则需要董事过半数投票通过。因此，董事会组织架构的设置，对于各股东在董事会决议层面上的博弈同样至关重要。

（1）有限责任公司董事会组织架构的设置对股东权利的影响

根据《公司法》第四十四条、第五十条的规定，有限责任公司设董事会，其成员为3人至13人，但是，股东人数较少或者规模较小的有限责任公司，可以设1名执行董事，不设董事会。

对此，控股股东为了加强其在执行层面对公司的控制，应当促成公司只设执行董事，或将董事会的人数规模降至最小，这样，便于其通过控制执行董事或董事会中的多数进而控制公司；中小股东则应促使公司尽量增加董事会的人数规模，使控股股东不易控制董事会中的多数，从而避免自己在董事会中完全丧失话语权。

（2）股份有限公司董事会组织架构的设置对股东权利的影响

根据《公司法》第一百零八条的规定，股份有限公司董事会成员为5人至19人。在通常情况下，股份有限公司的董事大多由控股股东或实际控制人委派，中小股东在董事会选举的过程中话语权相对较小。对此，《公司法》第一百零五条规定，股东大会选举董事、监事，可以依照公司章程的规定或者股东大会的决议，实行累积投票制。

实施累积投票制时，每一股份拥有与应选董事人数相同的表决权，而且股东拥有的表决权可以集中使用。对此，需要选举的董事人数越多，则控股股东为控制董事会需要的代表其利益的董事人选就越多，这也会分散其手中的投票权，有利于中小股东实现对控股股东的制衡。

因此，在股份有限公司中，控股股东应尽量避免公司采取累积投票制，而中小股东则应相应争取实施累积投票制。在实施累积投票制的股份有限公司中，控股股东应将董事会的人数规模降至最小，这样才能避免其在选举董事时手中掌握的选票过于分散，而无法选出其支持的人员；相反，中小股东则应尽量增加董事会的人数规模，以便实现对控股股东的制衡。

对股份有限公司而言，如未实现累积投票制，那么选举每一位董事时均按照各股东的持股比例进行投票选举，控股股东通常拥有绝对的话语权。

A.1.5　小股东的利益保护

小股东在资本多数决的表决机制下，处在一个弱势的地位，没有话语权就无法对企业的经营提出实际性建议，对高管的决策行为也无法约束。虽然公司大小股东之间利益失衡是普遍存在的现象，但如果这种失衡长期得不到调整，小股东的合法权益长期受到损害，很可能导致公司治理结构失衡，引发一系列问题。

1.累积投票制

《公司法》确定的累积投票制旨在弥补小股东表决权的不足。不过，我国《公司法》没有将累积投票制作为一项强制性的制度予以确立，给大股东操纵公司章程留下余地。也就是说，在很多没有充分运用累积投票制的公司，它们的股东会表决大多还是以资本多数为原则，小股东的意志难以在股东会上表达，更难以对公司决策产生影响。

2.股东表决权排除制度

《公司法》规定的表决权排除制度，又称为表决权回避制度，是指当某一股东与股东会讨论的决议事项有特别利害关系时，该股东不得就其持有的股份行使表决权的制度。表决权排除制度设置的目的是防止大股东或是控股股东滥用在公司的优势地位和控制权，侵害小股东的合法权益。

表决权排除制度有以下几种使用情况：

①当公司为股东或实际控制人担保时，利害关系股东表决权被排除。该情况在《公司法》第十六条第二款和第三款作出了规定：公司为公司股东或者实际控制人提供担保的，必须经股东会或者股东大会决议。前款规定的股东或者受前款规定的实际控制人支配的股东，不得参加前款规定事项的表决。

②根据《公司法司法解释三》）第十六条的规定，股东未履行或者未全面履行出资义务或者抽逃出资，公司根据公司章程或者股东会决议对其利润分配请求权、新股优先认购权、剩余财产分配请求权等股东权利作出相应的合理限制，该股东请求认定该限制无效的，人民法院不予支持。也就是说，对于出资瑕疵或未履行出资义务的股东而言，公司可以通过股东会决议解除其股东资格，并且在除名决议中，排除被除名股东的表决权，哪怕该股东是公司控股股东。

③公司章程中约定的股东表决权排除规则。《公司法》第四十三条规定了公司章程可以对股东会的议事方式和表决程序作出规定，因此，在公司章程中对利害关系股东的表决权予以限制或排除，应当认为有效，同时在公司章程中应约定清楚“利害关系”的范围。

3.异议股东股份回购请求权

异议股东股份回购请求权是指在特定情形下，异议股东可以按照法律法规和公司章程的规定，要求公司回购自己所持的股份。对于股份有限公司而言，特定情形包括：①减少公司注册资本；②与持有本公司股份的其他公司合并；③将股份用于员工持股计划或者股权激励；④股东因对股东大会作出的公司合并、分立决议持异议，要求公司收购其股份；⑤将股份用于转换上市公司发行的可转换为股票的公司债券；⑥上市公司为维护公司价值及股东权益所必需。对于有限责任公司而言，特定情形包括：①公司连续五年不向股东分配利润，而公司该五年连续盈利，并且符合《公司法》规定的分配利润条件的；②公司合并、分立、转让主要财产的；③公司章程规定的营业期限届满或者章程规定的其他解散事由出现，股东会会议通过决议修改章程使公司存续的。

虽然从理论上讲，回购请求权能保障中小股东利益，但在实际运用中，小股东的回购请求权的适用范围并不是很宽泛。例如，根据《公司法》第七十四条第一款的规定，行使异议股东股份回购请求权要具备三个条件：一是公司连续五年盈利且符合分配利润条件；二是公司在盈利的五年内一直没有向股东分配利润；三是股东在盈利的五年间的股东会表决中都投反对票。如果严格按照该项规定，这三个条件只要有一个不符合就不得使用回购请求权。因此，公司可以通过章程的相关规定，扩充对中小股东的特殊保护条款。

A.2 公司设立相关问题

A.2.1 出资金额问题

根据《公司法》的规定，出资金额可以由股东（发起人）自行决定，于是有观点认为股东（发起人）可以随意认缴注册资本，并无限期不履行出资义务。其实，即便是按修订后的《公司法》，股东（发起人）仍旧是在认缴出资的范围内对公司承担有限责任。认缴出资的范围仍旧是决定股东（发起人）承担责任范围的决定因素，而且，可自行约定出资期限也并非意味着可无期限不履行出资义务，出资期限可约定并非意味着长期不履行出资义务，无须承担责任。即便不存在法定出资期限的强制，履行出资义务的股东（发起人）仍旧有权要求该未履行出资义务的股东（发起人）承担出资义务。

因此，股东（发起人）在设立公司时，仍应理性、客观地协商确定出资资本及出资期限，切忌不切实际地认缴出资及毫无忌讳地违反出资义务，否则会加重自身的责任及承担违约责任。

A.2.2 经营场所问题

在实践当中，关于经营场所有如下两个常见的问题：

1.关于“住改商”

虽然国务院颁布的《注册资本登记制度改革方案》简化了住所（经营场所）登记手续，但是并非任何场所都可以注册为住所，例如注册登记的住所是民用住宅的，经营者的经营活动可能扰乱邻里生活，造成民事纠纷。对此，法律法规以及各地方政策对于“住改商”是存在非常严格的限制条件的。

广州市人民政府于2012年颁布了《关于解决生产经营场所场地证明若干问题的意见》，根据其第四条的规定，“住改商”属于不符合规划核定使用功能的情形，必须办理《临时经营场所使用证明》。其中，属于使用临街一楼的住宅从事经营的，不得从事加工、制造、机电维修或机动车维修、餐饮、茶艺、酒吧、娱乐、网吧、电子游戏、放映场、桑拿、浴足、废品收购等影响环境和居民生活的经营活动，而且经营者须提交该房屋所有权人、有利害关系的业主以及周围物业利害关系人同意其作为生产经营场所使用的证明文件；属于使用除临街一楼以外的住宅从事软件开发、设计等不影响环境和居民生活的经营场所的，应提供经房屋所有权人和有利害关系的业主同意的证明文件。

2.关于一址多照、一照多址

以广州为例，2013年12月30日，广州市工商行政管理局颁布了《关于全面实施商事登记制度改革的通告》，明确允许一址多照和一照多址。

广州地区一址多照应当符合以下任意一种：一是有投资关联关系的企业，可以将同一地址作为多家企业的住所；二是在区（县级市）以上人民政府批准设立的工业园、科技园等专业园区，同一地址可登记为多家企业的住所。而如果企业在所属行政辖区内增设经营场所的，不需申领分支机构营业执照，允许一照多址，但应当向商事登记机关申报经营场所信息。

A.2.3 出资形式问题

1.现金出资需要注意的问题

《公司法司法解释三》第七条规定，出资人以不享有处分权的财产出资，当事人之间对于出资行为效力产生争议的，人民法院可以参照《中华人民共和国物权法》（简称《物权法》）第一百零六条的规定予以认定。以贪污、受贿、侵占、挪用等违法犯罪所得的货币出资和取得股权的，对违法犯罪行为予以追究、处罚时，应当采取拍卖或者变卖的方式处置其股权。

根据前述规定，在审查出资货币资金的合法性问题上，应注意审查出资人（包括自然人、法人、其他经济组织等主体）资金来源的合法性，一般情况下，应注意：

①出资来源于另一企业解散所分取的财产，该企业是否依法清算；

②出资来源于其他企业分得的红利，出资人是否依法缴纳所得税；

③出资来源于拆借资金，是否履行资金拆借的合法手续；

④出资来源是否违法所得和不当得利；

⑤出资人对出资来源是否具有处分的权利，是否包含其他人的部分权利（如共同财产的其他共有人等），或是否存在被限制处分的情况。

2.土地使用权出资要注意的问题

《公司法》规定，股东可以用土地使用权作价出资。在不少国有企业中，土地使用权是其拥有的最有价值的资产，并成为其股份制改造和组建公司时最重要的出资标的。在中外合资企业中，土地使用权也是中国投资者最常见的投资形式，中方以土地使用权作为合作条件、外方以资金投入作为合作条件是这种企业的重要法律特征。

由于土地使用权在我国的规定复杂，因此以土地出资在公司实务和司法实践中也显得比较复杂。一般而言，以土地使用权出资需要注意以下事项：

（1）出资条件

第一，土地出资是使用权出资，而不是所有权。

第二，用于出资的土地使用权，必须是国有土地，而且经过有偿出让。首先，若以集体所有的土地对外投资，则必须先将集体土地通过“招拍挂”途径变为国有土地。其次，在我国仍然存在一些历史沿袭下来的国有土地无偿划拨给国有企业使用的情况，对于这些从国家取得无偿使用权的土地，依法是不能作为出资使用的，必须先向国家补交土地出让金。

第三，用于出资的土地使用权应未设权利负担。也就是说，土地使用权必须是干净的，没有抵押权之类的权利负担，否则就可能被其他权利人追索而在财产价值上发生贬损，甚至完全失去投资的价值。这种存在瑕疵的权利将使投资者的出资变得不实，违反《公司法》所确定的资本确定原则，在内部会损害其他投资者的利益，在外部会损害公司债权人的利益。

（2）履行方式

《公司法司法解释三》第十条规定，出资人以房屋、土地使用权或者需要办理权属登记的知识产权等财产出资，已经交付公司使用但未办理权属变更手续，公司、其他股东或者公司债权人主张认定出资人未履行出资义务的，人民法院应当责令当事人在指定的合理期间内办理权属变更手续；在前述期间办理了权属变更手续的，人民法院应当认定其已经履行了出资义务；出资人主张自其实际交付财产给公司使用时享有相应股东权利的，人民法院应予支持。

实践中，只实际交付土地而未办理产权登记或只办理产权登记而未实际交付土地的情况相当普遍，都属于出资义务的部分履行或未完全履行。未交付土地意味着出资人对公司财产的占有，损害着公司的财产利益。未办理产权登记则意味着出资人对土地权利的保留、公司对土地的占有和利用缺少法律的效力以及随时有可能被追索的风险。

3.知识产权出资需要注意的问题

知识产权出资是指知识产权所有人将能够依法转让的知识产权专有权或者使用权作价，投入公司以获得股东资格的一种出资方式。在采用该种出资方式时，注意如下事项：

（1）出资要件

从登记角度来看，对于知识产权出资的审查与核准一般侧重于四个方面，即用于出资的知识产权要具备确定、现存、可评估、可转让的特点：

①确定性是指用于知识产权出资的标的物必须是特定的现实对象，也就是说标的物应当明确具体，不能仅仅是一种抽象的概念。

②现存性是指用于出资的资产必须是事实上已经获得的知识产权，而且出资者对该知识产权依法享用处分权。

③可评估性是指用于出资的知识产权必须具有能够通过客观评价予以确认的具体价值，即可以用货币进行具体估价。

④可转让性是指为了使公司股东能够履行出资义务，用于出资的知识产权应适合独立转让，即权利可以发生独立、完整的转移。

（2）书面约定

为了防止知识产权被擅自转让，在投资合作协议或公司章程中可考虑采取如下措施：

第一，明确约定知识产权归公司所有；

第二，明确约定各方具有知识产权保密义务及违约责任；

第三，通过技术员工股权激励的方式保护知识产权；

第四，选择好知识产权出资方式；

第五，约定价格价值调整机制。

A.3 公司章程

自2013年《公司法》经第三次修正后，资本制度发生重大变化，更强调公司自治，因此公司股东完全可以通过修订章程把握更多灵活空间。

A.3.1 公司章程条款分类

公司章程条款可分为以下四类：

1.强制性条款

强制性条款即相关内容完全由《公司法》强制性规定，不允许股东自由约定。例如，《公司法》分别对有限责任公司和股份有限公司的章程应当记载的事项实行强制记载。

例如，根据《公司法》第二十五条的规定，有限责任公司章程至少应当载明下列7项事项：公司名称和住所；公司经营范围；公司注册资本；股东的姓名或者名称；股东的出资方式、出资额和出资时间；公司的机构及其产生办法、职权、议事规则；公司法定代表人。

2.限制性条款

指定范围——《公司法》第十三条框定了一个可以担任公司法定代表人的人选范围，即董事长、执行董事、经理三者之中选其一，授权公司章程自行约定。

指定期限——《公司法》规定董事任期由公司章程规定，但第四十五条同时规定，董事每届任期不得超过3年。又如，《公司法》第一百六十五条规定有限责任公司应当将财务会计报告定期送交各股东，保证股东对公司财务状况的知情权，但同时又授权公司自行约定财务会计报告的送交期限。

指定权限——《公司法》第三十七条、第四十六条、第五十三条规定了股东会、董事会和监事会或监事的具体职权，同时又规定公司章程可以补充其他职权。

3.除外型条款

《公司法》非常注重公司自治，其中一个重要表现是，在《公司法》作出规定的情况下，仍允许公司章程通过自由约定方式排除《公司法》的相关规定。此类规范的通用表述方式是“公司章程另有规定的除外”，或者“公司章程另有规定的，从其规定”。

例如，《公司法》第七十一条第一款至第三款详细规定了股权转让的规则，包括程序性规定和优先购买权的规定，但同时在第四款规定，“公司章程对股权转让另有规定的，从其规定”。

4.任意性条款

任意性条款即《公司法》没有规定的内容，股东可以自由约定。公司可以根据自身实际情况，自由设定有关条款，例如公司相关文件冲突的效率顺序、公司股权转让、分红权、股东名册等。

A.3.2 关于实收资本

《公司法》规定，实收资本不再是公司营业执照记载的事项，但有限责任公司仍然需要按照其认缴的出资额承担有限责任，因此，公司章程当中需要新增关于认缴金额和缴付期限的规定。如果是已经交付完毕的，应当注明实缴金额。

A.3.3 关于注册资本

《公司法》规定，有限责任公司和股份有限公司不再设立法定最低注册资本，原先对货币出资最低30%的规定也随之取消，技术出资或者其他可以评估的实物出资成为现实。因此，关于如何在章程当中灵活规定出资形式和期限，需要考虑众多因素。需要注意的是，有些特定的法律对最低注册资本的要求仍然维持不变。

A.3.4 关于验资程序

《公司法》规定，股东依据公司章程缴足认缴的出资后，直接由全体股东指定的代表或者共同委托的代理人申请登记即可，不需要进行验资。

参考文献

[1] 郭永清. 财务报表分析与股票估值 [M]. 北京：机械工业出版社，2019.

[2] 张先治，陈友邦. 财务分析 [M]. 9版. 大连：东北财经大学出版社，2019.

[3] 张新民，钱爱民. 财务报表分析 [M]. 5版. 北京：中国人民大学出版社，2019.

[4] 格上研究中心. 私募的进化 [M]. 成都：四川人民出版社，2018.

[5] 布里格姆，艾哈特. 财务管理：理论与实践 [M]. 毛薇，王引，等译. 14版. 北京：清华大学出版社，2018.

[6] 高根. 兼并、收购与公司重组 [M]. 顾苏秦，译. 6版. 北京：中国人民大学出版社，2019.

[7] 申林平. 上市公司并购重组解决之道 [M]. 北京：法律出版社，2016.

[8] 雷霆. 资本交易法律文书精要详解及实务指南 [M]. 北京：法律出版社，2015.

[9] 田宝法. 企业并购解决之道 [M]. 北京：法律出版社，2015

[10] 雷霆. 企业并购重组税法实务 [M]. 北京：法律出版社，2015.

[11] 雷霆. 公司并购重组实务及疑难问题诠释 [M]. 北京：法律出版社，2015.

[12] 隋平，钱丽艳. 新三板上市：操作实务与图解 [M]. 北京：法律出版社，2015.

[13] 刘乃进. 私募股权基金：筹备、运营与管理 [M]. 北京：法律出版社，2015.

[14] 邹菁. 私募股权基金的募集与运作 [M]. 北京：法律出版社，2014.

[15] 周红. 企业上市全程指引 [M]. 3版. 北京：中信出版社，2014.

[16] 上海市中小企业上市促进中心. 上海市中小企业改制上市操作手册 [M]. 上海：华东理工大学出版社，2014.

[17] 刘力，唐国正. 公司财务 [M]. 2版. 北京：北京大学出版社，2014.

[18] 赵箭冰. 有限责任公司章程设计的奥妙 [M]. 北京：法律出版社，2014.

[19] 菲尔德. 风险投资交易条款清单全揭秘 [M]. 桂曙光，译. 2版. 北京：机械工业出版社，2014.

[20] 郭春宏. 公司章程个性化设计与疑难解释 [M]. 北京：法律出版社，2014.

［21］陆正飞．财务报告与分析［M］．北京：北京大学出版社，2014．

［22］投行小兵．企业IPO上市解决之道［M］．北京：法律出版社，2013．

［23］李晓静．财务报告与分析［M］．北京：北京大学出版社，2013．

［24］米什金，埃金斯．金融市场与金融机构［M］．丁宁，等译．7版．北京：机械工业出版社，2013．

［25］罗斯，威斯特菲尔德，杰富．公司理财［M］．吴世农，沈艺峰，王志强，等译．9版．北京：机械工业出版社，2012．

［26］叶有朋．股权投资基金运作［M］．上海：复旦大学出版社，2012．

［27］王淑萍．财务报告分析［M］．3版．北京：清华大学出版社，2011．

［28］上海国家会计学院．企业并购与重组［M］．北京：经济科学出版社，2011．

［29］李国华，张凯．期货与期权市场简明教程［M］．北京：经济管理出版社，2010．

［30］张国锋．IPO企业上市典型案例深度剖析［M］．北京：法律出版社，2010．

［31］朱宝宪．公司并购与重组［M］．北京：清华大学出版社，2006．

［32］葛家澍．中级财务会计［M］．沈阳：辽宁人民出版社，2000．

［33］杨玉川．期货市场与实务［M］．修订版．天津：南开大学出版社，1998．